大学学科地图丛书

丛书总策划	周雁翎
社会科学策划	刘　军
人文学科策划	周志刚

大学 学科地图 丛书

人文系列

A GUIDEBOOK FOR STUDENTS

中国哲学史学科地图

刘乐恒　主编
廖璨璨　副主编

北京大学出版社
PEKING UNIVERSITY PRESS

图书在版编目(CIP)数据

中国哲学史学科地图/刘乐恒主编. —北京：北京大学出版社，2019.10
（大学学科地图丛书）
ISBN 978-7-301-30791-5

Ⅰ.①中… Ⅱ.①刘… Ⅲ.①哲学史－中国－高等学校－教材 Ⅳ.①B2

中国版本图书馆 CIP 数据核字(2019)第 215437 号

书　　　名	中国哲学史学科地图 ZHONGGUO ZHEXUESHI XUEKE DITU
著作责任者	刘乐恒　主编
策 划 编 辑	周志刚
责 任 编 辑	王　彤
标 准 书 号	ISBN 978-7-301-30791-5
出 版 发 行	北京大学出版社
地　　　址	北京市海淀区成府路 205 号　100871
网　　　址	http://www.pup.cn　　新浪微博:@北京大学出版社
电 子 信 箱	zyl@pup.pku.edu.cn
电　　　话	邮购部 010-62752015　发行部 010-62750672　编辑部 010-62752539
印 刷 者	三河市北燕印装有限公司
经 销 者	新华书店
	787 毫米×1092 毫米　16 开本　15.75 印张　260 千字 2019 年 10 月第 1 版　2019 年 10 月第 1 次印刷
定　　　价	55.00 元

未经许可，不得以任何方式复制或抄袭本书之部分或全部内容。
版权所有，侵权必究
举报电话: 010-62752024　电子信箱: fd@pup.pku.edu.cn
图书如有印装质量问题，请与出版部联系，电话: 010-62756370

"大学学科地图丛书"编写说明

"大学学科地图丛书"是一套简明的学科指南。

这套丛书试图通过提炼各学科的研究对象、概念、范畴、基本问题、致思方式、知识结构、表述方式,阐述学科的历史发展脉络,描绘学科的整体面貌,展现学科的发展趋势及前沿,将学科经纬梳理清楚,为大学生、研究生和青年教师提供进入该学科的门径,训练其专业思维和批判性思维,培养学术兴趣,使其了解现代学术分科的意义和局限,养成整全的学术眼光。

"大学学科地图丛书"的作者不但熟谙教学,而且在各学科共同体内具有良好的声望,对学科历史具有宏观全面的视野,对学科本质具有深刻的把握,对学科内在逻辑具有良好的驾驭能力。他们以巨大的热情投入到书稿的写作中,对提纲反复斟酌,对书稿反复修改,力图使书稿既能清晰展现学科发展的历史脉络,又能准确体现学科发展前沿和未来趋势。

近年来,弱化教学的现象在我国大学不断蔓延。这种倾向不但背离了大学教育的根本使命,而且直接造成了大学教育质量的下滑。因此,当前对各学科进行系统梳理、反思和研究,不但十分必要,而且迫在眉睫。

希望这套丛书的出版能为大学生、研究生和青年教师提供初登"学科堂奥"的进学指南,能为进一步提高大学教育质量、推动现行学科体系的发展与完善尽一份心力。

北京大学出版社

序　言

郭齐勇

我在武汉大学哲学系、哲学学院从事中国哲学史的教学与科研工作,已有三十余年。在教学过程中,同学们跟我反映,常见的中国哲学史教材在哲学发展史逻辑与历史线索梳理、学术问题的分析、传统思想家精神境界的领悟等方面,颇能启发新思,但是在面对学期学年考试,或者硕士、博士研究生入学考试时,似有不方便处。他们希望有配套的知识读本,汇聚知识点,提纲挈领,便于把握。北京大学出版社的这一面向哲学学科本科生、研究生的知识读本,正好与同学们的上述要求相契合。

本书按照学科地图丛书的要求,系统地对中国哲学史学科及其历史做了综述,准确地提炼了本学科重要的范畴、术语与核心概念,详细地分析、解读了重要命题,全面梳理了基本理论流派(包括先秦几大家、佛教、道教、宋明理学几大派等)的得失,深入探讨了哲学史上的重大事件等。本书对中国哲学史研究方法与方法论、前沿问题、必读文献(古典的及现代的重要著作、国际刊物)等也有纵向与横向的概括,富有启发性。本书很好用,信息量大,简明扼要,通俗易懂,一册在手,总揽全局,有助于读者对中国哲学史的知识进行全面的把握。

中国哲学史中包含有知识系统、各流派的价值系统,乃至信仰系统等,其间有复杂的关系。知识系统当然是基础。我们希望老师们、同学们准确地讲授、理解知识点与知识系统,一定要正讲,正确理解。对于传统文化经典与哲学思想史,我们反对歪讲、邪讲与戏说。由于中国哲学史涉及诸多古代文献典籍与人物,要做到正确理解,必须具备基础的古文字、古文献知识。一般来说,中国哲学史教材对此都有涵盖与照应,本书对此也特别予以关注。在这一方面,还可以配合阅读我主编的、人民出版社出版的《中国古典哲学名著选读》。老师们、同学们若要进一步研讨,还可以阅读由我主编的、高等教育出版社出版的

《中国哲学史经典精读》和中国社会科学出版社出版的《当代中国哲学研究》等。

　　我和几位青年才俊合作完成了本书。他们德业双修,都是中国哲学史专业的副教授或讲师,都有海内外名校博士、博士后的经历。很荣幸受邀参与撰写,希望这本书能帮助本专业的学子和青年学者快速掌握中国哲学史的学科脉络,领悟中国哲学史的问题意识、学术理路,学会哲学的思维方法,养成整全的学术眼光。

　　是为序。

目 录

第一章 中国哲学史学科概述	1
第二章 范畴、术语与核心概念	23
第三章 重要命题	64
第一节 先秦哲学	64
第二节 汉唐哲学	74
第三节 宋元明清哲学	79
第四章 基本理论流派	86
第一节 周秦子学	86
第二节 六朝佛道学派	102
第三节 隋唐佛道宗派	109
第四节 宋明理学	118
第五章 重大事件	130
第一节 先秦时期	130
第二节 汉唐时期	139
第三节 宋元明清时期	152
第四节 近现代以来	160
第六章 方法与方法论	166
第一节 一般方法	166
第二节 中西互动:中国哲学史方法论的展开	171
第三节 21世纪中国哲学史研究的多重取径、前景与限制	183

第七章　前沿问题 ··· 190
第一节　热点问题 ··· 191
第二节　哲学史研究前沿 ··································· 198
第三节　新学科与新理论 ··································· 205
第四节　小　结 ··· 209

第八章　必读文献 ··· 211
第一节　中国哲学史通论性著作举要 ························· 211
第二节　先秦哲学必读文献 ································· 212
第三节　汉唐哲学必读文献 ································· 218
第四节　宋元明清哲学必读文献 ····························· 224
第五节　近现代哲学必读文献 ······························· 230

后　记 ··· 238

第一章 中国哲学史学科概述*

一、中国哲学史学科的发展历程

"中国哲学史"学科通常也称为"中国哲学"学科,指的是哲学一级学科下面的一个二级学科。现代意义上的中国哲学史学科创立于20世纪初。1913年中华民国北京政府颁布《大学令》及《大学规程》,规定大学学科分为文、理、法、商、医、农、工七科,其中文科分为哲学、文学、历史学、地理学四门,哲学门的课程主要分为中国哲学与西洋哲学两大类,中国哲学类课程中即有"中国哲学史"课程的设置。[①] 1914年北京大学成立哲学系,并设立"中国哲学门",这标志着作为现代人文学科的中国哲学史学科的正式确立。自1914年至今,本学科已经经历了一百多年的发展历程。以下,我们将其分为三个阶段加以叙述。对每一阶段中国哲学史研究的基本情况的描述,我们都尽量在大的时代思潮及思想文化的背景下加以展开。

20世纪初至1949年是第一个阶段。众所周知,最早将西方哲学传入中国的是明末清初来华的西方传教士,他们通常以音译的方式将拉丁文的"*philosophia*"直接译为"费罗所非亚""翡禄所费亚"等。[②] 而最初以"哲学"一词来翻译英文的"philosophy"的人,则是日本学者西周(Nishi Amane)。在1874年出版的《百一新论》中,西周将"philosophy"的译名确定为"哲学"。[③] 此后顾厚焜、黄遵宪等人将"哲学"一词引入中国,并沿用至今。

中国知识界对西方哲学的了解,是由严复、梁启超、王国维、蔡元培等人翻译、介绍西方哲学典籍以及日本的相关哲学著作开始的。最初接触西方哲学的

---

* 本章的写作参考了郭齐勇、廖晓炜:《六十年来中国哲学史研究的思考》(《文史知识》2009年第9期)一文的部分内容,以及郭齐勇主编、廖晓炜副主编:《中国哲学史经典精读》(北京:高等教育出版社2014年版)一书《绪言》的部分内容。

① 璩鑫圭、唐良炎编:《中国近代教育史资料汇编·学制演变》,上海:上海教育出版社1991年版,第663、697—698页。

② 梅谦立:《理论哲学和修辞哲学的两个不同对话模式》,收入景海峰编:《拾薪集:"中国哲学"建构的当代反思与未来前瞻》,北京:北京大学出版社2007年版,第81—105页。

③ 陈玮芬:《"哲学"之创译与演绎——兼论"哲学"与"理学"之辨》,《台湾东亚文明研究学刊》2012年第9卷第2期。

这批学者,对中国传统的义理之学也大都有所研究。在一定意义上,这些研究已属于中国哲学史的范畴,它们客观上已经为中国哲学史学科的形成做了准备。此外,陈黻宸、陈汉章、马叙伦、谢无量等先驱人物的相关著作,对于了解中国哲学史学科建立之初的情况,也是不可或缺的。

不过真正为中国哲学史学科奠定基础的,是胡适于1919年出版的《中国哲学史大纲》(卷上)与冯友兰于20世纪30年代完成的两卷本《中国哲学史》。胡适的这一著作虽然是未竟之作,但它是第一部从"现代学术"的角度写成的中国哲学史,对20世纪中国史学乃至整个人文学术产生了巨大的影响。[①] 但就中国哲学史学科而言,冯友兰的两卷本《中国哲学史》无疑影响更大,它是第一部现代意义上的完整的中国哲学史著作。总体而言,胡、冯都是以西方哲学为参照来建构、写作中国哲学史的,这也成为20世纪中国哲学史研究最重要的范式之一。除了"胡—冯"范式之外,这一时期还形成了对此后(特别是1949年之后的30年)的中国哲学史研究产生重大影响的"郭—侯"范式,亦即以郭沫若、侯外庐为代表的马克思主义学者以唯物史观为指导,研究传统中国哲学思想所确立的中国哲学史研究范式。

在20世纪20年代末至新中国成立前夕的一段时间中,汤用彤、张岱年等人的中国哲学史研究也不容忽视,如汤著《汉魏两晋南北朝佛教史》、张著《中国哲学大纲》均是本学科的经典之作。此外,钟泰、蒋维乔、杨大膺、范寿康等人也都出版过《中国哲学史》一类著作,但影响力不是很大。

对于现代意义上的学科而言,学术组织及专业期刊有其重要性。这一时期中国学人成立和创办的中国哲学会及《哲学评论》杂志,极大地促进了中国哲学史学科的发展和成熟。创刊于1927年的《哲学评论》是中国最早的专业哲学刊物。[②] 这一刊物最初由尚志学会主办,1936年起成为中国哲学会的机关刊物。早期的《哲学评论》以介绍、探讨西方哲学特别是英美哲学为主,中国哲学史方面的文章并不多见,1936年以后,该刊刊载中国哲学史研究方面的论文明显增多。中国哲学会成立于1935年,聚集了当时中国最为优秀的一批哲学研究者。该会还特别成立了中国哲学研究委员会,以推动传统中国哲学的研究,具体包

[①] 余英时:《重寻胡适历程:胡适生平与思想再认识》,桂林:广西师范大学出版社2004年版,第221—232页。

[②] 贺麟:《五十年来的中国哲学》,上海:上海人民出版社2012年版,第38页。

括校订周秦两汉诸子的作品,编纂魏晋以后各哲学家的著作,阐述传统哲学等。该会还以"中国哲学丛书"的名义刊行了一些在20世纪中国哲学中极具影响力的作品,例如熊十力的《新唯识论》《读经示要》,冯友兰的《新原道》《新知言》,以及嵇文甫的《晚明思想史论》等。①

另外,值得注意的是,这一时期中国建立了一批现代大学体制下的哲学系,如北京大学、清华大学、中央大学、燕京大学、辅仁大学、武汉大学、中山大学等大学均设立了哲学系。当然,其中影响最大、风格最为鲜明的是北京大学和清华大学的哲学系,前者偏重哲学史的研究,后者则更重逻辑分析。②

新中国成立至改革开放前夕是中国哲学史研究的第二个阶段。这一阶段又可分为两个时期:1949年至1966年(也即所谓的"十七年")是第一个时期。这一时期的中国哲学史研究,基本上是以苏联日丹诺夫有关哲学史的定义为标准,整理、批判传统中国哲学。冯友兰在这一时期所展开的自我批判和中国哲学史研究、张岱年对张载哲学的研究等是其中的代表性作品。这一时期学界有关中国哲学史的研究,主要集中在孔子、老子、庄子、王夫之以及《周易》等的哲学思想上,讨论的主要问题是如何确定这些哲学思想的唯物主义或唯心主义性质以及相关哲学家的阶级立场等。③ 通史方面的研究,则主要有侯外庐等人的《中国思想通史》和任继愈主编的《中国哲学史》。这些研究有其重要的开拓性的意义,但也表现出某些教条主义倾向。值得注意的是,其中也有不少学者对上述教条主义倾向予以反思和批判,如北京大学哲学系于1957年1月召开的中国哲学史座谈会,即是对当时中国哲学史研究中存在的教条主义倾向的系统反思。会后出版的《中国哲学史问题讨论专辑》④,较为全面地反映了这次讨论的基本内容。但是,对教条主义的反思和批判很快就因此后的"反右"和"反修正主义"运动而中断了。

1966年至1977年是第二个时期。"文化大革命"期间出现的"批林批孔"

---

① 吾妻重二:《民国时期的学院哲学》,收入郭齐勇主编:《玄圃论学续集——熊十力与中国传统文化国际学术研讨会论文集》,武汉:湖北教育出版社2002年版,第222—233页。

② 牟宗三:《谈民国以来的大学哲学系》,收入牟宗三:《时代与感受》(《牟宗三先生全集》第23册),台北:联经出版事业公司2003年版,第163—173页。

③ 具体内容可参考中华书局在当时出版的《老子哲学讨论集》(1959)、《孔子哲学讨论集》(1962)、《庄子哲学讨论集》(1962)、《王船山学术讨论集》(1965)等。

④ 参见《哲学研究》编辑部编:《中国哲学史问题讨论专辑》,北京:科学出版社1957年版。

"评法批儒"运动,使得当时的中国哲学史研究更加是非淆乱。极"左"思潮的氛围之下不可能有真正的学术研究。这一时期中国哲学史研究的代表性作品是杨荣国、冯友兰、赵纪彬等人批判孔子的相关论著,以及杨荣国主编的《简明中国哲学史》,后者特别是它的修订版完全以"儒法斗争"为线索整理中国哲学史。不过,"评法批儒"运动客观上也促进了当时的学者对法家特别是韩非子作品的整理和讨论,其中亦有水平较高的著作,如完成于70年代末的《韩非子校注》①等。

中国哲学史研究的第三个阶段是改革开放以来的四十年,这是中国哲学史学科由复苏以至大发展的时期。这一阶段我们也可以方便地分为三个时期来加以叙述,即:20世纪80年代、20世纪90年代以及21世纪初至今。当然,各时期并不是完全割裂的,相互之间存在一定的关联,甚至有交叉的情况。

20世纪80年代可谓本学科学术研究的复苏期。思想解放运动成为这一时期中国哲学史研究的大的思想背景。"文革"结束后,学术界开始对"评法批儒"运动中乃至此前"十七年"的中国哲学史研究范式予以反思和批判。1979年10月在山西太原举办的中国哲学史方法论问题讨论会②,即是这一反思和批判的集中表现。此后的中国哲学史研究随之进入了一个新的时期。这一时期中国哲学史研究的主要倾向是力求摆脱日丹诺夫的唯物主义与唯心主义、辩证法与形而上学"两军对战"的教条主义模式,批判"评法批儒"等运动引起的思想混乱,避开"阶级斗争""路线斗争"等政治话语。这时候的研究以黑格尔—马克思的"逻辑与历史相统一"的哲学史观和列宁《哲学笔记》中的有关论断为方法论主调;受哲学界"认识论"转向的影响,这些研究倾向于用"螺旋结构""历史圆圈""范畴研究""哲学史就是认识史"等路数来重新架构或解读传统中国哲学,力图从泛政治化的研究回归独立的学术研究。"中国哲学范畴研究"是这一时期最具代表性的研究范式。中国哲学学界于1983年11月专门在西安召开了中国哲学范畴讨论会,并出版了论文集③。这一时期的研究成果虽不免新旧杂陈,却仍有不少振聋发聩之作。其中较有代表性的成果是冯契的《中国古代哲学的逻辑发展》及其"智慧说"三部曲,以及萧萐父、李锦全主

---

① 《韩非子》校注组编写:《韩非子校注(修订本)》,周勋初修订,南京:凤凰出版社2009年版。
② 会后出版有两本论文集:《中国哲学史方法论讨论集》(北京:中国社会科学出版社1980年版)、《中国哲学史论》(太原:山西人民出版社1981年版)。
③ 冯契等:《中国哲学范畴集》,北京:人民出版社1985年版。

编的《中国哲学史》,张岱年在20世纪30年代完成的《中国哲学大纲》也恰是在这一时期产生重大影响的。此外,方克立、张立文、蒙培元、葛荣晋等学者在中国哲学范畴研究方面也都有重要论著出版。这一时期的研究成果,除有关中国哲学史研究的一些前提性问题(如中国哲学史研究的对象、方法、目的,哲学史与思想史的关系等)的讨论①外,特别值得注意的是学界对孔子、孟子、老子、庄子等哲学家思想的再评价。就范围而言,这一时期的中国哲学史研究涉及汉代哲学、魏晋玄学、道教哲学以及宋明理学等不同时段的哲学思想。中国近现代哲学也成为这一时期学界关注和讨论的重要内容,1982年与1985年分别在长春和广州召开了较大规模的全国性的中国近现代哲学史学术讨论会。1987年则召开了首届中国现代哲学史全国学术讨论会,会议期间还酝酿成立了中国现代哲学史研究会。

在学术组织方面,这一时期先后成立了中国哲学史学会(1979)、中华孔子学会(1985)等全国性的学术组织。中国哲学史学会主办的《中国哲学史研究》于1980年创刊,该刊在1992年发展成为《中国哲学史》杂志。中国孔子基金会(1984年成立)主办的《孔子研究》杂志也于1986年创刊并一直发行至今。这一时期成立的这些学术组织及其主办的专业期刊,对于中国哲学史的研究起到了重要的推动作用。

发端于20世纪80年代中期的"文化大讨论"或"文化热"②则是这一时期的另一重要思想背景,其讨论的中心是传统文化与现代化的关系问题,这一讨论热潮的主导方向是启蒙理性,学界一般将其称为"新启蒙运动"。文化讨论客观上促使学界转向对中国哲学智慧的探索与省思,这些讨论虽然多半是宏观泛论或宏大叙述,但仍有不少揭示中国哲学底蕴与特质的创新论著问世。李泽厚、庞朴、汤一介等人的相关论著是这方面的代表作。这些讨论在一定程度上也反映了中国哲学史研究回归传统智慧、彰显中国哲学独特性的内在要求,而这正是20世纪90年代迄今中国哲学史研究的基本特征。也正是在这一时期,冯友兰、张岱年、朱伯崑、汤一介等人发起并创办了以阐扬中国传统文化为宗旨的中国文化书院,这一组织在当时产生了很大的影响。在文化热的背景下,对学界

---

① 相关讨论可参考《哲学研究》1983年第10期刊载的汤一介、张岱之、周继旨等人的文章。
② 关于80年代的文化热,可参阅林同奇:《文化热的历史含义及其多元思想流向》,收入林同奇:《人文寻求录:当代中美著名学者思想辨析》,北京:新星出版社2006年版,第353—383页。

与思想界产生重要影响的还有"走向未来"丛书、"文化：中国与世界"丛书等学术著作。① 香港中文大学中国文化研究所于20世纪90年代初创办了此后在思想界颇具影响的《二十一世纪》杂志，由陈方正为该刊撰写的发刊词②不难看出，该杂志的创刊与上述文化热的历史背景也有明显的关联。

20世纪80年代中后期开始兴起的现代新儒家思潮研究，也是这一时期中国哲学史研究的重要事件。"现代新儒家思潮研究"当时被列为国家"七五"规划重点项目，由方克立、李锦全主持，全国17家单位共47人参与了该课题的研究。1987年9月，课题组在安徽宣城召开了现代新儒家思潮研究学术讨论会。在文化热的背景下，现代新儒学研究很快就发展成为一门"显学"，它至今仍是本学科研究的重要课题。现代新儒家思潮研究的兴起拓展了中国现代哲学史的研究，而现代新儒家（特别是港台新儒家）对传统中国哲学的梳理、研究，更是对20世纪90年代以来的中国哲学史研究走上客观的学术轨道，起到了良好的促进作用。

在这一时期，第一代学者冯友兰、吕澂、蒙文通、张岱年、王明、朱谦之、严北溟、范寿康、冯契、任继愈、石峻、杨向奎等先生老当益壮，在整个中国哲学的理解阐扬、儒释道的创造转化及人才培养方面堪称楷模。第二代学者朱伯崑、萧萐父、汤一介、庞朴、李泽厚、李锦全、张立文、张岂之、卿希泰、唐明邦、余敦康、牟钟鉴、杜继文、杨曾文、方立天、方克立、刘文英、潘富恩、蒙培元、陈俊民、葛荣晋、张锡勤、崔大华等先生在各自领域中各有开拓与建树，出版了高水平的研究著作。

20世纪90年代学术研究的主要特征是由宏观的思想讨论转向纯粹的学术研究。在一定意义上，这也是对80年代空疏学风的批评和回应。1991年1月18日，北京知识界召开了有关学术史研究问题的讨论会，即以上述论争为主要议题。③ 可以说，这是潜沉读书与走上学术性研究的时期，方法论与诠释方式多样化的时期，学问分途与个案研究为主的时期，以及进一步受到现代西方哲学各思潮的影响、与海内外中国学真正对话的时期。这一时期中国哲学史研

---

① 陈来：《思想出路的三动向：科学精神、文化关切与传统意识》，收入陈来：《北京·国学·大学》，北京：北京大学出版社2012年版，第59—65页。
② 陈方正：《为了中国的文化建设》，《二十一世纪》创刊号（1990年10月）。
③ 相关讨论参见《学术史研究笔谈》，收入陈平原、王守常、汪晖主编：《学人》第1辑，南京：江苏文艺出版社1991年版，第1—48页。

究的另一特征在于,学界对中国哲学、文化的特质有了更深的体认,在强调中西哲学、文化差异的基础上,力图发掘传统中国哲学本有的深层智慧。这无疑是对此前以认识史为基本框架诠释传统中国哲学这一单一模式的超越,表达出回归传统智慧的内在要求。也正因为如此,20世纪90年代思想界开始出现所谓的"国学热"以及保守主义的思潮。就前者而言,标志性的事件是北京大学于1992年成立传统文化研究中心(2000年更名为国学研究院);而《国学研究》《哲学研究》等杂志亦发表不少关于国学热之论争的论文,并产生了一定的影响。就后者而言,则有明确以保守主义为立场的《原道》辑刊的创刊(1994)等。这些思想潮流客观上推进了学界对传统中国哲学和文化的研究。

这一时期,另一值得注意的事件就是1992年《道家文化研究》的创刊。该刊由陈鼓应主编。《道家文化研究》的出现,其最初的目的是要表达对学界重视儒家而忽视道家的不满。[①] 据此,该刊进而提出所谓"道家哲学中国主干说"[②],并引起学界讨论[③]。不过,这在客观上也拓展了中国哲学史研究的领域,具有重要意义。

就研究的内容而言,1993年出土的郭店楚简,成为中国哲学史研究的一大热点,新出土的这批竹简包含儒、道两家的先秦文献,引起学术界的高度关注。在国学热或者说儒学热的背景下,兴起于20世纪80年代的现代新儒学思潮研究在这一时期持续升温,成为本学科研究的另一大热点。在这一时期,前文所述的第二代学者仍然非常活跃,笔耕不辍,同时涌现出一大批中青年学者。第三代学者的代表人物陈来、杨国荣等崭露头角,创获尤多。

21世纪初至今的这一时期,是以社会层面的国学热与学术层面的"中国经典的现代诠释"为背景,重建中国文化的根源性与中国哲学学科的自主性或主体性的时期,逐步摆脱西方社会科学与哲学方法之束缚的时期,有思想的学术与有学术的思想相结合的时期,对五四以来相沿成习、似是而非的诸多看法与思维定式予以拨乱反正、摧陷廓清的时期。与前几个阶段和时期相比,此一时期中国哲学研究的方法更加多元化,中外学术的交流更加立体化,研究更加精

---

① 陈鼓应:《〈道家文化研究〉创办的缘起》,收入陈鼓应主编:《道家文化研究》第1辑,上海:上海古籍出版社1992年版。
② 陈鼓应:《论道家在中国哲学史上的主干地位》,《哲学研究》1990年第1期。
③ 参见劳思光:《帛书资料与黄老研究》,收入劳思光:《虚境与希望——论当代哲学与文化》,香港:中文大学出版社2003年版,第131—146页。

细化,个案与精专研究成果丰硕。

由于学科意识的不断觉醒,21世纪初以来强调中国哲学自身主体性的呼声越来越高,这也直接引发学界对20世纪初以来近百年的中国哲学史研究范式予以全面反思。在此背景下,中国哲学合法性的问题一度成为学界讨论的热门话题。重建中国文化根源性的要求,则使得不少学者努力廓清近代以来对中国传统文化的各种误解,试图以更为同情的态度理解、阐扬中国传统哲学特别是儒学,学界有关"亲亲互隐"问题的激烈论争即是上述要求的突出体现。这一要求也使得20世纪末即已兴起的保守主义思潮有了进一步的发展,近年来经学研究得到不少学者的关注,即与这一思潮有着内在的关联。

在20世纪90年代已有研究的基础上,21世纪初以来,本学科对先秦以至明清、近现代各时段的哲学思潮、基本问题以及诸哲学家的思想都有十分全面而深入的研究。此外,本学科在哲学理论的创构方面亦有所突破,陈来、杨国荣等都有相关论著出版。[①]

以上是对中国哲学史学科近百年发展历程的简单梳理,由此不难看出各阶段中国哲学史研究的基本特点及其与时代思潮之间的内在关联。下文将以港台、英语世界及日本为例,对境外中国哲学研究的概况略加介绍。

随着1949年的"北学南移",港台地区逐渐发展成为中国哲学研究的重镇,特别是现代新儒家的研究成果,在全国乃至全世界都具有重大的影响。[②] 第一代新儒家钱穆、方东美,第二代新儒家代表人物,即熊十力在港台的三大弟子徐复观、唐君毅、牟宗三,以及新儒家诤友、哲学家劳思光,他们在中国哲学史研究以及哲学理论创构方面的论著,可以说代表了港台地区中国哲学研究的最高水平。这些学者在港台地区培养了大量优秀的中国哲学专业人才,他们分布在各大学的哲学系、国文系以及一些研究机构。新儒家开启的中国哲学研究进路,是迄今为止港台地区最主流的研究范式。第三代新儒家余英时、杜维明、刘述先、成中英等在继承前辈研究成果的基础上,积极与西方的文化、哲学对话,进一步推进了中国哲学思想史的研究,国际化的面向是这一代学者的突出特征。

---

① 陈来:《仁学本体论》,北京:生活·读书·新知三联书店2014年版。杨国荣:《存在之维——后形而上学时代的形上学》,北京:人民出版社2005年版。

② 关于现代新儒家及其代表人物,可参阅刘述先:《论儒家哲学的三个大时代》,香港:中文大学出版社2008年版,第186—193页。

20世纪80年代后期兴起的现代新儒学研究,将境外新儒家的研究成果全面介绍进来,对中国学界产生很大的影响。非新儒家阵营里的哲学家、道家学者陈鼓应,中国思想史家韦政通等对中国哲学史界也有较大影响。此外,台湾地区以新士林哲学为背景的中国哲学史研究,亦有一定的影响,有不少相关论著出版,如罗光撰著的九大册《中国哲学思想史》。①

除港台地区外,英语世界的中国哲学研究也取得了很大成就,并且越来越广泛地与中文世界的中国哲学研究相互影响。英语世界对中国哲学的研究②,可追溯到19世纪下半叶理雅各(James Legge)等人对中国哲学和儒学经典的英文翻译,理雅各翻译功底深厚,但他对中国哲学缺少系统深入的探究。此后冯友兰以英文发表的《中国哲学简史》(*A Short History of Chinese Philosophy*,1948)以及两卷本《中国哲学史》的英译本,为英语世界学者了解、研究中国哲学提供了初步条件。而具有极好哲学素养的陈荣捷、刘殿爵(D. C. Lau)等人将中国哲学经典大量翻译为英文,使得英语世界深入研究中国哲学成为可能,其中陈荣捷所编译的《中国哲学资料选编》(*A Source Book in Chinese Philosophy*,1969)影响尤为巨大,它的出版是西方世界中国哲学研究中最重要的事件。③ 狄百瑞(William Theodore de Bary)等人则主编有两卷本《中国传统资料汇编》(*Sources of Chinese Tradition*,1963),此书因选录大量中国传统和现代哲学原著的精准翻译而备受欧美大学师生的欢迎。此外,不少学者或频繁访问欧美,或长期在海外从事中国哲学的研究和教学工作,有力地推动了中国哲学及其研究在英语世界的传播和影响。其中,柳存仁、柯雄文(Antonio S. Cua)、傅伟勋、秦家懿、刘述先、杜维明、成中英、余英时、唐力权、沈清松、信广来、吴光明、庄锦章、黄百锐(David Wong)等著名学者的中国哲学研

---

① 有关台湾地区的中国哲学研究,还可参考 Vincent Shen(沈清松),Philosophy: Recent Trends in Taiwan, in Antonio S. Cua ed., *Encyclopedia of Chinese Philosophy*, New York: Routledge, 2003, pp. 608-613。

② 有关英语世界的中国哲学研究,可参阅 Karel L. van der Leeuw, The Study of Chinese Philosophy in the West: A Bibliographic Introduction, *China Review International*, 1999, 6(2)。Chung-ying Cheng(成中英), Philosophy: Recent Trends Overseas, in Antonio S. Cua ed., *Encyclopedia of Chinese Philosophy*, pp. 598—608。姜新艳:《中国哲学研究在英语世界的三个阶段》,收入郭齐勇主编:《儒家文化研究》第5辑,北京:生活·读书·新知三联书店2012年版,第222—242页。魏思齐:《美国汉学研究的概况》,《汉学研究通讯》2007年第26卷第2期。

③ Robert Cummings Neville, *Boston Confucianism*, New York: State University of New York Press, 2000, p. 42。

究在英语世界影响深远。与此同时，一批西方学者也加入中国哲学研究的行列当中，并取得重要成就。葛瑞汉（Angus Charles Graham）、狄百瑞、芬格莱特（Herbert Fingarette）、倪德卫（David S. Nivison）、考普曼（Joel J. Kupperman）、陈汉生（Chad Hansen）、孟旦（Donald J. Munro）、罗思文（Henry Rosemont Jr.）、安乐哲（Roger T. Ames）、郝大维（David Hall）、李耶立（Lee H. Yearley）、南乐山（Robert Cummings Neville）、白诗朗（John Berthrong）、艾文贺（Philip J. Ivanhoe）等人是其中的重要学者，他们在中国哲学研究方面都有重要著作出版。另外尚有中青年学者如瑞丽（Lisa Raphals）、万百安（Bryan W. van Norden）、森舸澜（Edward Slingerland）、安靖如（Stephen C. Angle）、金鹏程（Paul R. Goldin）、梅约翰（John Makeham）等人，在当今英语汉学界中甚为活跃。不容忽视的是，主攻中国思想史的重要汉学家如列文森（Joseph R. Levenson）、史华慈（Benjamin I. Schwartz）、张灏、田浩（Hoyt C. Tillman）等人的工作，对推进中国哲学的研究亦具启发性意义。此外，旅美新生代学者牟博、李晨阳、余纪元、黄勇、姜新艳、倪培民等，也成为推动当代英语世界中国哲学研究的活跃力量。20 世纪 70 年代成立的国际中国哲学会（ISCP）以及 1995 年成立的北美中国哲学家协会（ACPA）等学术组织，无疑为推进英语世界的中国哲学研究做出了巨大贡献。*Philosophy East and West*（1951）、*Journal of Chinese Philosophy*（1973）、*Dao: A Journal of Comparative Philosophy*（2001）等专业刊物的创刊，对于英语世界中国哲学研究的发展具有重要的推动作用。总之，尽管一直以来西方哲学界对中国哲学存在着某种偏见，但经过上述学者的努力，现状已有了很大的改观，中西哲学的交流达到了前所未有的深度。而 20 世纪末以来，英语世界中越来越多的学者加入中国哲学研究的行列中来，研究方法更为多元，研究成果值得借鉴。①

日本有关中国哲学史、思想史的研究成果对中国学界也产生了越来越广泛的影响。日本近代意义上的中国哲学史研究始于明治时期，期间有不少《中国

---

① 此外，欧洲的中国哲学研究亦值得关注，有关德语世界的中国哲学研究可参《中国文哲研究通讯》2007 年第 17 卷第 2 期刊载的《德语之中国哲学研究专辑》。关于俄罗斯的中国哲学研究可参考布罗夫（Владилен Г. Буров）:《俄罗斯的中国哲学研究——十七世纪末至二十世纪末》（上、中、下），《汉学研究通讯》1995 年第 14 卷第 4 期；《汉学研究通讯》1996 年第 15 卷第 1 期；《汉学研究通讯》1996 年第 15 卷第 2 期。关于法语的中国哲学研究可参考汪德迈（Léon Vandermeersh）、程艾兰（Anne Cheng）:《法国对中国哲学史和儒教的研究》，《世界汉学》1998 年第 1 期。

哲学史》《中国思想史》一类著作出版,这些作品均尝试以西方哲学为参照,对中国古代思想做出系统的梳理。日本早期从事中国哲学史研究的代表人物有岛田篁村、井上哲次郎、服部宇之吉、内藤湖南、桑原骘藏、狩野直喜、高楠顺次郎等。他们的弟子或再传弟子成为第二次世界大战前后日本中国哲学史研究领域较为活跃的学者,如小柳司气太、宇野哲人、高濑武次郎、津田左右吉、小岛祐马、本田成之、武内义雄、青木正儿、仓石武四郎、吉川幸次郎、宇井伯寿、加藤常贤、楠本正继、福井康顺等。二战后日本中国哲学思想史的研究相对较为沉闷,不过,阿部吉雄、重泽俊郎、大滨皓、冈田武彦等学者仍有不少优秀成果问世。二战后至20世纪80年代,日本的中国哲学思想史研究有了很大的突破,就研究范围而言,可以说是对中国哲学思想史研究的全面展开。引领二战后日本中国哲学研究的学者,有研究先秦两汉思想的金谷治、小野泽精一,研究魏晋南北朝思想与道教的福永光司,研究宋明理学与佛教的荒木见悟,研究明清思想史的山井涌,研究中国前近代思想的岛田虔次,研究中国伦理思想的汤浅幸孙,以及研究佛教思想的中村元等,他们在各自领域内都有很大的成就。晚近以来,沟口雄三、町田三郎、福田殖、坂出祥伸、吉川忠夫、池田知久、内山俊彦、中嶋隆藏、三浦国雄、小林正美等,在中国哲学史与思想文化研究的不同领域都有颇具影响力的著作出版。现代又涌现出新生代学者:浅野裕一、土田健次郎、吾妻重二、汤浅邦弘、村田雄二郎、柴田笃、永富青地、小岛毅、伊东贵之等。

20世纪八九十年代以来,日本的中国哲学史研究出现"去哲学化"的趋势,此前各地国立大学所设立的中国哲学研究室,纷纷更名为"中国思想文化学研究室""中国古典文献学研究室"等。① 学术组织方面,目前与中国哲学研究关系最为密切的全国性组织是日本中国学会,该学会出版有刊物《日本中国学会会报》。②

二、中国哲学史学科的研究范式

现代中国哲学史学科的出现,首先是"中国旧有学术观念的解体并代之以现代西方学术分类的结果"。③由于现代中国哲学史学科产生的特殊背景,中国

---

① 曹峰:《日本中国哲学研究的大致走向》,《中国社会科学报》2015年6月1日A06版。
② 曹峰:《日本的中国哲学研究学会》,《中国社会科学报》2015年8月4日002版。
③ 郑宗义:《论二十世纪中国学人对于"中国哲学"的探索与定位》,《中国哲学史》2006年第2期。

哲学(史)一开始即是以比较哲学的形式出现的。当然,"比较"可以有不同的模式①,其中最基本且影响最广泛的模式是胡适、冯友兰所开启的"以西释中"的中国哲学史研究范式,亦即以西方哲学的基本框架、概念为参照来整理中国传统的思想义理与观念。冯友兰对这一研究范式出现的历史背景有很好的描述:"吾人本亦可以中国所谓义理之学为主体,而作中国义理之学史。并可就西洋历史上各种学问中,将其可以义理之学名之者,选出而叙述之,以成一西洋义理之学史。就原则上言,此本无不可之处。不过就事实言,则近代学问,起于西洋,科学其尤著者。若指中国或西洋历史上各种学问之某部分,而谓为义理之学,则其在近代学问中之地位,与其与各种近代学问之关系,未易知也。若指而谓为哲学,则无此困难。此所以近来只有中国哲学史之作,而无西洋义理之学史之作也。""所谓中国哲学者,即中国之某种学问或某种学问之某部分之可以西洋所谓哲学名之者也。"②换言之,在传统学术观念解体的背景下,以西方哲学为参照整理中国哲学史,有其时代的必然性,此乃中国传统学术现代化的必然要求。熊十力在回应梁漱溟、马一浮等的类似质疑时即感慨道:"我一向感觉中国学校的占势力者,都不承认国学是学问。身心性命这些名词他讨厌,再无可引他作此工夫。我确是病心在此,所以专心闭户,想建立一套理论。"③

不过中西学术之间的差异,也使得上述研究范式一开始即不得不面对诸多的质疑,如钟泰就认为:"中西学术,各有统系,强为比附,转失本真。此书命名释义,一用旧文。近人影响牵扯之谈,多为葛藤,不敢妄和。"④马一浮亦持类似的立场:"近世哲学,始有本体论、认识论、经验论、方法论之分。……若如此说去,不出哲学家理论窠臼,仍是没交涉。言非不辩,有何饶益?"⑤也就是说,西方哲学的理论框架,无法揭示传统中国学术的真精神,将传统中国学术哲学化,只能是对其自身的一种伤害。然而就整个20世纪的中国哲学史研究来看,钟泰、马一浮等本土化的立场及其研究成果,并未产生太大的影响,"以西释中"始终

---

① 相关讨论可参考彭国翔:《中国哲学研究方法论的再反思——"援西入中"及其两种模式》,《南京大学学报(哲学·人文科学·社会科学版)》2007年第4期。李晨阳:《比较的时代:论当代儒学研究的一个重要特点》,《周易研究》2015年第3期。
② 冯友兰:《中国哲学史》,《三松堂全集》第2卷,北京:中华书局2014年版,第18页。
③ 熊十力:《与梁漱溟》,收入熊十力:《熊十力全集》第8卷,武汉:湖北教育出版社2001年版,第759页。
④ 钟泰:《中国哲学史》凡例部分,北京:东方出版社2008年版,第1页。
⑤ 马一浮:《尔雅台答问》,南京:江苏教育出版社2005年版,第98页。

是主流的研究范式。不过,钟、马的批评和质疑,也的确触及"以西释中"这一研究范式的真正局限之所在。钟、马纯粹本土化的研究进路,表达了近代学者对于中国文化之主体性和民族性的吁求,无疑有其合理性,不过就中国传统学术之现代化这一根本诉求而言,该研究进路亦无法免除其自身的弊端,它将使传统中国学术"博物馆化",无法真正走出历史、进入现代。

郭沫若、侯外庐开启的以唯物史观为指导的中国哲学史研究范式以及后来的"唯物/唯心""形而上学/辩证法""两个对子"的研究范式,仍属于宽泛意义上的"以西释中"。然而这类研究特别是后者,有着比较浓厚的意识形态的色彩,自然更加无法客观地展示传统中国哲学的基本内容及其精神。

20世纪90年代以来,随着中国哲学史研究的不断深入,"以西释中"这一研究范式的上述不足,遭到越来越多的批评和质疑。刘笑敢等发起的有关反向格义问题的讨论①,21世纪初学界有关中国哲学合法性问题的讨论②,以及一些从事中国思想史研究的学者对所谓内在理路(inner logic)的强调③等,一定意义上,都是在反省"以西释中"这一研究范式之不足的基础上,尝试探寻一种更为契合中国传统学术精神的现代学术研究范式。

上述反省中最为极端的立场,乃是否定以哲学的方式研究传统中国思想的合法性④。持这一立场的一些学者不只认为西方哲学本体论、宇宙论、认识论、方法论的划分结构根本不适合用来梳理传统中国思想,甚至也认为抽象的概念思辨与传统中国思想重实践的基本性格是相违背的,即便是20世纪80年代兴起的范畴研究,在他们看来亦无法很好地呈现出传统中国思想的真实面貌。因此,他们倡导某种更具"包容性"的思想史研究,以取代此前的中国哲学史研究。⑤ 在他们看来,只有在具体的历史脉络中才能真实地呈现传统中国思想。其中代表性的作品即是葛兆光于20世纪末21世纪初先后出版的两卷本《中国

---

① 参见刘笑敢《诠释与定向:中国哲学研究方法之探究》(北京:商务印书馆2009年版)一书的相关讨论。
② 参见李明辉:《关于"中国哲学之正当性问题"的一个批注》,收入张西平主编:《国际汉学》第18辑,郑州:大象出版社2009年版,第15—23页。
③ 参见梅约翰:《从中国哲学的内在逻辑到多元的中国哲学》,收入刘笑敢主编:《中国哲学与文化》第9辑,桂林:漓江出版社2011年版,第279—291页。
④ 参见黄进兴:《再现传统中国的思想——迈向论述化、命题化的哲学?》,收入刘翠溶主编:《中国历史的再思考》,台北:联经出版事业公司2015年版,第35—41页。
⑤ 葛兆光、陈少明等人的尝试值得关注,相关论述参见葛兆光:《为什么是思想史——"中国哲学"问题再思》,《江汉论坛》2003年第7期。廖晓炜:《中国哲学研究的困境与出路——评陈少明著〈做中国哲学:一些方法论的思考〉》,《哲学与文化》2015年第42卷第12期。

思想史》。类似的论争,在境外学术界亦有所反映,如史学家何炳棣与新儒家学者杜维明、刘述先有关"克己复礼"之诠释问题的论争,余英时对钱新祖博士论文《焦竑与晚明新儒思想的重构》的批评,以及刘述先、杨儒宾等学者对余英时重要著作《朱熹的历史世界》的反省等。① 这些学术论争都在一定程度上反映了以追求"思想本来面目"为首要目标的思想史研究,与以观念分析、概念思辨为主要特征的中国哲学史研究之间的基本分歧。

总之,"以西释中"的中国哲学史研究范式,是中国学术现代化不得不然的一种选择,它是传统中国思想以哲学的方式得以重建的最直接的方式。由上所述,这一范式也不得不面对以下质疑:1. 以西方哲学的框架、概念为参照整理传统中国的思想义理与观念,难免比附之嫌;2. 中国素无以抽象的概念思辨为主的哲学传统,相反,强调的是"道不离器"以及"即事穷理",因此,抽离传统中国思想赖以寄托的具体的历史情境,对其做抽象的思辨、分析,无法揭示传统中国思想的真实面目;3. 传统中国思想以实践为指向,将其哲学化,必然背离传统中国思想的根本精神。

面对上述质疑,不少学者认为,为捍卫中国思想的主体性或民族性,必须回归传统本身,拒绝任何外来的理论架构和思想观念。前文提到的钟泰等人纯粹本土化的立场,以及近年来学界出现的极端保守主义的思潮,即是典型的例子。这显然不是中国哲学史研究的未来方向,相反,这只能导致中国哲学史研究的自我封闭,从而使传统中国思想无法进入现代、平等地与西方文化对话。

事实上,劳思光所谓"在世界中的中国"(China in the world)乃是我们无法逃避的真实处境,现代意义上的中国哲学史研究无法在与世界隔绝的状态下展开,追求所谓"原汁原味"的中国哲学也只是一种不可能实现的理想。超越"以西释中"的研究范式的出路在于更好地处理作为参照系的西方哲学与传统中国思想之间的关系,而非简单地否定西方,以保证自身的纯粹性。

其实,针对中国哲学史研究所面对的上述困难,20世纪的一些学者已有极为深入的反省,并且在如何超越"以西释中"的问题上,做出了极有意义的尝试。如就西方哲学概念及其理论框架的使用而言,早期的中国哲学史研究的确存在比附之嫌,如胡适将老子的"道"直接等同于西方的"自然法",或以宋明理学中

---

① 晚近以来,日本学界中国哲学史的研究越来越为中国思想史、文化史的研究所取代,亦反映了类似的趋势,参见陈来:《世纪末"中国哲学"研究的挑战》,《中国哲学史》1999年第4期。

的"理"等同于希腊哲学中的"理念"或"形式",这些反向格义的诠释策略,的确会对传统中国思想造成严重的扭曲——当然,后来意识形态化的中国哲学史研究的弊病显然更为严重。因此,不少学者,包括英语世界的一些中国哲学研究者,如安乐哲、郝大维等,特别强调中西哲学思想、观念之间的不可通约性,这无疑夸大了中西哲学之间的异质性。其实正如李明辉指出的,我们以西方哲学为参照从事中国哲学史的整理和研究,需要的起点只是不同文化系统中概念间的"相似","如果我们要坚持每个概念在其原有系统中的精确意义,则所有的概念系统之间都是不可通约的(incommensurable),不同系统中的概念也是不可比较的,这无异否定了比较研究的可能性"①。事实上,如果我们客观地考察牟宗三在"挪用"西方哲学中"超越""物自身""智的直觉""形上学"等概念的基础上对传统中国思想所做的深刻诠释,就不难发现,牟宗三的工作绝非如一般人所了解的那样,是以康德来解释儒学或者说将儒学康德化,相反,牟宗三的努力其实是在拓展以上诸概念之含义的基础上,尝试更为准确、深入地解读传统中国思想。李明辉回应安乐哲质疑"内在超越性"这一概念的相关论文即很好地说明了这一点。当然,牟宗三的工作是以承认并深刻把握中西哲学之差异为基础的,并非所谓的反向格义,劳思光即明确地指出过这一点。② 本质上,这也是确立传统中国思想之"哲学性"的重要方面。

其次,抽象地建构所谓的"中国哲学史"而忽略具体的历史文化情境,对于真实、全面地把握传统中国思想而言,的确有所不足,因为它无视哲学史的历史性,亦非理想的哲学史。不过,若因此而主张以思想史的研究取代哲学史的研究,则无疑又走向了另外一个极端。中国哲学史的研究除对传统中国思想做哲学性的整理外,更需要说明传统中国思想中具有超越性和普遍性的内容是什么。换言之,中国哲学史研究的目的也包括以传统中国思想中具有普遍性的内容为基础,回应当下人类所面临的重大哲学问题。因此,如果我们将中国哲学史的研究完全还原为史学性质的研究,而将传统中国思想局限于特定的历史文化情境中,这无疑等于承认传统中国思想仅有历史的价值,而无走出历史、进入

---

① 李明辉:《再论儒家思想中的"内在超越性"问题》,收入刘述先主编:《中国思潮与外来文化》,台北:"中研院"中国文哲研究所2002年版,第240页。
② 劳思光:《危机世界与新希望世纪——再论当代哲学与文化》,香港:中文大学出版社2007年版,第121页。

现代之可能。哲学思考的本质在于其普遍性的要求①,而中国哲学史的研究乃是传统与现代之间建立起联系的关键所在,亦即通过"去脉络化"和"再脉络化"的工作,使传统中国思想真正进入现代,成为世界哲学的一部分。因此,以概念思辨和观念分析为基本特征的中国哲学史研究有其不可替代性,劳思光对这些问题有十分深入的探讨。②

当然,最为严厉的指责是,以概念思辨为主的哲学研究与传统中国思想之自我探索及生命实践的根本旨趣背道而驰。这一质疑虽非毫无根据,但对哲学思辨之于生命实践的正面意义,缺乏充分的了解。牟宗三对此有很好的反省,他认为:"道德、宗教、科学、政治、经济,这些是第一序的或基层的学问(sciences of the first order or basic order),哲学则是第二序的或反省层的(of the second or reflective order)。""中国传统的学问是道德、宗教,不属于哲学,但现在可以方便的当哲学来看它、处理它,如此则需用概念的思考,就要用分解的方法,在这里可以看出哲学的界限来,在东方儒家的最高目标在成圣、佛家在成佛、道家在成真人,哲学活动是在教的范围内帮助我们的一种疏通,是一道桥,界限就在这桥上,尽桥的责任就是它的界限。"③这也就是说,生命的实践必有其目标与具体的途径,而这些都须以学问的讲明亦即哲学思辨为前提,此即牟宗三所谓哲学思辨作为桥的疏通作用。不过正因为传统中国思想的旨趣在于生命实践本身,是以我们也必须划定哲学思辨的范围,此即哲学思辨的界限之所在。换言之,哲学思辨只在助成理想人格的实现,它本身不能取代实践,否则不啻沦为概念的游戏,而扭曲、违背了传统中国思想的根本精神。

由上可见,当前中国哲学史研究的基本趋势和要求是,能够更为客观地展示传统中国哲学的基本精神,超越"以西释中"之研究范式的不足。不过,以西方哲学为参照仍是目前中国哲学史研究的基本范式,但这绝非对中西哲学做简单的比附,而是通过对比更好地彰显传统中国思想的特质,同时也使传统中国思想能够真正以哲学的方式建立起来。当然,随着越来越丰富的西方哲学资源的引入,这一范式下的中国哲学史研究将更加多元化,特别是以现象学、诠释

---

① 李明辉:《省思中国哲学研究的危机——从中国哲学的"正当性问题"说起》,《思想》2008年第9期。
② 参见劳思光:《中国哲学的回顾与展望》,收入劳思光:《虚境与希望——论当代哲学与文化》,第161—167页。
③ 牟宗三:《访韩答问录》,收入牟宗三:《时代与感受》(《牟宗三先生全集》第23册),第228页。

学、德行伦理学、道德心理学,乃至过程哲学、实用主义等西方哲学资源为参照的中国哲学史研究,均有不少重要成果问世。① 其中值得注意的是,英语世界以分析哲学为进路的中国哲学研究(此一进路下不同学者所使用的西方哲学资源有很大不同),逐渐形成一股较有影响力的潮流。② 就使中国哲学真正融入世界哲学而言,上述潮流的意义不容忽视。③ 前文提到的倪德卫、考普曼、陈汉生等都是以分析哲学为进路展开各自的中国哲学研究工作的。

以上所述,主要是狭义的中国哲学(史)研究,亦即对传统中国思想做哲学性的重构,或者说以西方哲学为参照整理出传统中国思想、学术中具有哲学性的内容。广义的中国哲学研究,还应包括对传统中国哲学之时代相干性的说明。这类研究也有不同的进路,或面对现时代的一般问题,在发展传统中国哲学的基础上构建合乎时代要求的哲学系统,20世纪中国哲学家熊十力、冯友兰、牟宗三等人所建立的哲学体系,即属于这类工作;或以传统中国哲学中具有开放性、普遍性的内容为基础,积极回应当代哲学所面临的各种问题。现代中国哲学史学科中这部分工作的开展,同样以比较哲学为基本范式。

冯友兰的新理学体系、牟宗三的道德形上学或两层存有论的哲学体系等,都是在比较哲学的进路下完成的。他们的哲学体系当然是传统中国哲学在新时代下的一种发展,但其与传统中国哲学之不同在于,他们不只借鉴西方哲学的论证方式,更援引西方哲学的思想资源。在中西哲学对比或双向批判的视野下,他们试图揭示中西哲学各自的优长和不足,尝试建构能够真正会通中西的哲学体系。近年来,一些学者继续在这一方向上探索,并有重要成果问世,如陈来的"仁学本体论"、杨国荣的"具体的形上学"等。

此外,不少学者努力抉发传统中国哲学中能够回应当代哲学问题的思想资

---

① 近年来对传统儒学的德行伦理学研究,在英语世界逐渐成为一种潮流,Bryan W. van Norden(万百安)所著 *Virtue Ethics and Consequentialism in Early Chinese Philosophy*(Cambridge:Cambridge University Press,2007)、Stephen C. Angle(安靖如)所著 *Sagehood: The Contemporary Significance of Neo-Confucian Philosophy*(New York:Oxford University Press,2009)等即是其中的代表性作品。

② 李晨阳:《北美学界对中国哲学的分析和比较研究——论一个兴起的潮流》,《南京大学学报(哲学·人文科学·社会科学版)》2006年第2期。刘纪璐:《儒学哲学化的契机:以分析哲学为传统中国哲学开生面》,《深圳大学学报(人文社会科学版)》2016年第1期。

③ 这一研究进路亦有其内在的困难,因而遭致一些学者的批评,参见 Eske Møllgaard, Eclipse of Reading: On the "Philosophical Turn" in American Sinology, *Dao: A Journal of Comparative Philosophy*,2005,4(2)。更多有关此一进路的方法论思考,可参考 Bo Mou ed., *Two Roads to Wisdom?: Chinese and Analytic Philosophical Traditions*,Chicago:Open Court,2001。

源。如劳思光在深入剖析现代性以及后现代的基础上,具体说明传统中国哲学对于现代哲学危机、文化危机所具有的"治疗"意义;黄勇等学者以传统儒学为资源,尝试提供解决当代伦理学研究中诸理论问题的不同方案①。这些都是在比较哲学的视野下,让传统中国哲学更为积极地进入现代的极有意义的尝试和努力。有关传统中国哲学如何回应政治哲学、生态伦理中的相关问题,亦都有学者在做认真而深入的研究,同样也有学者透过传统中国哲学与女性主义等现代哲学流派对话,说明传统中国哲学的意义和价值。沈清松以"外推"的观念为基础,说明跨文化哲学的可能性,也是对中国哲学如何走向世界的一种探索。凡此种种,无不是在比较哲学的范式下,说明传统中国哲学的时代相干性。当然,在比较哲学这一大的范式下,不同学者的研究进路与方法亦有明显的差别。

总之,无论是广义的中国哲学研究,还是狭义的中国哲学史研究,比较哲学都是本学科最基本的研究范式。事实上,这两者又是内在地关联在一起的,前者必然以后者为基础。换言之,对传统中国哲学理论的推进或以传统中国哲学为资源回应当代哲学问题,必然以对传统中国哲学的客观了解为前提。未来中国哲学研究的推进和深入,当然需要在总结、反省已有成果的基础上,努力克服比较哲学研究范式的不足,但不能对该研究范式予以简单否定。

三、中国哲学史学科的困境与前景

中国哲学史学科经历百余年的发展,已积累了相当丰富的研究成果,也形成了自身的学术传统。但从整体上看,本学科的进一步发展,亦面临一些亟待解决的困难。

首先,现行的哲学学科建制制约了本学科的发展以及专业人才的培养。目前的哲学学科被划分为中国哲学、西方哲学、马克思主义哲学、逻辑学、美学、宗教学、伦理学、科学技术哲学八个二级学科。这种人为的划分使得各二级学科之间壁垒森严,缺乏充分的对话与交流。各二级学科相互隔绝的局面,对于中国哲学史学科之发展的限制尤为突出。正如前文所论及的,中国哲学史学科一开始就是在比较哲学的范式下建立起来的,西方哲学的基本训练和素养乃是从事中国哲学史研究的一个重要前提。然而,各二级学科相互隔绝的情况,必然

---

① 黄勇对自己的研究有明确的方法论自觉,见 *Why Be Moral?: Learning From the Neo-Confucian Cheng Brothers*, New York: State University of New York Press, 2014, pp.1—13。

会使得中国哲学史学科所培养的专业人才缺乏足够的哲学思辨能力和宽阔的理论视野。这一弊端在中国哲学史学科的研究趋势上已有鲜明的体现。本学科的研究成果基本上以哲学史乃至思想史、学术史性质的论著为主,不少研究甚至只是"资料加常识",对于当前哲学界所面临的重大问题,本学科越来越显示出自身的无力感,而更多的学者甚至选择回避对哲学问题的思考和反省。凡此种种,都是理论能力不足的具体表现,而这与现行学科建制有着必然的关联。这种理论能力的"虚弱病",必然导致中国哲学研究的浅薄化。① 从根本上来讲,中国哲学史研究的最终目的是使中国哲学真正成为一种"活的哲学",换言之,也就是要让传统中国哲学能够真正地进入现代,更为积极地回应人类所面临的基本问题,促进中国哲学自身的发展。然而,目前的学科建制只会使得中国哲学研究越来越偏离哲学,而沦为纯粹历史性的研究。事实上,越来越多的学者开始深切地意识到上述弊病的存在,近年来有关哲学学科问题②以及中、西、马对话问题③的讨论,正是针对上述弊病而发。本质上,西方哲学、马克思主义哲学作为现代中国思想的重要传统,也是未来中国哲学之理论创构的重要思想资源,因此,中、西、马的深度对话和融合,也将是未来中国哲学研究的重要方向。

其次,一些错误的研究态度是中国哲学史学科健康发展的严重障碍。近年来,在一股保守主义思潮的影响下,一些学者对西方文化持敌视的态度,强调以一种近乎"原教旨主义"的立场来从事传统中国哲学的研究,换言之,这其实是以一种类似于劳思光所谓"传道"的态度来从事中国哲学的研究。由于任何的思想传统都不能不包含受特定社会历史情境制约的内容,亦即仅具时代性和特殊性而不具有超越性和普遍性的内容,因此,如果我们采取传道的态度来从事中国哲学的研究,必然会对传统中国哲学中"失效"的成分缺乏足够的自觉和反省,因而也就无法真正把握传统中国哲学的不足,进而探寻中国哲学未来发展的合理方向。所以,在强调中国文化的主体性或中国哲学的主体性时,需要避免陷入狭隘的民族主义情绪当中,否则中国哲学的研究将越来越走向自我封

---

① 劳思光:《危机世界与新希望世纪——再论当代哲学与文化》,第128页。
② 参见"现行哲学学科体系之反思与改革"专题研讨论文,《中山大学学报(社会科学版)》2008年第2期。
③ 深圳大学曾于2007年12月初以"对话、融通与当代中国哲学的新开展"为主题举办中哲、西哲、马哲专家论坛。

闭。近年来,国内中国哲学史界的一些学者在推动传统经学的研究,强调中国儒学传统中宋明理学传统之外的经学传统也有重要意义。这一吁求确实触及过去中国哲学史研究忽视经学史研究的重大不足。在深入研究经学史的基础上,发掘经学传统中所包含的有关伦理、政治问题的思想资源,这无疑也是未来中国哲学研究值得开拓的一个重要领域。然而这项研究的开展也必须以开放的心态为基础,换言之,经学的研究需要在"世界哲学"的背景下说明经学传统的时代相干性。

此外,中国哲学研究似乎越来越被限定为狭义的中国哲学史的研究。正如前文所述,20世纪90年代以来,学界逐渐排斥空洞、宏大的思想论述,要求一种较为纯粹的学术研究。在这种背景下,中国哲学的研究基本上被等同于狭义的中国哲学史研究,亦即以哲学思辨的方式,对传统中国哲学中的概念、思想予以辨析和澄清。这当然是中国哲学研究中极为重要的内容,然而中国哲学要有更进一步的发展,不能止步于此。我们更应该在客观了解传统中国哲学的基础上,积极地与不同文化传统下的诸哲学思潮展开对话,说明传统中国哲学的意义与思想活力。更为重要的是,我们还应该以传统中国哲学中具有开放性和普遍性的内容为思想资源,积极回应当代哲学界共同面对的问题,彰显中国哲学的时代相干性。在这一点上,国内的中国哲学研究与英语世界的中国哲学研究表现出明显的差别,后者更加重视传统中国哲学与当代不同哲学思潮之间的对话,以及传统中国哲学对于回答当代哲学问题可能提供的思想资源。国内中国哲学研究很大程度上反而与西方世界的汉学家所从事的中国思想研究有更多的相似之处。汉学家大多视传统中国哲学为博物馆中的存在,汉学研究因此基本上只是一种史学性质的研究,无法真正说明传统中国哲学的现代意义。国内与海外的中国哲学研究之所以存在这样的差别,正与前文提到的学科建制问题有着密切的关联。就目前中国哲学研究的整体情况来看,努力进行中西哲学对话、中西哲学比较研究者多为受西方哲学训练出身的学者。然而这些学者由于中国哲学训练的不足,往往在传统文献的解读上存在不同程度的问题,而这就要求具有较好中国哲学训练的学者,深入学习和把握各种非中国的哲学传统,以使传统中国哲学能够与各哲学传统展开深度对话。这也是未来中国哲学研究突破自身局限的重要途径。

目前中国哲学研究的另一明显不足之处是方法论意识或学科意识不足。

中国哲学史的研究之所以常常被混同于思想文化史乃至学术史的研究，固然与本学科的历史以及当代西方有关学术思潮的影响有关，但方法论意识或学科意识的不足也是其中的一个重要原因。从对象、方法等方面厘清中国哲学史研究与思想文化史、学术史研究之间的区别，乃是中国哲学史研究的重要前提，但从事中国哲学史研究的学者对此缺乏足够的重视和深入的讨论。20世纪80年代，已有不少学者意识到该问题的严重性，并展开深入讨论，但并未从根本上解决相关问题。近来，西方已有学者开始深入讨论哲学史与思想史、观念史的关系问题，并有重要成果出版。[①] 此外，黑格尔等人的哲学史方法论以及近来颇具影响力的诠释学方法等，对于深入、多元地开展中国哲学研究，均可提供重要的借鉴，这些成果无疑可以为本学科方法论问题的讨论提供重要的思想资源。

缺乏世界性的眼光也是制约中国哲学史学科发展的一项重要原因。事实上，中国哲学早已是一门国际性的学科，中国之外，特别是日本、欧美的中国哲学研究已累积了相当丰富的成果，而且其中很多论著都具有很高的学术水平，这些研究成果无疑是我们推进中国哲学研究的重要基础。然而，整体上看，由于语言能力等方面的原因，国内的中国哲学研究对于海外相关研究成果的吸收仍较为有限。因此，对于海外中国哲学研究成果的译介和消化吸收，也应该是本学科努力开展的重要工作。

最后，中国哲学史研究的对象和范围过于集中，这也是目前本学科研究存在的明显不足之处。虽然近年来学界在经学、道家道教、佛学以及少数民族哲学等领域的研究均有所突破，有不少优秀成果问世[②]，但整体而言，本学科的研究成果主要集中在先秦和宋明部分，这两部分的研究又以儒学为主。未来的中国哲学史研究需要进一步拓展对不同时段、不同哲学流派的研究，如此不只可以丰富中国哲学史的研究内容，也可为未来中国哲学的发展发掘更多的思想资源。

自20世纪初中国哲学史学科创立以来，由于政治干预等因素的影响，本学科的发展屡经波折，其间虽也积累了不少优秀的研究成果，形成了自身的传统，但如上所述，本学科亦有其内在的不足。由近年来学界有关中国哲学合法性问

---

① Richard Rorty, J. B. Schneewind, Quentin Skinner ed., *Philosophy in History: Essays on the Historiography of Philosophy*, Cambridge: Cambridge University Press, 1984.

② 郭齐勇、肖雄：《中国哲学主体性的具体建构——近年来中国哲学史前沿问题研究》，《哲学动态》2014年第3期。

题的讨论,更可看出中国哲学史学科的发展似乎尚未进入真正成熟和稳定的状态。不过,随着学科意识的自觉以及研究方法和资源的多元化,我们有理由相信,本学科未来能够不断克服自身存在的种种不足,在狭义的中国哲学史研究以及中国哲学的未来发展方面,都将取得重大突破。

第二章 范畴、术语与核心概念

本章主要阐释中国哲学中重要的范畴、术语、核心概念。中国哲学通过其独特的范畴、术语、概念,塑造了中国哲学的特色、性格、内涵、价值,足可使中国哲学成为与西方哲学、印度哲学比肩的哲学形态。根据郭齐勇教授的研究,与西方哲学相比照,中国哲学有三个显著的特色:一、创化日新,生生不已;二、相依相待,整体和谐;三、事实与价值相连,语言与超语言贯通。[①] 中国哲学的这三大特色,是儒、释、道等思想中的诸多范畴与概念各自发展与相互促进的结果。因此,如果要恰当理解和把握中国哲学的精神与核心,就需要对中国哲学中的基本范畴、术语、概念做出梳理。根据葛荣晋《中国哲学范畴通论》一书,中国哲学的基本范畴大体有"气""道""精气""太极""仁""和""道器""理气""理势""有无""无为""动静""一两""变化""体用""形神""心物""名实""知行""性情""义利""中庸""古今""经权""天人""力命""格物致知"等。葛著指出,中国哲学中的范畴概念具有客观性、与社会思潮的一致性、层次性、历史性、两重性、曲折性、延续性与间断性的统一等七大特点。[②] 因此,中国哲学中每一个重要的概念和范畴都有其复杂性和微妙性,难以孤立而论。据此,本章将根据中国哲学的内在特点,在诸多范畴与概念中选取比较有代表性、涵盖性的若干条目,做出简要说明。

一、道

"道"是中国哲学的核心范畴与概念。中国哲学重视道,是其区别于印度哲学、西方哲学的一大特色。"道"的本义是道路,它能够将人引向不同的方向。中国古人进一步思考道路的引导性作用,领悟到人的行为和活动也应该有一个方向、导向。据此,先秦时代的哲人逐渐通过道来理解生命、人生、社会、天地、心灵、政治等诸多内容。因此,道在中国哲学中的思想涵盖性相当广阔,举凡"理""性""心""气"等概念,可以说都是道这一概念的衍生与推进。道可以涵摄这些概念,但这些概念各自都不能涵摄道。先秦哲学对于道的理解各有侧重,

---

① 具体内容,参见郭齐勇:《中国哲学智慧的探索》,北京:中华书局2008年版,第1—25页。
② 参见葛荣晋:《中国哲学范畴通论》,北京:首都师范大学出版社2001年版,第6—12页。

构成了丰富而多样的诸子哲学;而后世的哲学发展,也深受先秦诸子道论之影响,并加以深化转进。因此,在这里我们简述先秦诸子中儒、道、墨、法四家关于道的界说,以概见中国哲学中道论的诸种起始形态。

1. 儒家的仁道

先秦儒学三大家孔子、孟子、荀子都重视道。孔子的道论奠定了后世儒家关于道的理解与界说。孔子的道实际上指的是仁道。仁道是指为仁之道,也即为人之道。在儒家哲学中,人之所以为人,就是因为人有仁心、仁德、仁爱。孔子的仁道思想可以说是对人道本身的肯定与护育。敦厚与增进仁道,可以挺立道德,树立人格,化成天下。而孔子仁道的义涵在于"感通"。仁者能够与他人、天地感通,不仁者则不能感通,而陷于麻木不仁。根据唐君毅先生的研究,孔子仁道的感通之义有三个层面:内在的感通、对他人的感通、对天地鬼神的感通。① 孔子说:"吾道一以贯之。""一"与"贯"就体现出感通的义涵。孔子说:"仁远乎哉?我欲仁,斯仁至矣。""不仁者不可以久处约,不可以长处乐。仁者安仁,知者利仁。"真正的仁者能够身心通畅,即感即通,所以自然地时时充实,乐在其中。这体现出仁道作为内在的感通之义。同时,人们如果能够发挥和扩充仁心、仁德、仁爱,就能够对他人感通,从而推己及人。所以,孔子以"爱人"为"仁"。仁心感通,所以仁者爱人。仁者爱人,推己及人,主要体现在孝悌之道和忠恕之道上。孝悌之道,即孝顺父母,友爱兄弟,就是仁心感通在自我与家庭成员关系上面的体现。孔子的弟子有子说:"孝弟也者,其为仁之本与!"根据宋代儒者的理解,孝悌"为仁之本"并不是说孝悌是仁的根本,而是说孝悌是行仁之本。从工夫论的角度看,孝悌是行仁之本;从本体论的角度看,则仁是孝悌之本。不过,"仁"在此亦可解作"仁之事",则宋儒之区分,亦可不必。除了孝悌之道外,仁心感通、推己及人的另一个重要体现是忠恕之道。曾子说:"夫子之道,忠恕而已矣。"按照宋儒的解释,"尽己之谓忠,推己之谓恕"。尽己之忠,就是要内心诚实笃直,不自欺欺人,达致完全的内在的感通;推己之恕,就是要推己及人,己所不欲,勿施于人,达致与他人的感通。忠是立己、达己;恕是立人、达人。在孔子看来,人如果践行忠恕之道,那么就离仁道不远了。这样逐步做到内在的感通、对他人的感通,那么最终也能达致对天道的感通。孔子说:"不

---

① 参见唐君毅:《中国哲学原论·原道篇》,《唐君毅全集》第19卷,北京:九州出版社2016年版,第100—102页。

怨天,不尤人,下学而上达。知我者其天乎!"这里所谓的上达,就是说仁道的感通作用,最终能达致与天道的一体感通。因此,孔子仁道的思想蕴含了天人合一的导向。而后来的儒学文本如《中庸》等,多具体揭示天道与人道的相通相融性,这可以说是对孔子仁道思想的进一步引申。综上,孔子的仁道思想侧重感通,感通包含了内在的感通、对他人的感通、对天地鬼神的感通三个向度。

孔子之后的孟子、荀子两大家,对于孔子的仁道、人道思想都有所引申与推进。孟子在孔子的基础上,重视"立人"之道,也即从自我的角度出发,思考人之所以能够自立的根据。首先,孟子揭示人道即仁道。他说:"仁也者,人也。合而言之,道也。"他认为,真正的道就是通过个人、自我将其内在蕴含的仁德通透出来,形成导向。其次,孟子进一步省察仁本身,领会到仁义作为德性是先天地内在于人心的,因此仁义是与人的本心、良心相连的。人人皆有本心、良心。人们如果能够兴发心志,尽心知性,就能够存心养性,独立不倚,自树人格。这就体现出孟子的仁道思想侧重于立人之道。相对之下,荀子虽然与孟子一样重视人道,重视人禽之别,但是荀子并不采取孟子的主体心性进路来理解人道,而是从客观的礼义的角度来界定人道。有礼义的是人道,无礼义则无人道。人通过礼义之道,形成有统有类、尽伦尽制的人文世界。因为荀子在人道层面强调有统有类、尽伦尽制,所以他并不强调人道与天道的感通合一,而是强调天道与人道有不同的职能与职分,各有其常道,也即所谓"天人之分"。孟、荀两家可以说是对孔子的仁道、人道思想在不同方向上的推进。

2. 道家的观虚无之道

道家之道与儒家之道在侧重点上有所差异。儒家的仁道首先在于观人之道,但深入下去可以发展成为一种天道论,以及一种天人合德的形上境界。与儒家一样,先秦道家也发展出了一种天道论与形上学。儒家的道论侧重于对人道的感通功能的正面肯定,由此,儒家进一步体会出天道的积极流行变化之义,所以儒家强调天道生生不息的一面。道家的天道论则侧重于心灵对眼前的天地现象、天地万物的超越性作用,使心灵不执着于万象万物,以观以游,以翱以翔,逍遥于万象万物之表。道家这样的一种观法,使得道家的心灵体会到天地万物自虚无而来,同时又流向或返归虚无,心灵沉浸于其中,可独与天地精神相往来,并构成一虚白相生之美境。换言之,道家的这种取向使得其天道论形上学以"观虚无"为特色。

老子哲学侧重观此虚无之道的作用,而庄子哲学侧重心灵往来与遨游于虚无之道所达致的精神境界。老子论道之作用的文字较为丰富微妙。在老子哲学中,道通于虚无,但道之虚无并非"空无",而是"无形",这一虚无之道是无形无象的浑然状态。现象界就是从这无形状态中"虚而不屈、动而愈出"地引生出来的。故云:"天下万物生于有,有生于无。""道生一,一生二,二生三,三生万物。"而同时,我们静观道的这个动态的过程,就好像万物是从虚无而来,又返归于虚无。这就形成了对于道的"有无相生"、正反相成的理解。所以,在老子看来,道就是有与无、有名与无名、流变与不变、整体与过程的统一。① 庄子哲学与老子的道论有相通之处,但庄子更侧重道的"通"的特性,以及心灵在通于道、游于道的过程中所形成的美学境界与修养境界,并向往一种"至人无己,神人无功,圣人无名"的与道为一、物我两忘的理想人格。

同时,道家在以其虚无之观观照万物的流行转化的时候,可以将万物之流行转化视作自虚无之境而生出来的流行一气,此气不实而虚,最终也将返归虚无。所以,道家不但"观虚",而且"观气",最终通观"虚气相即""虚气相生""虚气成道",这是道家式的天道论形上学之殊胜所在。《庄子》内篇的《人间世》里的颜子"心斋"之论,就可以体现出道家的这一特色。此篇指出,心斋的修炼之境是"无听之以心,而听之以气""气也者,虚而待物者也。唯道集虚,虚者,心斋也""瞻彼阕者,虚室生白,吉祥止止"。在道家看来,天道宇宙就是虚气相即的流行境界,气自虚来,复返诸虚。《老子》一书没有直接讲气,但是《庄子》讲气的内容比较丰富,这在一定程度上体现出道家之道论的深化。

3. 墨家的义道

如果说儒家之道为仁道,则墨家之道为义道。墨子哲学的兼爱、尚同、天志、明鬼、节用、非攻等思想,都是以"义"来立论的。"义"的本义是合宜,也即人的行事、行为、行动的正当合理,因此"义"是与"行"关联在一起的。如果说仁侧重于内在的心灵德性的话,那么义则侧重于发为外在的行事行为。墨家与儒家可能来源于同一个思想源头,因此两者都强调仁和义,但儒家侧重于仁,以仁说义,所以儒家的道可称作仁道;而墨家侧重于义,以义说仁,因此墨家的道可称作义道。儒家重视仁道,因此侧重对主观、内在德性的肯认、涵育、扩充;墨家重

---

① 参见郭齐勇编著:《中国哲学史》,北京:高等教育出版社2006年版,第42页。

视义道,因此侧重对客观、外在的行事的表现、展示、落实。两者的方向是有所区别的。

儒家的仁道与墨家的义道的最大区别,在于儒家主张"仁爱""推爱",而墨家主张"重利""兼爱"。墨家的兼爱思想似乎与儒家的仁爱思想相近,但儒家的仁爱思想不与"利"相连,而墨家的兼爱思想必与"利"相连,"兼相爱"是与"交相利"结合在一起的。为什么墨子会将爱与利相连呢?这是因为墨子认为人们有爱人之心,则必定要表现为外在的爱人之事,而爱人之事又应落实为利人之功。只有利人之功落实下来,义道才能够充分体现出来。儒家的仁爱思想当然也重视仁德由内而外表现为事功,但因为儒家关注的是主观、内在的仁德仁心是否存在和保持,所以并不因事功落实不了,就认为仁爱不能存在和保持了。与儒家相反,墨家的义道必须表现为客观化的利人之事,所以墨子的爱的侧重点在于直接、当下就形成客观化、普遍化的兼相爱、交相利的状态,也即强调自己对人要落实义道,要求自己客观化、普遍化地爱一切人并表现为爱人之事;同时,墨子也同样要求别人这样履行自己的义道或义务。只有达到人我之间的兼相爱、交相利,义道才能落实下来;如果有人只有爱心而不能表现为利人之事,那么他就不能将义道落实下来。在这一点上,儒家的仁爱思想便与墨家的兼爱思想不同,儒家的仁爱在于能"推",而不在于能"兼"。仁爱的能推,是指主观的仁心仁德由内及外的步步的客观化、外在化,但即使其中一步客观化、外在化不能完成,也不一定对仁心仁德有所损害,也即不一定损害仁道;而兼爱之能兼,是指主观的爱直接、当下就全部客观化、外在化、普遍化,并形成兼爱交利的状态,这样义道才会实现出来。[①]

4. 法家的治道

在先秦诸子的道论中,法家特别是韩非的道论也具有重要的位置。法家关于道的思想受到道家影响,但又能自立一格。法家特别是韩非子重视道,但他的道侧重于治道,也即治理国家之道。韩非认为,道"无常操"。他所谓的无常操,泛指历史、社会、政治的变化:"上古竞于道德,中世逐于智谋,当今争于气力。"正因为道无常操,所以我们不能将道视作恒常不变的东西。韩非洞悉了时势的变化,同时也认识到儒、墨诸子理想性的仁义之教可以被人利用,去做不仁

---

① 参见唐君毅:《中国哲学原论·原道篇》,第103—118页。

不义之事,他又深刻体会到现实人性中的自私自利的计较之心,因此竭力寻求政治上"法"的作用,明确赏罚之道,杜绝臣民欺诈行为,以达到加强君主权势、达致富强统一的目的。

在政治生活的层面上,韩非毫不讳言君臣之间的关系都是本于一种交计利害之心,他并不认为有真正的仁君忠臣。而面对君臣之间相互计较、自利自私的实情,为了使他们之间不形成矛盾冲突,就需要有治道来加强君势,宰制万民。他说:"君以计畜臣,臣以计事君,君臣之交,计也。害身而利国,臣弗为也;富国而利臣,君不为也。臣之情,害身无利;君之情,害国无亲。君臣也者,以计合者也。"这种君臣、君民的交计之心就是韩非治道思想的根据。据此,他说:"圣人之所以为治道者三:一曰利,二曰威,三曰名。夫利者所以得民也,威者所以行令也,名者上下之所同道也。非此三者,虽有不急矣。"利,就是根据人人皆有的自私自利之心,来奖赏顺法者,惩罚违法者,从而得到臣民的拥戴;威,就是确立君主的权势,以便于行令;名,就是名实相副、循名责实,通过"参验"(鉴别验证)的考核方法来驾驭臣民,达到上下同道、整齐划一的效果。综合起来,韩非主张君主落实法令,确立威势,循名责实,赏罚分明;而臣民因君主的威势而屈服,为了保住名位,奉法而行。这就是韩非的治道思想的主要义涵。韩非的治道思想对中国历史政治有比较多的负面影响。

二、理

"理"是中国哲学中最重要的范畴、概念之一。从先秦直至近代,思想家们都或多或少地通过这一概念来表达自己的哲学取向。正因为如此,"理"这个字在不同的背景下,有着不同的指涉和义涵。而按照现代哲学家唐君毅的总结,理在中国哲学史中存在着六种义涵,也即文理、名理、空理、性理、事理、物理。先秦思想侧重文理,魏晋玄学重视名理,隋唐佛学强调空理,宋明理学注重性理,清代儒学偏向事理,现代思想较重物理。这六种义涵基本上可以涵盖中国哲学史关于理的论说。我们如果能够明确不同思想系统中理的不同义涵,就可以定位这些思想系统的基本哲学性质与思想取向。在本节中,我们主要概述文理、名理、空理、性理、事理五种理的义涵。①

---

① 按:本节的许多观点皆根据唐君毅说。参见唐君毅:《中国哲学原论·导论篇》,《唐君毅全集》第17卷,北京:九州出版社2016年版,第1—57页。

在春秋及之前的文献中,"理"字出现得不多。《论语》与《老子》言道而不言理。但到了战国时代,"理"字的运用越来越多。《庄子》内篇中"理"字出现过一次,《孟子》中"理"字出现过四次,《墨子》《礼记》《荀子》等书中的"理"字则出现得比较多。先秦文献中"理"字的出现由少至多,体现出中国古代思想家哲学思辨能力的不断强化和深化。

1. 文理

汉代许慎的《说文解字》一书将"理"字解释为"治玉也"。清代段玉裁《说文解字注》说:"《战国策》:郑人谓玉之未理者为璞。是理为剖析也。"据此可见,"理"字的本义是对玉石进行加工,顺着玉石天然的纹路做琢磨剖析的工作。古人认为,在各种物料之中,玉的脉络最为细密,所以"理"字从玉,其本义即是治玉。治玉是一种活动,因此"理"开始指的是一种治理性的活动,治玉可以称作理玉,治民可以称作理民,而《诗经》中有"我疆我理"的话,这里的"理"即是分治土地的意思。因此,在先秦思想中,"理"字首先表示人们的一种动态性、历程性的治理和疏导的活动。虽然先秦哲学中"理"的思想比较复杂,不同思想系统中的"理"有着不同的义涵,但其最主要的特征,则是多体现为一种文理活动。先秦的文理之说主要见于《荀子》等书。《荀子·礼论》说:"性者,本始材朴也;伪者,文理隆盛也。无性则伪之无所加,无伪则性不能自美。"这里的"本始材朴"是指人的自然朴素的本性,"文理隆盛"则指人类的社会制度、文化创造、礼乐仪式,同时也包括礼义道德。荀子认为,人有了自然朴素的本性,同时需要丰富具体的礼乐节文等文理性活动,让人的自然本性不断得到充实,达到美善。在荀子的思想中,理的义涵有几个层面,其中有指知性活动之理与物理之理,但他并不认为这是最根本的理,最根本的理是与社会性的礼义、仪文、文理相关的"大理"。他说:"君臣、父子、兄弟、夫妇,始则终,终则始,与天地同理,与万世同久,夫是之谓大本。"又说:"乐也者,和之不可变者也;礼也者,理之不可易者也。乐合同,礼别异,礼乐之统,管乎人心矣。"荀子试图通过礼乐的文理性、动态性作用,不断地调节社会,疏导伦理,化性起伪。

2. 名理

魏晋时期,玄学大盛。在玄学的思想背景下,理的义涵便从先秦侧重人文礼乐的文理而转变为注重言意之辨的名理。魏晋玄学的名理思想由汉魏时期的品评人物之风发展而来。当时的人重视品评人物,因此逐渐形成对人的才性、才能、德性的考察,而这种考察又进一步延伸到对人的言谈以及言辞意蕴的辨析。因此,当时的哲学思想便集中在言意关系的讨论上。言,就是名言;意,则是名言所传达的意蕴、义涵、道理。因此,围绕着言意关系,魏晋时人便逐渐形成名理之学。魏晋的名理之学可以追溯至先秦孔子的"正名"与法家"循名责实"等思想,两者都处理名与实的关系。但是,先秦的名实思想侧重于名言与客观的外物或实物的关系,而魏晋的名理思想侧重于名言与意蕴的关系,而这种意蕴可以与客观的实物相连,也可以超越形形色色的实物而只是一种玄远的境界,所以名理又称作玄理。因此可以说,魏晋的名理思想是先秦的名实思想的一种发展与转进。

魏晋玄学谈名理的代表人物是王弼与郭象。王弼对《周易》与《老子》都有独到的理解。在《周易》的解读上,他超越了汉人拘泥于象数的习气。汉人解释《周易》的卦爻的时候,往往将卦与爻所对应的象视作特定的具体事物,例如坤卦一定要以牛之象来表示,乾卦一定要以马之象来表示,以致对名与象、名与实的关系采取固定化、拘泥化的理解。而王弼在《周易略例》中指出:"爻苟合顺,何必坤乃为牛?意苟应健,何必乾乃为马?"王弼认为,乾表示"健"的意蕴,坤表示"顺"的意蕴,只要能够表示出我们要表示的意蕴,那么无论怎样的象都是可以的,何必一定要用牛来表示坤,用马来表示乾呢?王弼进一步指出,我们必须忘记具体的实物形象,然后才能够真正理解意蕴中的道理。这就是他所说的"得意而忘象"。能够得意而忘象,就能领会意蕴中所蕴含的名理或玄理。在王弼的玄学思想中,意蕴中所蕴含的名理是"无",因此王弼玄学以无为本、以无为道;但在后来的郭象的玄学思想中,意蕴中所蕴含的名理是"有",因此郭象主张万物的自生、自为、自有。总而言之,无论是"无"还是"有",都是魏晋玄学在探讨言意关系的过程中,对意中所蕴含的名理的深入揭示。

3. 空理

魏晋玄学之后,佛学大盛。佛学较之玄学更加喜欢用"理"字。两晋南北朝的般若空宗侧重破斥执着之后所显出的"空理"与"教理",隋唐佛学则直接将"真如""佛性"视作理本身。[①] 唐代的华严宗有著名的四法界之说,认为宇宙万法皆是一心所统摄的一真法界,而一真法界可分为四个层面,也即四法界:事法界、理法界、理事无碍法界、事事无碍法界。这里的事法界指的是有生有灭的

---

① 参见葛荣晋:《中国哲学范畴通论》,第207页。

现象界。理法界指的是不生不灭的真如、佛性、本体界。理事无碍的意思是说现象界与本体界不是对立的关系,而是相融无碍的关系。事事无碍法界是指,人心如果能够体认到理事无碍的境界,就自然能够进一步看到事与事之间也是相通无碍、不一不异的。[①] 华严宗的四法界之说后来深刻启发了宋明理学对于理事、理气关系的探讨。中国佛学从一个特殊的角度揭示出理的义涵,那么,中国佛学的理是一种什么性质的理?这种理与魏晋玄学的名理有何异同?事实上,这种理主要是指空理。空理的主旨在于通过切实的修养工夫,去除与超越人心对于自我或现象的各种执着。这里,"空"主要是空掉、去掉执着的意思。佛家这种去除执着的空理,与玄学特别是王弼一系强调以无为本的名理,虽然有相近之处,却有性质的不同。玄学的"无"指的是在探讨言意关系的过程中,人们对意中之理的一种体会;而佛学的"空"并非从言意之辨的过程中体会出来,而是通过修养工夫,将心中的一切执着空掉、去除,最终获得一种真实的没有执着的自由自在之境。

4. 性理

宋元明时代的哲学思想的主流是理学。宋明理学的建立与发展,大大丰富了中国哲学对于理的探讨。理学之理与玄学之名理、佛学之空理都不同,理学之理可以说是一种性理。性理的义涵最为集中地体现在宋代理学家程颐的"性即理"一句话中。这里的"性"指的是人心中所固有的仁德。人们如果能够认识到自己心中本来具有仁德,又意识到自己在现实中并未全部将自己的仁德实现出来,那么他就自觉地通过德性修养、道德实践的工夫,逐渐让仁德从隐至显、自潜在化为现实,同时也逐渐领悟到仁德不得不实现出来,仁德应当实现出来。这种"不得不"和"应当",体现出仁德本身就是实实在在的道理,这个道理有如从我心中命令我一定要做合理的事,一定不要做不合理的事。这就是宋明理学性理的基本义涵。所以,性理与德性修养、道德实践是内在相关的,人在其德性修养、道德实践的过程中,可以逐渐体会出性理。同时,正因为体会到这种道理是不得不去实现出来的,是应当实现出来的,仿佛是上天命令的,因此人们便领会到这个道理是一种具有形上基础的天理。尽管宋明理学各派对于理有不同的观点,但是其所说的理是一种性理,则是无疑的。

---

① 参见郭齐勇编著:《中国哲学史》,第221页。

5. 事理

王夫之、颜元、戴震、章学诚、焦循等思想家有鉴于宋明理学侧重理而忽视事的取向,特别强调事的重要性。因此,清代哲学的特色在于对事理的研究。所谓事理,就是事件或事状的前因后果以及事与事之间的历史关联之理。侧重事理的人,会特别关注具体的一件一件的事所形成的相续性、历史性、创生性,并从中总结出事势与历史的兴衰、顺逆、成败的道理。清代哲学对于事理的研究,可以王夫之的"有即事以穷理,无立理以限事"一句话进行概括。王夫之强调,不能够先立下一个先在的道理去限制事物的发展,而是要从具体的事件中去把握事中所蕴含的道理。按照他的历史哲学的观点,我们先要通观社会与历史变化的事势,然后才能够总结出其中的道理,也即"在势之必然处见理"。

三、心

"心"也是中国哲学的重要概念之一。心在中国哲学中有多重义涵,其中有些义涵揭示出中国哲学在世界哲学中的独特性。《说文解字》解释"心"字说:"心,人心,土藏,在身之中。象形。""心"字在殷商时期的金文中已经出现,金文"心"字也是象形字,如人的心脏的形状。在《易经》《诗经》等春秋及以前的文献中,"心"字屡有出现,多表示思虑、意识、心志等;而在《论语》《老子》等文献中,"心"字则有知识、欲望、道德、心情、意志等含义。① 不过,到了战国时期,心才成为中国哲学中的核心概念。在战国的哲学思想家中,墨子、孟子、庄子、荀子四家系统地建立了心的哲学。不过,这四家哲学的侧重各有不同。孟子侧重"德性之心",墨子侧重"知识之心",庄子侧重"虚灵之心",荀子侧重"统类之心"。② 这四家的心论奠定了后世中国哲学中心论的基础和方向。

1. 孟子的德性之心

首先说孟子的德性之心。所谓德性之心,是指有道德自觉的心。此心能够领悟到自己内在地蕴含着道德价值,并自觉地要求自己通过德性修养的工夫,让内在的道德价值呈现和实践出来。这种德性之心与理智之心、知识之心有着本质的区别。前者强调心的道德性,后者则强调心的认知性。孟子关于德性之心的揭示,集中在他的性善论上。孟子论证性善论的主要思路,是揭示出日常

---

① 参见葛荣晋:《中国哲学范畴通论》,第351—353页。
② 按:本节的许多观点皆根据唐君毅说。参见唐君毅:《中国哲学原论·导论篇》,第58—110页。

生活中人心与其他事或物所形成的一种原始的感应、感通的作用,再进一步点出心的这种原始的感通作用就是人性本善的直接体现。例如他说:"今人乍见孺子将入于井,皆有怵惕恻隐之心。"人们见到一个将要掉进井里的小孩,心中便会发出一种自然的感应作用,也即恻隐不安的仁心与情感,立即唤起道德冲动。孟子进一步指出,人心的这种感应作用的生出,并不是为了博取孩子的父母等人的感激和赞誉,即不是出于功利的目的、外在的目的、后起的目的。这种感应作用是最原始、无条件的。又如一个饥困交迫的人,如果在路上有人傲慢地呼喝着施舍食物给他,他便会立即生起一种感应的作用,唤起他羞恶的义心与情感,这义心与情感最终促使他不食嗟来之食。这也是一种很自然、本源的人心感应作用。孟子由此指出,在与事物直接感应的情境中,人心最原始的感应作用是恻隐、羞恶、恭敬、是非的情感,这几种情感就是人心所蕴含的仁、义、礼、智的善性的直接体现。所以,孟子认为人性的最根本的状态是善的,而善的人性是内在于人心的,因此他说"仁义礼智根于心"。综上,孟子所说的心与人性之善内在相关,因此他所说的心是德性之心。

　　孟子在揭示出德性之心的基础上,进一步体会到人的善性具有一个超越的根据,换言之,善性来源于天。同时,人可以发挥和扩充德性之心的作用,可以体知到人的善性,并最终体验天道,保有天命。这就是他所说的"尽其心者,知其性也。知其性,则知天矣"。孟子将心性与天道沟通起来的思想取向,深远地影响了宋明理学关于心的论说。宋明理学在继承孟子心论的基础上,进一步对德性之心的内在结构做出系统的探明,同时也对尽心、存心的工夫做出推进。例如,程朱理学便继承张载的相关论述,阐发了心、性、情三者的关系,倡导"心统性情"之说;同时,在心性修养的工夫论上,程朱理学提出"主敬涵养"之说,指出人心如果能够主敬专注,就能逐渐涵养心性,并最终与至诚的天道内在地通而为一。相对之下,陆王心学则特别强调心的根源就是天道本身。陆九渊有"发明本心"之说,而本心即是宇宙天理本身;王阳明则有"致良知"之论,并指出良知就是天地之心、宇宙之心,"良知只是一个天理"。总而言之,宋明理学中的程朱与陆王两系的心论,都继承了孟子的德性之心的思想,同时进一步阐发德性之心与天道本体的一体相通性。德性之心与道德相关,天道本体与形上学相关。因此,从孟子到宋明理学的儒家心论,被现代学者称作一种"道德的形上学"。道德的形上学,就是说德性之心具有一个形上学的基础,德性之心来源于形上的天道。道德的形上学是儒家哲学区别于其他哲学形态特别是西方哲学的一个重要特色。

2. 墨子的知识之心

其次说墨子的知识之心。所谓知识之心,是说心在与事物交接的时候,心思侧重事物留在心中的印象,并将这些印象进行判断、分类与推理。在这个过程中,人的心思用于理解这些具体事物所具有的抽象性质,而不追求心的知、情、意三者的一体性,因此心不会自然地生起道德的情感与冲动。知识之心与道德之心虽然都是心的功能与作用,但侧重点不同,所以两者有着本质的区别。墨子强调心之"知"的功能(可称"心知"),指出心之"察辨"(冷静地明察事物)的作用。他肯定五官可以对心所交接的物象形成感性的认识。他说:"知,材也。""知,接也。""虑,求也。""恕(智),明也。""材"指的是心知的认识能力,"接"是指在心知主导下的感官与事物相接触之后形成认识,"求"指出人心在感觉印象、感觉认识的基础上所形成的主动的求知能力,"明"则指出心知的认识不断地得到延伸与落实。墨子又说:"恕也者,以其知论物,而其知之也著,若明。"这更具体点出了心知具有对事物进行判断、分类、论列的积极作用。在这基础上,心之察辨能力得到呈现:"循所闻而得其意,心之察也。""执所言而意得见,心之辩也。"心的认识察知能力还可以鉴别人的耳目闻见的真伪,从而去除虚妄,获得真正的知识。另外,墨子还区分了"闻知""说知""亲知"三种获得知识的方法。闻知是通过传闻或阅读而得到的知识;说知是通过分类与类推,由已知而推出未知;亲知则是心知直接与事物交接而获得知识。在这三种方法中,墨子最重说知,因为说知侧重推理,所以墨子特别重视"故","故"是指事物所能成的原因、条件和论题的根据与理由。据此,后期墨家发展出一套求知与论辩的系统。①

上述内容体现出墨子与墨家的知识之心的义涵。墨子的知识之心的思想对名家与荀子等都有深刻的影响,同时与西方哲学强调心的认知功能具有相通性。不过,墨子之所以强调心的认识、智性的功能,主要是想以知识之心作为媒介与方法,确立他的兼爱的伦理主张。因为兼爱之说是通过知识之心的作用而确立出来的,与孟子通过德性之心的作用而确立出来的爱有差等之说构成鲜明

---

① 上述内容,参见郭齐勇编著:《中国哲学史》,第60—62页。

的对比。经过孟子对墨家兼爱之说的批评,加上各种内部外部的原因,墨学思想在秦汉之后日趋式微。不过,我们不能就此否定墨家在开拓知识之心方面的贡献。

3. 庄子的虚灵之心

再次说庄子的虚灵之心。所谓虚灵之心,是说人心在与实际生活交接的过程中,会形成一种不断起伏生灭的私心杂念;庄子将这种私心杂念视作心的负面作用,强调止息、暂停、去除这种心念,从而回复心的虚静灵明的状态。处于这种真实而自然的虚静灵明状态的心可以静观天地万化,与天地精神往来,并由此形成一种艺术境界。可见,庄子的虚灵之心与孟子的德性之心、墨子的知识之心都不同。在《庄子》内篇中,他有感于现实生活中人心的各种执着与混乱,以及心知对这些执着与混乱的强化作用,提出要通过心的虚静观照作用,从事"坐忘""心斋"等工夫。《庄子·大宗师》说:"仲尼蹴然曰:'何谓坐忘?'颜回曰:'堕肢体,黜聪明,离形去知,同于大通,此谓坐忘。'"可见,"坐忘"在于超脱人的私欲私心以及心知对私欲私心的强化作用,不再计较利害,去除执着,回复心灵虚静灵明、灵台明觉的自由自在境界。与"坐忘"相联系的工夫,还有"心斋"。庄子在《人间世》篇中虚构孔子指引颜回如何达致"心斋"之妙:"若一志,无听之以耳,而听之以心;无听之以心,而听之以气。听止于耳,心止于符。气也者,虚而待物者也。唯道集虚。虚者,心斋也。"人们如果专心一志,去除心对于成见、认知、情感、欲望等的执着,而纯粹听之以气,就会通过气的感应流行作用而达致一种通于道妙的虚灵之境。通过"坐忘""心斋"等工夫,心灵回复到虚静灵明的状态,可以观照天地,臻于道艺相融之境。

道家庄子的虚灵之心对后来的中国佛教有一定的影响。两晋南北朝般若宗盛行,般若宗提出"观空"的主张,与庄子提倡去除私心杂念的主张有着相近之处,促使当时形成了佛道相融的状态。后来隋唐佛教在般若宗"观空"的基础上提出来的"真心"之论,显然是对庄子虚灵之心说法的转进。唐代华严宗主张"一心法界",强调一切诸法摄归于真如一心,禅宗则主张"直指本心""明心见性",这都是中国佛教在去执观空基础上形成的对心的义涵的全新理解。

4. 荀子的统类之心

最后是荀子的统类之心。在先秦哲学中,荀子的心论也值得注意。荀子所说的心,与墨子的知识之心、孟子的德性之心、庄子的虚灵之心皆有所不同。荀子最为关注礼义文理之秩序的建立与重整,他强调通过"正名"来确立伦理与政治秩序,因此他的理想是"总方略,齐言行,一统类"。所谓"一统类",就是要疏通与明确彼此之间相互限制的各类事物,并通过具体而统一的理来将各类事物统合起来。荀子认为,如果要"一统类",就需要发挥心的作用:心的虚静功能与心的主宰功能。他指出,心是"天君",从来就是出令者而不是受令者;心同时能够"虚壹而静",通过"虚壹而静"的工夫,心达到一种大清明的状态。这种既有主宰性而又能保持大清明的状态的心能够知类通达,人们本着此心,可以不断地让社会的礼义、文理、伦理、政治、习俗得到疏通与统一,因此荀子重"分",重"群",重"礼",重"法"。通过对统类之心的引申,荀子还对现实的人性问题做出思考。在他看来,心在知类通达的基础上,能够知明大道,这样,统类之心就从一种理智的正名之心提升为意志行为之心。人们如果不断地学习有统有类的礼义、文理,积累既多,最终就会"化性起伪",化除恶性,达于善性。因此,荀子的统类之心也是与他的人性论相关联的。荀子统类之心的思想对后世儒家起到了无形的影响,我们不能忽视。

四、性

对人性问题的哲学探索,也发轫于先秦。中国哲学关于性的观点相当复杂,但我们从先秦哲学中可以寻找到中国哲学人性论的若干基型。从结构上来说,"性"字由"心"和"生"组成。先秦的人性论往往通过"心"与"生"来揭示"性"的义涵。大体说来,中国哲学对于人性的理解与阐发,多从心灵与生命相融通、相一致的大方向上着力。但因为各家对这一大方向的理解与侧重有所不同,所以形成了不同的人性论。根据唐君毅的研究,先秦人性论可以分为告子、孟子、庄子、荀子四家,这四家的人性论是中国哲学论性的四种基础形态。[1]

1. 告子的以生言性

告子是与孟子有着深度论辩的哲学家。根据《孟子》的记载,告子的主要主张是"仁内义外"和"生之谓性",而这两点又是内在相关的。中国思想最初发现的人性,是具有自然的生命欲望或情欲之性,也即告子所谓"食色性也""生之谓性"。他认为,人要求自己的生命存在能相继相续,这种要求是一种求生之性。

---

[1] 参见唐君毅:《中国哲学原论·原性篇》,《唐君毅全集》第18卷,北京:九州出版社2016年版,第1—56页。

人有这种求生之性,那么人自身会摄取营养以维持自己的生命存在,同时也会孕育子孙以绵延后代。由这种界定可以推论,人性在开始的时候并没有善或不善之分,人性之善或不善都是人在后天生活中,与各种外在的条件和环境相互作用而形成的。如果外在的条件和环境与人的生命存在相互促进,那么人性便趋向善,反之则趋向恶。据此,人性就有如湍急的流水一样。我们将流水疏导到东边,水就往东流;疏导到西边,水就往西流。人性也同样如此,"人性之无分于善不善也,犹水之无分于东西也"。由此可见,告子"生之谓性"的人性论思想,是一种自然主义取向的人性论。

告子的"生之谓性"之说,是与他的"仁内义外"思想相关联的。仁是从自我出发,由内而外地去爱他人;但义的生起则是由外在的条件与环境所致。如爱亲之仁,是自己本性的自然流露,所以是内在的;但敬长之义,则是先有外在的长辈,我才去敬他,所以是外在的,不是我的本性所有的。根据告子的思想,是否合义或合宜,完全视自己内在的生命存在能否与外在的条件环境构成良性、合理的关系而定。先有外在的条件、环境、对象,然后我生出良性、合理的应对方式。这种关系是外在的关系,因此义也是外在而非内在的。但是,告子并没有意识到义虽然是从自我与外在的条件、环境的关系中生起,但是义之生成,需要自我内在性的肯认。以敬长之义为例,如果我们并不认为长辈可敬,那么即使我们面对长辈,也不会生出敬长之义。① 在告子与孟子的论辩过程中,孟子就抓住了这一点,对告子的义外之说提出批评。

2. 孟子的以心言性

与告子一样,孟子对人性问题也有深度的自觉。事实上,孟子并不否认人有自然的食色之性,因此他与告子的人性论有着共同的基础。但是,孟子与告子论性又有本质的区别。这个区别在于,孟子认为人心自然地有着向善的方向,因此人性从其根源来说是纯然为善的,所以孟子的人性论是以心言性。孟子的以心言性可以涵摄告子的以生言性,因为以生言性难以区分人之性与其他事物之性,但以心言性揭示出人性具有一种向善的自觉。

孟子以心言性的例子很多,其中最为典型的是"今人乍见孺子将入于井"而生起怵惕恻隐之心。人的这种怵惕恻隐之心的生起,是内在的,无条件的,并不

---

① 这一论证,参见唐君毅:《中国哲学原论·原性篇》,第15—16页。

随着外在环境、条件的变化而变化。所以,孟子接着说:"恻隐之心,仁之端也;羞恶之心,义之端也;恭敬之心,礼之端也;是非之心,智之端也。人之有是四端也,犹其有四体也……苟能充之,足以保四海;苟不充之,不足以事父母。"人的恻隐、羞恶、恭敬、是非之心是内在的,不是外在的,是无条件地自然生发出来的,然后可以通过操存的修养工夫,不断地使其扩充、滋长、流行。在孟子看来,人的恻隐、羞恶、恭敬、是非等道德之心的生长流行,就体现了人性之本善。这正如他所说的:"人性之善也,犹水之就下也。人无有不善,水无有不下。"这种不自禁的善性的扩充生长,只能是内在的,因此孟子的性善论是说人的本性是内在地为善的。

正因为人的善性是内在的,又是不断地扩充生长的,因此孟子进一步体认到人的善性有着形而上的根据,也即天道。仁义的善性是上天所赋予的内在德性,因此人人皆有天生的良知与良能。人们如果能够完全兴发出道德的心,那么这道德的心就能够自觉认识到这即是道德的善性的扩充生长,并且能够自觉认识到这道德的善性是至诚的天道所赋予的。这就是孟子的"尽心知性知天"之说:"尽其心者,知其性也。知其性,则知天矣。存其心,养其性,所以事天也。夭寿不二,修身以俟之,所以立命也。"据此,孟子将心、性、天沟通为一,达致一种天人合德的道德境界,为历代的仁人志士所向往。

3. 庄子的顺自然之性

庄子哲学体现了道家对人性的另一种理解。《庄子》内篇很少直接阐述人性的问题,但外篇、杂篇则有正面直接的论述。庄子哲学与告子一样,也以生说性,如《庄子·庚桑楚》谓"性者,生之质也"。但是,庄子道家并不以"生之谓性"或者说人的自然食色欲望来界定"生",而是以"顺自然之性"来界定"生"。换言之,性是指人性具有的自然的质性,人性的这种自然的质性虽然与人的自然欲望之性不相违背,但在庄子道家看来,人的自然的质性只有通过心灵的修养工夫才能够因循、顺应、保持、继续下来。所以,此"自然"非彼"自然",此"性"非彼"性"。这就是庄子"顺自然之性"与告子"生之谓性"的分野所在。

庄子哲学的顺自然之性,具体地体现为顺"性命之情",即所谓"不失其性命之情""任其性命之情""不仁之人,决性命之情""安其性命之情"。在庄子道家看来,人如果保持着他的自然本性,那么他的心灵便不会向外驰求,引发执着,造成烦恼,因此他便能够适性自足,随遇而安,感通自在,这即是顺"性命之情"。对此,唐君毅有更为深入的解释:"人有所感而生情,人一时只感此所感而非他,是为命。人之所以能感所感而生情者,即吾人之生命之性。合性与命,为一性命之情。性命之情之所在,即吾人之生命之当下自得自适之所在,亦即生命之恬愉之所在。"① 可见,庄子的人性论侧重于揭示心灵不再外驰、复归自身之后所形成的生命精神与人生境界。

因此,庄子对顺自然之性的强调,是与他对人的虚妄、驰求之心的揭示和批判相表里的。他认为,人的心知如果不安于其自然之性,就容易形成"机心"和"成心"。所谓机心,就是刻意利用某物作为手段以达到自己私下的目的;所谓成心,就是顺着以往的惯习去期待和预谋未来之事。人的自然欲望之性并不一定会造成负面的问题,但如果人的机心、成心与自然欲望之性相互结合牵引,心知就会不断地向外驰逐,形成各种私心杂念,以致遮蔽了性命之情、自然之性。庄子指出,人们可以通过"坐忘"和"心斋"等道家修养工夫化除机心和成心,复归虚灵之心;而心知复归虚灵和恬静,人们就能顺应自然之性,不失性命之情。

4. 荀子的性恶论

在先秦人性论中,荀子的性恶论也具有重要的位置。事实上,荀子的人性论与告子、孟子的人性论也有一定的关联。荀子并不否定告子的"生之谓性"也即人的自然欲望之性,所以他说:"人之性,饥而欲饱,寒而欲暖,劳而欲休,此人之情性也。"在他看来,人的自然欲望之性在开始的时候并不一定是恶的,而可以是非善非恶的。但是,当人顺着自己的自然欲望之性而不加节制和调整的时候,人性往往就会走向不好的一边。同时,人心在人性倾向下堕的时候,会生出求善的倾向。人们顺应这个倾向,便可以使下堕的人性被超化而合乎礼义,从而"化性而起伪",转化现实的下堕之人性,走向理想的向上的善心和礼义。由此可见,荀子的性恶论是通过人性的下堕倾向与人心的向善倾向的对比而显示出来的。

从表面上看,荀子的性恶论与孟子的性善论是截然相反的;但是,我们如果深入考察二人持论的出发点,便会发现孟、荀人性论的差异并非是根本性的。孟子和荀子都相当强调心的作用。但是,孟子是以心言性,从德性之心、向善之心的生发直接体认到人性之善;荀子则是心性二分,人心可以是向善之心、隆礼之心,但现实的不能向善、自甘下堕的人性则因为人心的向善而显得不善,因此

---

① 唐君毅:《中国哲学原论·原性篇》,第36页。

人性是恶的。事实上,荀子如果进一步探究向善之心之所以能够并必须向善的根源,则非走向性善不可。然而荀子因为侧重强调心与性的区别,因此未能在这方面做出进一步的思考。

五、气

"气"的概念在中国哲学中有着复杂的义涵,也是中国哲学区别于印度、西方哲学的一个重要特征。"气"为象形字,本义为天空中流动的云气。云气本为自然现象,古人逐渐通过气来理解不同的现象,进而以此表达宇宙论、本体论、存在论的观点,形成纷纭繁复的气论哲学。简单地说,在中国哲学的背景下,古人之所以形成气的哲学,是因为他们要通过气的义涵来揭示他们对于真实的存在的理解。中国古人普遍认为,真实的存在并不是静止不变的,而是有着活泼的生机,因此气便成为中国古代哲学理解和揭示真实的存在的重要概念。本节将从三个方面简述中国哲学的气论,即《周易》的阴阳之气、道家的通虚之气和儒家的生生之气。

1.《周易》的阴阳之气

《周易》是中国传统哲学的源头。广义的《周易》包括《易经》和《易传》。《易经》的符号是卦画,卦画有两个基本符号,也即阴爻和阳爻。《周易》就是通过阴阳二爻的交错互动,揭示天地人生一切现象的相对、消长、转化、发展等情况。到了春秋初期,阴阳的观念便与气结合起来。《国语·周语上》记载了太史伯阳父解释地震发生的原因:"夫天地之气,不失其序;若过其序,民乱之也。阳伏而不能出,阴迫而不能烝,于是有地震。"伯阳父认为天地之间有气,天地之气分阴阳。阴阳二气如果不能通畅有序、相互协调,阴气压住阳气,就会产生地震。于此可见,最晚在西周末年,人们就已经发展了《周易》的阴阳概念,并通过阴阳二气的互动关系解释天地宇宙间的现象。正因为中国古人倾向于通过阴阳二气的互动转化、相反相成来解说天地宇宙的现象,所以中国哲学不像西方哲学那样激烈地讨论宇宙本体是一元还是二元。

《易传》在《易经》的基础上阐释阴阳之气的义涵,并发展出一套系统的宇宙生成论的思想。《易传》认为,乾与坤即是阳与阴二气。乾阳与坤阴二气是宇宙生成的根据所在。乾坤二气的一阴一阳、一翕一辟的屈伸、往来、交感、转化作用,构成了天地宇宙的变化之道。这就是所谓"一阴一阳之谓道""一阖一辟谓之变,往来不穷谓之通"。据此可见,《易传》将道视作阴阳之气互动互通、流行不息的过程,这一过程体现为真实的存在、生命、精神,所以《易传》将其称作道。《易传》哲学是对《易经》阴阳思想的深化和系统化。①《周易》经传的气论奠定了中国哲学气论的大方向。

2. 道家的通虚之气

先秦的儒家与道家都有各自的气论,儒、道两家的气论可能都来源于《周易》,但两家的侧重点各有不同。道家老、庄都有关于气的表述。老子说:"道生一,一生二,二生三,三生万物。万物负阴而抱阳,冲气以为和。"由此可见,老子的道也是与气联系在一起的:道生成浑沦为一的元气,元气则生成阴阳二气,阴阳二气的互动衍生出阴气、阳气、冲气三气。万物皆有阴阳二气,而阴阳二气互动交感的过程,则体现为一种冲虚之气,这冲虚之气能够让阴阳二气的交感互动达致和柔通畅的状态。可见,老子的气论与《周易》阴阳之气的思想有所关联,但是冲气的概念则体现出道家自身的特色。

道家的冲气是与"虚"联系在一起的,所以,道家哲学中的气可以视作通虚之气。道家之所以强调通虚之气,是因为道家在观天地万物之变化的过程中,体悟到"天下万物生于有,有生于无"。换言之,道家体会到万物皆从无形无象的虚静之境中化出,之后又复归于这虚静之境。同时,天地之间的万象流行不仅是有无相生、隐显互摄,而且可以相互转化,这个过程宛如一气之流行,而这流行之一气的特点在于它能通于虚无之境,故称作通虚之气。庄子道家对通虚之气有深度的揭示,指出:"通天下一气耳。""气也者,虚而待物者也。唯道集虚。虚者,心斋也。"在庄子看来,道的流行就是通虚之气的流行与转化,天地之间只是流行一气,同时也只是虚无恬漠。人们若想体会到这个境界,则需要"心斋"等修养的工夫。

3. 儒家的生生之气

先秦儒家的气论也继承了《周易》阴阳之气的思想。和道家一样,儒家也肯定天地之间万物万象都是阴阳二气互动流行的体现。不过,道家侧重物象复归于冲虚之无的一面,即老子所说的"夫物芸芸,各复归其根。归根曰静,是谓复命",所以道家之气集中体现为通虚之气。相比之下,儒家并不侧重物象复归虚

---

① 上述内容,参见郭齐勇编著:《中国哲学史》,第99—103页。

无的一面,而特别强调物象能从虚无中显发生成出来的一面。换言之,道家侧重自有而无,儒家侧重自无而有。因此,道家之气的特点是能"虚",儒家之气的特点是能"生";道家之气体现为通虚之气,儒家之气体现为生生之气。儒家强调天地之间阴阳二气是不断地相继相成、生生不息的,因此天地之间都是刚健、笃实、积极的生生之气,道就是生生之气的充扩流行,这就是《周易·系辞上》所说的"生生之谓易"。儒家进一步认为,天地之间有生生之气,则必然有生生之性蕴含在生生之气中。《易传》中的"乾元""坤元""太极"等说法就是对生生之性的揭示。

在先秦儒家看来,不但天地宇宙之间皆是生生之气,人心也能自然地充养出生生之气。孟子说:"夫志,气之帅也;气,体之充也。""其为气也,至大至刚,以直养而无害,则塞于天地之间。"孟子指出,通过"持志"以及"志气交养"的工夫,我们心体中会自然兴发出浩然之气;如果我们不断地充养心体,浩然之气就会源源不断地扩充,使自己独立不惧,人格挺立,与天合德,而浩然之气盛大流行,也会充塞于天地宇宙之中。实际上,这种浩然之气即是天地生生之气在人身上的体现。

六、名实关系

名实关系是中国哲学特别是先秦哲学的重要论题,儒、道、墨、名、法对这一论题都有深入的讨论。大体而言,"名"指现在所说的名称、概念、命题等,又称名言;"实"指事的真实情况、物的确切体性等。先秦思想家关于名实关系的讨论,发端于孔子,总结于荀子。在这之后,思想界虽然经常出现关于名实关系的探讨,但在系统性、原创性等方面,多不及先秦哲学。清代末年,严复、章太炎等思想家将先秦名学与西方逻辑学、印度因明学相互融通,丰富了中国哲学关于名及名实关系的讨论。在这里,我们分别介绍孔子、道家、墨家、名家、荀子五家的名实关系论。

1. 孔子的"正名"学说

孔子有感于封建制度瓦解、礼乐秩序式微以及伦理关系混乱等状况,提出"正名"之说,试图让人们的生活、伦理、政治之道回复到自然合理的位置上。孔子解释"正名"说:"名不正则言不顺,言不顺则事不成,事不成则礼乐不兴,礼乐不兴则刑罚不中,刑罚不中则民无所措手足。""君君,臣臣,父父,子子。"在孔子看来,百事的命名、名称的制定只有正确合理,才能达到名、言、行三者的一致;而人们所具有的品德才能也要与他所处的位置和名分相契合。孔子生前似乎并没有自觉地就名实关系做出系统的探讨,他的"正名"思想所关注的并非逻辑问题,而是伦理、政治问题。孔子的这种取向对于先秦哲学的名实之论形成了深远的影响。

2. 道家的重实轻名论

与儒家重视伦理、德性不同,道家的关注点在于通过观照与修养工夫达到一个泯除万物差别的道境与艺境。不过,道家与儒家同样关注名的问题。老子哲学重视名与道的关系。王弼本《老子》第一章即说:"道可道,非常道;名可名,非常名。无名,天地之始;有名,万物之母。"老子哲学认为,"无名"是万物的本始、源泉,也即不可道、不可名的道的状态,也即"道隐无名";"有名"是各种事物、现象的开端,也即可道、可名的物的状态。一方面,老子哲学强调无名之道与有名之物的互动关系,两不偏废;另一方面,老子哲学更强调无名之道的根本性,认为天地万物最终都会归根复命,回到无名之道的本然状态。庄子将名与实对举,指出:"名者,实之宾也。""名止于实。"根据庄子的思想,实与名是主与宾的关系,各种名言只起到一种过渡的作用,等到道之实呈现出来之后,我们"以道观之",名言也就可以随说随扫,其功用也归于消泯。可见,老、庄都是重实轻名的。

庄子的论辩对手惠施是一个介于道家与名家之间的人物。根据《庄子·天下》篇所载,惠施有"天与地卑,山与泽平。日方中方睨(偏斜),物方生方死"等观点,这体现出惠施与道家一样,也具有重实轻名的取向。这里,天、地、日、物等是实,高与卑、中与睨、生与死则是名。如果我们着眼于实,便会发现同一实可以通过不同的名来形容,由此可以断定,这些名都具有相对性和不稳定性,最终我们可以泯除和取消各种名的分别,而视之为一。这是庄子与惠施在名实关系上的共同观点,尽管两家代表不同的思想立场。

3. 墨家的"以名举实"论

后期墨家特别重视论辩的方法,并总结出一套以"名""辞""说""辩"为内容的论辩方法系统。这一系统当中"名"的部分具体探讨"以名举实"的问题。墨家认为:"所以谓,名也;所谓,实也。"名是用作称谓事物之实的,而实就是名所称谓的事物的现象或属性。名与实的关系就是"以名举实"。"举,告以文名,举彼实也。"举名就是命名或加名。人们通过命名的作用,可以把握实。后期墨家认为,知与不知的区别,就在于是否以名举实:"知其所以不知,说在以名取。"墨家同时强调,以名举实并非要做机械的名实对应,人们应该注意实的运动变化,才能真正达到名实相耦。除了探讨名实关系外,墨家还特别研究名的种类,并将名分为达名、类名、私名三种。达名是最一般的概念,例如"物"这一名;类名是类的概念,例如"马"这个类名;私名则是特定的专有概念,表示个体事物,例如"臧"这个人。① 后期墨家对名与名实关系的研究,体现出先秦论辩之学的深入性与系统性。

4. 名家以"离"为特色的正名定实论

先秦名家也相当重视"正名",名家的正名之说在开始时是要通过厘清名实关系解决政治与伦理的问题。名家的代表性著作《公孙龙子》中的《指物论》《通变论》《名实论》等都涉及名实关系。《名实论》指出,物有"实"有"位"。所谓实,是指"物以物其所物而不过焉"。就是说,一个存在者作为物,它必定会有它能够以此存在的活动,来维持它的内容和质性,这样,此物就是实而非虚者。实的规定性不能过,如果超过其规定的范围,物之实就会发生变化。例如我们要知道"马"的实,如果举"白马"为例,这就是过,因为多了"白"。同时,实作为物的质的规定性,虽然不容易被人感知,但它并不空缺,而是有其应有的位置,这个位置使得物的质的规定性充分体现出来,这就是位。位能够保证实,实能够不出其位,这就是"正"。

在此基础上,公孙龙子阐述了他的正名之说:"离也者天下,故独而正。"所谓离,指的是一名对应一实,各各相离,不相混淆。一名对应一实,名正则实可定。例如白是白,马是马,白马是白马,但白马非马;又如坚是坚,白是白,坚石是坚石,白石是白石,但坚白不共盈于石。可见,公孙龙的名实论其实非常清楚和简易,此即"正名定实"之论,也即每一个名分别指向一个相对应的实,而不使名与实混为一物。公孙龙的这套说法,自然是有感于战国时代一些政客与权谋之士混淆名实以欺诈天下的问题而提出来的。

5. 荀子以"别同异"为特色的正名论

荀子是先秦名实关系论的总结者与集大成者。他系统地批判了墨、名、道

---

① 参见郭齐勇编著:《中国哲学史》,第60页。

三家的正名论,并提出以"别同异"为特色的正名学说。他指出:"名无固宜,约之以命,约定俗成谓之宜……名无固实,约之以命实,约定俗成谓之实名……物有同状而异所者,有异状而同所者,可别也。"荀子认为,名不一定直接指实,实也不一定要用固定的名指之。这是因为,名与实之间还有"状",也即现象、情形、状况,名是用来直接表状而非直接举实的,因此同状者不一定同实,异状者不一定异实。正因为名和实并不是一一对应的关系,名和实之间还有状,而先秦的墨、道、名诸子往往不能认识到这一点,所以他们的名实关系论往往陷入混乱与迷惑。据此,荀子点出制名之枢要,是别状之同异,以消除人们在名实关系上的迷惑混乱。

荀子进一步指出,名实混乱有三种情形,分别是墨家的以名乱名、道家的以实乱名和名家的以名乱实。荀子批评墨家的名实论是以名乱名,或者只用类名而不用种名,或者只用种名而废弃类名。例如,墨家有"杀盗非杀人"的说法,这里盗为种名,人为类名,就是只用种名而废弃类名。在荀子看来,人应清晰区别类名与种名。类名体现出一类事物之同,种名则体现出同一类事物中的各种不同之处。要厘清一物的名实,就需要用种、类二名表示之。荀子认为道家的名实论是以实乱名。道家以及惠施都重实而轻名,都主张由观一实而泯除多名,认为如果把握了实,不同之名就可以视作并无分别。但荀子指出,道家、惠施的名实论未能区别状的同异。例如,"山渊平"的说法大概是说推山入渊,或者看山与渊的角度不同,则山渊平齐,万物一体。但在荀子看来,山之状毕竟异于渊之状,名的作用首先是厘清物之同异之状,而非直接指实。因此,状有同异,名则不可得而消除。荀子批评名家的名实论是以名乱实。名家强调多名分别指多实,而不知道多名可指一实,"白马非马"是最典型的例子。根据荀子的名实观,对于一事物的实(如"马"),人们可以通过约定俗成的方式用不同的名来表示此物之状,这样一来,名可以多,但实只是一,这样就能杜绝名家以名乱实的问题。荀子之所以批驳诸家的名实关系论并系统提出自己的名实观,是要通过对名实关系的疏导,消除人们思想上的混乱,实现良好的礼乐秩序与社会秩序。

七、天人关系

天人关系所探讨的是天道与人道的关系,古人也称之为"天人之际"。其思想渊源可追溯到上古时代,而较成熟的天人关系论在五经中已有所展现。如《诗经·周颂·维天之命》有云:"维天之命,於穆不已。於乎不显,文王之德之纯。"其中昭示的正是古人对天道性命的深刻领悟。此后,以孔子为代表的先秦大哲更基于此种领悟奠定了后世天人关系的义理原型。秦汉以来,以董仲舒为代表的天人感应说代表了一种新型的天人关系观。这种观点在宋明时期被理学式的天人关系论所取代。以下就结合相关的文本、论述分别加以阐明。

1. 先秦时代:天人关系论的基型

简要而言,先秦时代的天人关系论有儒家和道家两种形态,其根本精神都可归结为天人合一。儒家形态中,孔子、孟子、《中庸》《易传》为同一类型,而荀子有些不同;道家形态中,老子、庄子基本为同一类型,但庄子的天人关系论发挥得更为透彻。

孔子认为,上天赋予了人以善良的天性,天道本身就下贯于人的心性之中。天不仅是人的信仰对象、一切价值的源头,而且是人可以上达的境界。人本着自己的天性,在不间断的道德实践工夫中可以内在地达到与天同体的境界。所以,孔子强调要在人事活动中,特别是道德活动中体认天命。这样,就能"不怨天,不尤人,下学而上达,知我者其天乎"。这就是孔子"性与天道"的思想,或者说,这就是孔子的天人合一论。《中庸》继承了孔子的洞见与体会,它以"诚"为枢纽来讨论天道与人道的关系:"诚者,天之道也;诚之者,人之道也。""诚"的本义是真实无妄,这是天道运行的本然属性。从人道的角度来说,所谓的"诚"就是"不勉而中,不思而得,从容中道",也就是圣人的境界;所谓的"诚之"就是"择善而固执之",也就是通过"博学之,审问之,慎思之,明辨之,笃行之"的工夫达到"明善诚身"的境界。通过这种"诚之"的工夫,人最终能达到至诚并由此通于天道之真实无妄。这就是《中庸》通过"天命—性—道—教"与"明诚"等论述所展现的天人合一论。孟子继承《中庸》关于"诚"的论述并加以发挥,提出了"尽心知性知天,存心养性事天"的命题,认为"万物皆备于我",通过"扩充存养""先立乎其大者""集义养气"等"践形尽性"的工夫,人就可以达到"所过者化,所存者神,上下与天地同流"的境界。这就是孟子的天人合一论。《易传》秉持了同样的理念,提出了"穷理尽性以至于命"的说法,并彰明了大人与天道相合的境界:"夫大人者,与天地合其德,与日月合其明,与四时合其序,与鬼神合其吉凶。"在此,《易传》以更为明确的方式指出了天人合一的追求。

荀子的天人关系论是另一种形态的儒家天人观。他首先提出"天行有常"的命题,指出:"天行有常,不为尧存,不为桀亡。应之以治则吉,应之以乱则凶。"天道即自然规律,并不与人事相涉,不以人的意志为转移。他又提出"明于天人之分"的思想。在他看来,天和人各有不同的职能:"人之命在天,国之命在礼。""天有其时,地有其财,人有其治。""天能生物,不能辨物也;地能载人,不能治人也。"人类的命运在上天,国家的命运在礼制。产生万物和人类社会的是自然之天,而治理万物和人类社会的是有为的人。荀子主张不要迷信天,但要尊重天道,在尊重的前提下,人是有所作为的。所以荀子进而提出了"制天命而用之"的思想,指出人应该了解自然,掌握规律,使自然得到充分合理的利用。在区分自然与社会、天与人的基础上,人可以依据自然之天道,去使用、控制、变革自然。要而言之,荀子主张在确定天行有常、天人相分的基础上充分地发挥人的主动性以利用天道,成就人道。

作为道家的创始人,老子同样推崇天人合一之道。但在老子那里,道才是终极意义上的本源,而通常意义上的天并不足以穷尽道的全部。所以老子说:"人法地,地法天,天法道,道法自然。"在这里,天还只是对道的效法。由此而论,老子所追求的,其实是人与道的合一。为了达到这一境界,他提出了"致虚极,守静笃"。这就是老子的天人合一论。庄子继承并深化了老子的思想,《逍遥游》《齐物论》等篇都彰明了道家意义上的终极的天人合一论。庄子之真人、至人、神人、圣人,都是道的化身,与道同体,因而都具有超越、逍遥、放达、解脱的特性,实际上是一种精神上的自由、无穷、无限的境界。以真人为例,在庄子看来,真人是天生自然的人,不在徒劳无益的人为造作中伤害自己的天性,专心做心灵虚静的修养工夫,以达到天人合一之境。他们超越于好与不好之上,摆脱了人间心智的相对分别,既忘怀于美恶,又超脱于爱憎,冥合大道,纯一不二。达到物我、主客、天人同一境界的人,才是真人。

2. 汉唐时期:以董仲舒为代表的天人感应论

汉唐时期,董仲舒的天人关系论值得特别关注。其理论起点是,人为天所生,因为天是包括人在内的万物的始祖。再进一步,人具有与天相类的特性,人之所以类似于天,从根本上讲,是因为天正是按照自己的形象来创造人类的。换一个角度说,人类乃是模仿、类比天而生育长养的。这就是《春秋繁露》所说的"人副天数"。"数"是指天与人在构成的各个部分上的数量指标。"副"可以解释为符合,即人数符合天数;也可以解释为副本、模本,即人是天的副本。在形体结构、道德情感等方面处处都可以看到这种相副。

在这种关系下,天具有了人性化的喜怒哀乐的情感,人也获得了天所具有的春夏秋冬的性质。当人向天展开他的道德性的同时,天也向人敞开了它的自然性。这样一来,天与人就同时具备了自然性和道德性,天与人是同类的。而同类事物之间会出现相感相应的现象,所以,天与人之间也存在相互感应的关系,这就是所谓天人感应。董仲舒认为天人感应的现象是普遍存在的,但其主要作用还是表现在人类社会的治乱与天道运行之间的关系上。具体来说,人类社会治乱兴衰的状况会影响到天道的运行;反过来,天也会通过灾异或祥瑞来体现它对人间社会治理情况的评判。因此,在董仲舒那里,天人感应乃是一个人作用于天、天作用于人的循环系统(当然,这里的人主要指的是最高的统治者——天子,这恰恰体现了董仲舒的政治诉求)。

3. 宋明时期:"天道性命相贯通"作为宋明理学的共同追求

宋明理学是在接受佛道两家的刺激之后对先秦儒学的回归,由于时代的发展以及所面对问题的不同,宋明理学代表了儒学发展的新阶段。但归根溯源,宋明理学依然保持了天人合一的根本精神以及内圣外王的思想框架。在宋明儒学这里,天人合一被展示为"天道性命相贯通"(牟宗三语),这是宋明理学的共同追求。但在具体学说方面,不同的学派有不同的追求方式。他们对天道性命(本体论,包括天道论与人性论)的认识有所不同,因而相应的"贯通"工夫(修养工夫论)便有所不同。简要来说,宋明理学中的天人合一说有三种基本的形态。(1)程朱以理为本的贯通说:程朱以天理之生生不息为天道运行的终极真实;就人而言,性即是理,心则以统性情的方式含具众理;通过"涵养须用敬,进学则在致知"的工夫(亦即道问学与尊德性交养互发的工夫),达于"众物之表里精粗无不到,而吾心之全体大用无不明""人欲净尽,天理流行"的境界。这就是程朱以理为本的天人合一论。(2)陆王以心为本的贯通说:陆王不太谈论天道,他们的学说都立足于本心性体。他们认为,本心即是性即是天理,离开本心无所谓天理。无论是陆象山的先立乎其大者,还是王阳明的致良知教,都以此为根本立足点。因为本心的扩充存养、良知的发用流行是没有极限的,所以它必然会上达于天道,故阳明特别拈出"与天地万物一体"的大人境界。这就是陆王以心为本的天人合一论。(3)周敦颐、张载以及王船山的回环贯通说:周、张及船山皆以天道为首出,故周子有太极论,张子有太和论,船山有气论;天道的运行是至诚无妄的,是万事万物的终极源头;但他们也都承认心的无限感通性及其与天理的同体特征,通过"诚神几""主静以立人极"或"存神""大其心"等工夫,就可以与天道同其至诚不息、真实无妄,亦即与天道合为一体。

八、知行关系

古文《尚书》中已有"非知之艰,行之惟艰"的说法,关于知行关系的讨论在中国哲学里可谓由来已久。但相较而言,宋明理学家对知行关系尤为重视,故本节讨论以宋明理学为重点。要而言之,有关知行关系的论点可归纳为以下四种基本义理形态:(1)"知先行后"说,朱子的"知先行后,知行并进"说可作其代表;(2)"知行合一"说,王阳明可作其代表;(3)"行可以兼知,知不可以兼行"说,王船山可作其代表;(4)"知难行易"说,孙中山可作其代表。前三种主要在道德践履的范围内来谈知行问题,其理路虽各有特色,总可归为一大类;第四种则是从现代知识论的角度来谈知行问题,代表了知行观的新发展,故特将其纳入本节加以说明。

1. 朱子的"知先行后,知行并进"说

作为研究朱子的专家,陈来曾指出朱子的知行论有多个层次,需要具体分析。在《朱子哲学研究》中,他将其划分为三个层面:致知和力行、致知和涵养、致知和主敬,此三者各有不同而又相互交叉。[①] 然大体而言,朱子知行观可以概括如下:以知为主脑,以行为重,知与行交发并进。《朱子语类》卷九、卷十四的如下说法即是明证:"知、行常相须,如目无足不行,足无目不见。论先后,知为先;论轻重,行为重。""致知、力行,用功不可偏。偏过一边,则一边受病。如程子云:'涵养须用敬,进学则在致知。'分明自作两脚说,但只要分先后轻重。论先后,当以致知为先;论轻重,当以力行为重。""知与行,工夫须着并到。知之愈明,则行之愈笃;行之愈笃,则知之愈明。二者皆不可偏废。如人两足相先后行,便会渐渐行得到。若一边软了,便一步也进不得。然又须先知得,方行得。所以《大学》先说致知,《中庸》说知先于说仁、勇,而孔子先说'知及之'。然学问、慎思、明辨、力行,皆不可阙一。"由以上的论述可知,在朱子看来,知行二者相须不离;在先后上,知为先而行为后;在轻重上则反之,知为轻而行为重。此为朱子知行观的要点。从致知和力行方面来说,致知本身虽也是行的一种,但

---

① 参见陈来:《朱子哲学研究》,上海:华东师范大学出版社2000年版,第315—331页。

在朱子这里属于知,力行则是涵养、持敬等工夫。致知和力行,二者须交发并进、相得益彰;但在先后上,以致知为先、力行为后;在轻重上,力行为重而致知为轻。第三条引文强调了知行并进和以知为主这两点,并多方引证知的优先性。实际上,朱子的这种知行观与其整个思想体系是相通的:知行的关系就类似理气的关系,理气不离不杂、相须成道,但论先后则理为先,论轻重则气为重,因为气能将理实现出来。总之,朱子的知行观特点在于知行并重而以知为主脑。

2. 王阳明的"知行合一"说

"知行合一"四字可以概括阳明的知行观。在早年与弟子徐爱的讨论中,阳明曾对此学说多有阐发。《传习录》记载:"知是行的主意,行是知的功夫;知是行之始,行是知之成。若会得时,只说一个知已自有行在,只说一个行已自有知在。""知者行之始,行者知之成,圣学只一个功夫,知行不可分作两事。""知之真切笃实处,即是行;行之明觉精察处,即是知,知行工夫本不可离。只为后世学者分作两截用功,失却知行本体,故有合一并进之说。"综合此上引文可知,阳明最重视知行的本体,如果领会此知行的本体,则只说一个知字已经有行在内,只说一个行字已经有知在内。知、行二者在本源的层次上是相互缠绕、一体同流的,本不可对它们进行截然的分割。所以阳明说知之真切笃实处就是行,行之明觉精察处就是知。如果非要将二者分开来说,那可以说知是行的主意,行是知的工夫;或者说知是行之始,行是知之成;但此种分析已经有离析知行本体的嫌疑了。至于合一并进之说,则只是为那些失却知行本体的人而说的。

从阳明思想整体来看,此知行本体不是别的,正是良知本体,所以阳明的知行完全是放在本体上来讲的。阳明的学说可以概括为致良知,而要了解这一学说,最重要的就是领会良知本体的特性。此良知本体在阳明那里有多重含义,包括道体义、仁体义、智体义、心体义和性体义,以心体义为核心。此五义实际上是相互贯通、相互融摄的,因为五义只是对同一个本源事态的不同描述而已。在此良知本体的本源流行中,知和行二者原本不可分开,虽然知侧重智体义,行侧重仁体义,但二者只是侧重点有所不同,而不是可以分割为两者。只要能领悟阳明的良知本体说,领会其知行合一的思想就不是什么难事。

3. 王船山的"行可以兼知,知不可以兼行"说

在知行关系上,王船山提出了"知行相资以为用""并进而有功"的知行合一观。他批评王阳明的知行合一说。他与王阳明的区别在于,他主张知行两者分而后合、以行为重心的知行合一。王夫之知行观的前提是知行相分,尽管知行

相互作用,但是知行并不是平列的。在认识的过程中,力行、实行是主导的方面:"知者非真知也,力行而后知之真。"

船山的知行观以行为重心,行相对于知而言具有压倒性的地位。在《尚书引义》中,船山详细地阐明了如下观点:知和行的地位是不平等的。知以行为功,而行不以知为功;行中可以包含知之效,而知中却未必能有行之效;此即所谓行可以兼知,知不可以兼行。船山进一步指出,孔子的教法是"下学而上达",下学者,以行为本,不是等到达了才开始学。君子之学,从来就不曾离开行以为知。如果离开行以为知,卑者将流入训诂之末流,比雕琢玩赏文章辞句更加鄙陋;高者或有所得,然不能得者且将流入异端的恍惚之教中。在船山看来,异端之所以为异端,恰恰就在于他们离行以为知,君子则即行以为知。这就是船山的"行可以兼知,知不可以兼行"说。王船山十分强调"行",强调实践及其功效,这与他所处的时代密切相关。他批评当时一些学者"离行以为知",或者沉溺在训诂、辞章之中,或者逃避现实,身心如槁木死灰。因此,他一再坚持重实行的主张。他当然不排斥知行并进、知行合一的说法。因此,我们可以将其概括为一种以行为本的知行合一说。

4. 孙中山的"知难行易"说

如上所示,在中国古代哲学家那里,知、行范畴往往局限于对道德的体认和践履,而孙中山对知、行范畴有新的理解。他所谓的知,是指运用科学或哲学的理性思维方法所形成的关于客观世界的认识,主要是指科学知识和革命理论;他所谓的行,是指生产活动、科学实验、社会生活和革命斗争。这就突破了中国古代知行观的狭隘性,而具有了近代认识论的特点。基于这一特点,孙中山对于知行关系做了新的探讨。

从发生的角度看,孙中山主张行先知后。他将人类知行关系的发展归纳为"不知而行""行而后知""知而后行"三个阶段。孙中山最为特出的是提出了"知难行易"说,该说主要包含两层意思。其一,"不知亦能行",如以上所说的"不知而行",就表明行易于知;其二,"知之惟艰",虽然一般地说是"行而后知",但如不愿思考或不善思考,则行亦无知,这就表明知难于行。另外,他还提出"知之则更易行之"的命题,认为"知而后行"可以达到事半功倍的效果,反之,"不知而行"则可能是事倍功半,这也表明了知的难能可贵。要而言之,孙中山"知难行易"说阐明了科学和哲学认识的艰巨性,强调了正确反映生产活动、科学实验、社会生活和革命斗争诸方面实践的认识的能动作用,这对于当时的现实以及中国哲学的发展都具有重要意义。

九、体用关系

在先秦时期,体与用这两个概念已经得到广泛的应用。通观先秦的文献,学者大抵以有形之物为体,以各种行为、动作为用。到两汉以后,体的含义虽有渐趋形而上的态势,但远谈不上后世本体论意义上的体用论。至魏晋时期,有无论、本末论、迹本论等成为思想界的核心话题,本体论意义上的体用论思潮也就此开启。其中的代表是王弼,其注《老子》三十八章有云:"万物虽贵,以无为用,不能舍无以为体也。"此即以万物为有,然万物之有是以无为基础的,只有奠基在无之中,万物才能成其有、成其用,体在此中已兼具有无之义。就此而论,本体论意义上的体用论已略具雏形。但须指出:王弼以无为本、以有为末,有无虽玄同为一,但从根本上说,无具有优先性和超越性,有则是某种陷落,体用一源式的体用论尚未完全成形。

真正使体用成为哲思的核心词汇并加以定型的是南北朝以来的佛学运动。汤用彤先生指出:"魏晋以讫南北朝,中华学术界异说繁兴,争论杂出,其表面上虽非常复杂,但其所争论实不离体用观念。"[①]自此之后,体用遍布佛学论述之中,在中国化的佛学宗派中占据枢纽地位。不论是承自印度佛学的空、有二宗,还是在中土大放异彩的真常系,无不奉"体用不二"为圭臬。以真常一系为例,华严宗用"四法界""十玄门""六相圆融"等概念所阐明的"法界缘起"说,其实就是"全体大用""不变随缘,随缘不变"意义上的体用论。摄用归体、依体起用、体用自在、体用双融等说法也都来自华严宗诸大师。形式上的体用圆融义在华严宗可谓达到了极致,天台宗和禅宗乃至后来理学诸家的体用论,在形式上皆不能外此矩矱。事实上,正是佛学的讨论提供了理学中体用论探讨的大背景。[②] 但正如牟宗三先生所指出的:佛家的体用论是虚体虚用,并非实体实用意义上的体用论,后者方是儒家体用论的特征。[③] 而儒家体用论又可以分为三种形态:以程朱为代表的"体用一源,显微无间"说,以阳明为代表的"即体即

---

① 汤用彤:《汉魏两晋南北朝佛教史》,北京:北京大学出版社2011年版,第184页。
② 张晓剑:《华严宗的体用论及其对理学体用论的开启》,《学术月刊》2008年第10期。
③ 牟宗三:《佛家体用义之衡定》,收入牟宗三:《心体与性体》上册,上海:上海古籍出版社1999年版,第490—564页。

用"说,以及王船山的"体用相与为体"说。他们固然都承认体用不二的说法,但对于其具体内涵的理解并不相同,故分别论述。

1. 程朱的"体用一源,显微无间"说

宋明理学对体用的经典论说可追溯至程颐的"体用一源,显微无间"说,此言出自《易传序》:"至微者理也,至著者象也。体用一源,显微无间。"伊川以理为体为微,以象为用为显,理与象的关系是一源而无间;此虽是论卦义与卦象之关系,却可推至普遍的理事关系。朱子学宗伊川,对此有明确的解释,他在《太极图说解》中解释道:"其曰'体用一源'者,以至微之理言之,则冲漠无朕,而万象昭然已具也。其曰'显微无间'者,以至著之象言之,则即事即物,而此理无乎不在也。言理则先体而后用,盖举体而用之理已具,是所以为一源也。言事则先显而后微,盖即事而理之体可见,是所以为无间也。"这就是说,"体用一源"指的是万象昭然具于冲漠无朕的至微之理中,"显微无间"则指的是无形的理与有形的事物之象没有区隔,两者相即不二。自理上言,举体而用之理已具;自事上言,即事而理之体可见。此说类似于朱子的理气不离不杂学说,而体用之关系也是不离不杂的:体用虽不离,但体自是体,用自是用,绝不可混漫其际。

朱子关于体用的实际论述比上文所引要复杂得多,然大体而言,可分为两层:形而上、形而下。自形而上者言之,以冲漠之理为体,以发于事物为用;自形而下者言之,则以显著之事物为体,以理之发见为用。且朱熹认为,吾儒所言的本体即是性体,即是仁义礼智之实,此为人所受于天之理。此理真实无妄,并非某种从空虚当中生出来的无本之物。要之,程朱之体用观核心要义在乎不离不杂,其关系可统摄在形上/形下的格局之中;从道体、性体的意义上来讲,体即真实无妄之太极、理,用即理之发见,此理是根源、宗极、实体,此为程朱对体用关系的理解。

2. 阳明的"即体即用"说

在宋明理学的大传统中,还有心学版本的体用论,即阳明所代表的"即体即用"说。王阳明对"体用一源"有如下的解说:"盖体用一源,有是体即有是用,有未发之中,即有发而皆中节之和。""心不可以动静为体用。动静,时也,即体而言用在体,即用而言体在用,是谓体用一源。"阳明认为,体与用原不可分作两截,有是体必有是用,有是用必有是体,即体即用、即用即体而血脉贯通,更不分别。而且阳明认为心体贯乎体用,不可以动静分体用,因为动静只是时,而心之体用无时不在。确切地讲,体与用的关系是"即体而言用在体,即用而言体在用",体与用完全是相即不离的关系。

王阳明又有"本来体用"之说:"心之本体即是天理,天理只是一个,更有何可思虑得?天理原自寂然不动,原自感而遂通。学者用功,虽千思万虑,只是要复他本来体用而已。"心之本体就是天理自身,作为天理的心体"原自寂然不动,原自感而遂通"。寂然不动是从静的角度来说心之体,感而遂通则是从动的角度来说心之用。实则用者用此体,体者体此用。对于阳明来说,此体此用既是理,也是心,说到极处更不分精粗、先后、形上形下,通体只是此良知之直贯与流行。此心此理、此体此用,在阳明这里是真实无妄、至诚不息的。与程朱的体用论相比,阳明虽然也以天理为体,但此体的真正落实则在心体上。阳明所展示的可谓是心体层面上最圆融无碍的体用义。现代新儒家熊十力的"全体大用""大海与众沤"说,可谓阳明"即体即用"说的现代版本(并将其扩展到了宇宙论的层面上)。

3. 王船山的"体用相与为体"说

体在船山那里大约有三种含义:本体、定体和端体。其中,本体是指那真实无妄的本源之体,而本源之体必然通于整体意义上的道之全体。定体是指一定之体,是可见者、有所限定者。端体则是指一端之体,亦是可见者,且有形体。定体和端体其实是一致的,有形体即有所限定,而定体之定必然体现在形体上。端体或定体是本体的发用,而任何发用都存乎具体的时位,所以都是全体之一端,在根源上通于道之全体,所以和本体不可截然分离,而是相与为体:亦即端体与道为体。"体用相与为体"说是船山体用论之特色,从真正意义上展示了体用不二的原始统一。

需进一步说明的是,船山更强调用,此即所谓"大纲在用"。船山反对消用以归体的思想,也不大支持由用见体的主张。虽然船山以体为本,以用为末,但本大末也不小,本末原自一贯,不可妄分大小。所以他主张即用以成体,乾乾自惕,继天不息,此即所谓即用以成体,乃是圣功之极致。要之,在船山这里,道体与端体有分,但从根本上讲则是"相与为体",并且用在此中占据极为关键的地位,此即船山之体用论。

就根本主张而言,以上三家都坚持体用不二,但三家之间仍有较大的差别:程朱强调理之超越性及其对现实的引导和规范作用;阳明则强调心之本体原本就是天理之所从出;而船山以气为本,从天人回环、交尽的角度展示了"体用相与为体"的体用论。

十、有无关系

关于有无关系的哲学讨论,最早可以追溯到《老子》,如:"无名,天地之始;有名,万物之母。故常无欲,以观其妙;常有欲,以观其徼。此两者同出而异名,同谓之玄,玄之又玄,众妙之门。""有之以为利,无之以为用。"《庄子》继承《老子》有无玄同的思想,更提出"有有也者,有无也者,有未始有无也者,有未始有夫未始有无也者"等说法,将有无关系的讨论推向了高潮。魏晋时期,玄风大畅,老庄思想成为学术界的主流,学人对于有无关系的探讨也日渐广泛、深入。简要而言,魏晋玄学关于有无关系的讨论有三种基本形态:一是何晏、王弼主张的贵无论,二是裴頠主张的崇有论,三是郭象主张的自生独化论。其中,贵无论是魏晋玄学的主流,自生独化论则统摄前两种形态并将有无关系的讨论提升到新的境界。魏晋玄学之外,王船山的大有论可谓是儒家对有无关系的不同理解,故略加阐明。

1. 贵无论

在魏晋玄学中,何晏和王弼是贵无论的主要倡导者。何晏曾著《无名论》《道论》,他将《老子》和《论语》中的道理解为"无"。他说:"夫道者,惟无所有者也。"如果说天地万物为"有所有",那么道就是"无所有"。这个"无所有"的道是天地万物的根源。正是因为将道的本性规定为"无",所以何晏对道的强调实际上就意味着对"无"的突出。在他看来,"有"与"无"两者当中,"无"才是根本。所以他说:"有之为有,恃无以生,事而为事,由无以成。"据此而言,"无"就是宇宙间万事万物的终极依据和根源,因而也是人类社会的终极法则。

与何晏类似,王弼在哲学上的根本主张也是贵无:以"无"为本,以"有"为末。他说:"天下之物,皆以有为生。有之所始,以无为本。将欲全有,必反于无也。""夫物之所以生,功之所以成,必生乎无形,由乎无名。无形无名者,万物之宗也。"这就是说,天下万事万物之"有"都是由"无"而来的,而且这些"有"如果想得到保全,也必须回归到"无"当中以得其滋养;"无"虽然没有形体、没有称谓,却是一切有形体、有称谓者的根源。这也就是说,"无"相对于"有"具有本体论上的优先性。由此出发,王弼又提出了"崇本息末"的主张,并将其视为治国的最高理念;而通过"无不可以训",他又巧妙地会通了孔老,在哲学高度上表明了新道家的立场。

2. 崇有论

同为魏晋时期的思想家,裴頠不赞同贵无的主张。他认为世界的本源只能是"有",万物都生于"有",而"无"只是"有"的一种缺失或否定。他在《崇有论》中说:"夫至无者无以能生,故始生者自生也。自生而必体有,则有遗而生亏矣。生以有为已分,则虚无是有之所谓遗者也……由此而观,济有者皆有也,虚无奚益于已有之群生哉!"从发生的角度看,"无"既然是"无",就应该是既没有任何内容,也没有任何规定性的。这种没有任何规定性的"无"理所当然地不可能产生任何有规定性的东西。那么,有规定性的东西是怎么产生的呢?为此,裴頠特意提出了"自生"的概念:这些有规定性的东西其实都是"自己产生自己"的。而有规定性的东西必定会把它的规定性落实到一定的形体上,这就是"有"。道正是最大的规定性的落实,所以,道乃是最大的"有"。万物"自生"过程的实质是万物剖分了"大有"之道。"无"则是"有之所谓遗者",是"大有"被剖分之后剩余下来的虚空。因此,裴頠得出结论,"有"才是世界的本源,是道的本性。世间万物都是分享"有"而得以产生的;"无"作为"有"被分享殆尽之后剩余的虚空,从根本上来说,也是由"有"产生的。只有"有"才能产生"有",虚无对于万物的产生是无能为力的。综上,裴頠从崇有的立场阐发了"有"相对于"无"的决定作用,在一定程度上弥补了贵无论的不足,使魏晋玄学围绕有无关系问题的讨论更加全面和深入。

3. 自生独化论

魏晋玄学中另有一派,他们认为,"有"不能从"无"当中产生,但"有"也不能生"有",所以"有"只能是"自生""自有"的,这就是向秀、郭象的自生独化论。向、郭在注解《齐物论》中的"天籁"时有云:"无既无矣,则不能生有;有之未生,又不能为生。然则生生者谁哉?块然而自生耳。自生耳,非我生也。我既不能生物,物亦不能生我,则我自然矣。自己而然,则谓之天然。天然耳,非为也,故以天言之。……夫天且不能自有,况能有物哉!故天者,万物之总名也,莫适为天,谁主役物乎?故物各自生而无所出焉,此天道也。"按照向、郭的看法,物之所以能自生、自然,恰恰是因为每一种物都是其德或性(向、郭亦称之为"性分""事理""天然""天性")的体现,只要没有人为的干涉和扰乱,万物就能由其性、顺其性而自然生长,达到一种本源上的和谐共生的状态,有点类似于《易传》所说的"各正性命"。万物的自生、自然,并不是说物与物之间隔绝、不依赖、不互相资取,恰恰相反,万物如其本性地相互感通,各顺其性而不相互扰乱,这种本源的和谐共存不是出于某种有意的安排(不管是来自人,还是来自造物主),而恰恰是出于万物的天性。

何、王崇尚虚无,以"无"为根本,而"有"相对来说是较为次要的;但在向、郭那里,"无"已经完全被融化到具体的"有"之中,所以他们不爱谈"无",而只从"有"的角度说自生、独化。尽管从表面上看,一个乐于讲"无",一个乐于讲"有",但其内在精神是一脉相通的。通过双方对"自然"的解释,我们可以很明白地看出这一点。王弼注《老子》第二十五章"道法自然"曰:"道不违自然,乃得其性,法自然也。法自然者,在方而法方,在圆而法圆,于自然无所违也。自然者,无称之言,穷极之辞也。"又曰:"不塞其原(源),则物自生。"这里对"自然"和"自生"的理解,完全与向、郭对"天籁"的注释相通。王弼之自然、自生是就道之因应万物而说,向、郭之自然、自生是就万物之各得其性而说,实则道之因应万物不外乎是顺天地万物的本性,而万物之所以能够各得其性只不过是道赋予其性而任之自然而已。

4. 大有论

在道家及魏晋玄学之外,儒家对有无问题也多有关注。大体而言,儒家都反对虚无的说法(甚至张载关于"太虚"的说法都遭到了二程的反对),认为整个世界生生不息,到处都是实有。船山是其中的典型代表,他特别表彰"大有""尊生"的思想。他在《周易外传》卷二中有云:"天下之用,皆其有者也。吾从其用而知其体之有,岂待疑哉!用有以为功效,体有以为性情,体用胥有而相需以实,故盈天下而皆持循之道。""夫可依者有也,至常者生也……其常而可依者,皆其生而有;其生而有者,非妄而必真。"在这些论述中,船山明确地指出,天下之用,皆是所谓的"有",从用之"有"可以推知其体之"有"。用之"有"表现为功效,体之"有"表现为性情,有其功效者必有其性情,此即"体用胥有";体用皆实有,所以天地之间皆是可持可循之道。用有以为器,体有以为道,道器相需、体用一贯,所以不可离"有"而论道。在船山看来,天地之间,可依者为"有",至常者为"生"。此"有"此"生",皆真实无妄,天地间只是此"有"此"生",并没有所谓的"无"。简言之,他是从天道至诚、生生不息的角度来确立世界的实有性(本体论的角度),并由此出发反对一切以虚无为本的学说。

十一、大学之道

"大学之道"的说法源出于《大学》这一文本。《大学》本是《礼记》中的一篇,唐以来,韩愈等人对这篇文字颇为看重,并在其论述中加以引用,以反对当时流行的佛老思想。北宋时期,二程等学者将《大学》视为"初学入德之门",并对其文字加以整理。到了南宋时期,朱子接续二程等大儒的工作,将其与《论语》《孟子》《中庸》合编为四书,为其做章句。朱子用三纲领、八条目来概括《大学》的核心思想并将其视为儒家思想的纲领。随着四书体系在科举考试中所占的地位越来越高,《大学》的地位也日渐提升、稳固。在此情形下,宋明理学的很多问题都是围绕着《大学》的相关论述展开的,如格物致知、诚意、慎独等。以下就以三纲领、八条目为基础并结合格致问题来阐述大学之道。

1. 内圣外王之道的总体规模

《大学》首章以三纲领、八条目统括全文,以凝练而简约的文字展示了儒家的内圣外王之道。所谓的三纲领,指的就是"明明德""新民"以及"止于至善"。其中,明明德属于内圣,新民属于外王;止于至善则是说,明明德和新民的工夫都要做到极处、做到最好。更进一步来说,一方面,明明德的工夫落实在自新新民的过程中;另一方面,新民的过程本身就是明明德的过程。所以说,明明德和新民是交涵互摄、相互成就的,这恰恰说明内圣外王本来就是一个不可分割的整体。所谓的八条目,指的是"格物""致知""诚意""正心""修身""齐家""治国""平天下"。八条目以修身为本,而修身的实际内容即是明德,所以明明德也是八条目的宗旨。更确切地说,格物、致知、诚意、正心属于修身的工夫,故属于内圣的范围;齐家、治国、平天下是新民的事业,故属于外王的范围。一方面,格、致、诚、正的工夫在身、家、国、天下中落实;另一方面,修、齐、治、平有赖于格、致、诚、正的工夫,这样仍旧构成内圣外王的整体。所以无论是三纲领还是八条目,都完整地体现了内圣外王之道的规模。这就是《大学》所彰显的大学之道,在古代它是贵族立身行事的矩范,在后世,它则成为君子、士人立身行事的标准。

2. 格物致知之辨:朱子、阳明与船山

如上所述,宋以来,随着《大学》文本之地位的逐步提升,该文本涉及的某些话题逐渐成为理学家讲学、做工夫的核心关注点。其中最典型的就是有关格物致知的问题。自朱子作《格物补传》以来,它就成为理学的中心话题,乃至于后来西方科学最初引入,都还是受到此格致传统的影响、规定。理学传统中关于格物致知的论述极为丰富,我们在此无法一一论述,故只选择三种具有代表性的说法,即朱子、阳明和船山的格物致知说,略加阐明。

朱子之格物致知说散见于其著作中,此处以《大学章句·格物补传》为材料对其进行阐述,因为这一文献体现了朱子对于格物致知的成熟见解。其文有云:"所谓致知在格物者,言欲致吾之知,在即物而穷其理也。……是以《大学》始教,必使学者即凡天下之物,莫不因其已知之理而益穷之,以求至乎其极。至于用力之久,而一旦豁然贯通焉,则众物之表里精粗无不到,而吾心之全体大用无不明矣。此谓物格,此谓知之至也。"由此可见,朱子以格物为穷至事物之理,致知为推极吾之知识。人心之灵莫不有知,而天下万物莫不有理。所谓格物致知,即是格天下万物之理而致吾心之灵之知;物理之极处无不到,则吾心之所知无不尽。格物之理与致心之知,实际上是对同一工夫的不同描述:前者从物之方面着眼,后者从心之方面着眼。物与心对举,这是由朱子思想之本性决定的。要之,在朱子看来,格物与致知并非两种不同的工夫,而是在心物对举的模式下对同一工夫的不同描述,其要点在于物理、心知之尽。

王阳明反对朱子的格物致知说,以其有分心理为二而认理在外之嫌疑,故特地撰写《大学问》以阐明自己的观点:以格物为正物,以致知为致良知,亦即致吾心之良知于事事物物。《大学问》有云:"盖身、心、意、知、物者,是其工夫所用之条理,虽亦各有其所,而其实只是一物。格、致、诚、正、修者,是其条理所用之工夫,虽亦皆有其名,而其实只是一事。……致知云者,非若后儒所谓充广其知识之谓也,致吾心之良知焉耳。……物者,事也,凡意之所发必有其事,意所在之事谓之物。格者,正也,正其不正以归于正之谓也。正其不正者,去恶之谓也。归于正者,为善之谓也。夫是之谓格。"阳明于此详尽地展示了他圆融一贯的工夫论:所谓的身、心、意、知、物,以及格、致、诚、正、修,展示了良知本体和致良知的工夫一体同流。此中,即本体即工夫、即工夫即本体,本源之心体流行通一无二,更无截然之分段可得。以此为基础,阳明更进一步展示了其格物致知说:意之所发必有其事,意所在之事便是物,格即正,所以格物就是即其意之所在之物而正其不正以归于正。致为诚之、实之,知即良知,所以致知就是致吾心良知而诚之、实之,而非朱子所谓的推极吾之知识。此良知乃天命之性,不学而知、不虑而能,自然能知善知恶,若能即意之所在之物而好善、恶恶,则物无有不格而吾心之良知无所亏欠,此即阳明之格物致知说。要之,阳明以诚意为中心,将格物和致知收摄到"意"上来说,其工夫亦只是一件,物格即知至、知至即物格,二者之间更无区分。

与朱子、阳明相比,船山之格物致知说有其独特之处。大抵船山以格物为心借耳目之官以穷理,以致知为心之虚明自生之用,二者不可偏废,而尤以致知为主。具体而言,格物与致知二者有不同之功,但在尽吾心之全体大用上,此二者不可偏废而相辅相成。对二者的实际内容,船山有如下的说明:"大抵格物之功,心官与耳目均用,学问为主,而思辨辅之,所思所辨者皆其所学问之事。致知之功则唯在心官,思辨为主,而学问辅之,所学问者乃以决其思辨之疑。'致知在格物',以耳目资心之用而使有所循也,非耳目全操心之权而心可废也。"船山认为,所谓的格物是指一起使用心官和耳目以穷事物之理,此间以学问为主、思辨为辅,所思所辨都是为了达成其学问之功。所谓的致知则是指用其心官以穷理,此间以思辨为主、学问为辅,所学所问都是为了达成其思辨之功。故所谓的"致知在格物",其实是指以耳目资心官之用而使其思辨有所依循,不是指耳目操心之权而心之官可废。也就是说,格物与致知为两种不同的工夫,需要相辅相成才能尽乎吾心之全体大用。但此二者之中,格物之功有量上的限制而致知之功不拘于量上的限制,且致知有不在于格物者,而格物未有不在于致知者。故二者虽不可偏废,但致知之功于船山而言更为重要。大体而言,此即船山之格物致知说。其说既非如阳明将格物致知完全收摄到心体,将格物的工夫等同于诚意,亦非如朱子将理视为散于天地之间的道理,从而对天下之物加以横向的格致之功。船山虽在整体上将天下之理收归自身,但其用功之处只在此天人之际的原始展开处,而其用功的依归在于尽此心体之本性,而非漫天穷理。故其格物虽同于朱子之即凡天地之物而穷其理,反对阳明将格物之功等同于诚意,但在具体方式上又不同于朱子。朱子以理散在天地之间而于物无不格,乃至漫天去穷物之理,而船山以致知为准,亦即以尽乎吾心之全体大用为准来施其格物之功,并非认理为外而从外部格之。其致知则包含有并极为侧重致良知的部分,因而不同于朱子之推极吾心之知识,亦不同于阳明之单纯致良知。船山以一种下学而上达的方式将此二者统一为更全面、更质实的修养工夫。

十二、言意之辨

就思想渊源而论,言意之辨至少有两个源头:一是《易传》关于言、象、意关系的讨论[①],二是汉末以来的人物品鉴、形名之学。就第一个源头而言,由于存在"书不尽言,言不尽意"的问题,孔子说:"圣人立象以尽意,设卦以尽情伪,系辞焉以尽其言,变而通之以尽利,鼓之舞之以尽神。"这条线索后来为王弼所继承。王弼关于言、象、意的新说为魏晋玄学的展开打下了基础。至于第二个源头,人物品鉴离不开对人之才性的探讨,但真正高明的品鉴在于"瞻外形而得其神理,视之而会于无形,听之而闻于无音,然后评量人物,百无一失"[②]。外形与神理之间的区分,无形无音之境的出现,直接引发了对言意关系的关注。牟宗三对此持有基本相同的看法:"由品鉴才性,必然有'言不尽意'之观念出现。此为'言意之辨'兴起之直接的理由。"[③]魏晋时期关于言意关系主要有三种观点:以欧阳建为代表的言尽意论,以王弼为代表的立言出象、以象尽意论以及以荀粲为代表的言不尽意论。以下分别对其做出阐明。

1. 言尽意论

"言不尽意"是魏晋玄学关于言意关系的主流见解,但欧阳建对此提出了不同的看法。他认为,言可以尽意。他给出的理由如下:"理得于心,非言不畅;物定于彼,非言不辩。言不畅志,则无以相接;名不辩物,则鉴识不显。鉴识显而名品殊,言称接而情志畅。原其所以,本其所由,非物有自然之名,理有必定之称也。欲辩其实,则殊其名;欲宣其志,则立其称。名逐物而迁,言因理而变,此犹声发响应,形存影附,不得相与为二,苟其不二,则无不尽,吾故以为尽矣。"在这段话中,欧阳建对言之所以能够尽意做了一个论证:(1)世界由物和理构成,物和理都是客观存在,人们是否对它们进行命名、表述并不影响它们的客观存在。(2)名和言的出现是出于一种实用的理由,亦即辩物畅志;名言之殊也是出于实际区分的需要。(3)名和言出现之后,名和物之间具有一一对应的关系,而言和理亦是如此。(4)通过一一对应,名和言可以完全地表达所有存在的客观之物与客观之理。

---

① 在《墨子·经下》《庄子·天道》《吕氏春秋·离谓》等先秦文献中也有相关讨论。
② 汤用彤:《魏晋玄学论稿》,北京:人民出版社1957年版,第207页。
③ 牟宗三:《才性与玄理》,台北:台湾学生书局1989年版,第243—244页。

2. 以言出象、以象尽意论

王弼在《周易略例·明象》篇中通过对言、象、意关系的讨论,提出了对言意之辨的思考。他说:"夫象者,出意者也。言者,明象者也。尽意莫若象,尽象莫若言。言生于象,故可寻言以观象;象生于意,故可寻象以观意。意以象尽,象以言著。故言者所以明象,得象而忘言;象者所以存意,得意而忘象。……存言者非得象者也,存象者非得意者也。……忘象者乃得意者也,忘言者乃得象者也。"王弼的论述可归纳如下:(1)从根源上来讲,象出于意,而言又出于象,但在求意时则要反过来,先通过言去明象,然后通过象去明意,言和象是明意的最佳方式。(2)言和象虽然是明意的最佳方式,但毕竟只具有工具的意义,一旦得意,作为工具的言和象就可以忘了。(3)执着于言和象而不能忘,则不可能尽意。要言之,在王弼这里,言和象是通达意的环节,但如果凝滞在此环节上,就不能体会到真正的意,只有在忘言忘象的情况下,意才是真正通达的。

3. 言不尽意论

荀粲最为鲜明地提出了"言不尽意"的主张。《三国志·魏志·荀彧荀攸贾诩传》注引何邵《荀粲传》曰:"粲独好言道,常以为子贡称夫子之言性与天道,不可得闻,然则六籍虽存,固圣人之糠秕。……盖理之微者,非物象之所举也。今称立象以尽意,此非通于意外者也;系辞焉以尽言,此非言乎系表者也。斯则象外之意,系表之言,固蕴而不出矣。"荀粲对于《系辞》中提到的言、象、意关系提出了自己的独特见解,他认为,立象虽然可以尽意,但是这种尽是有局限的,它并不能尽象外之意;系辞当然也可以尽言,但其所尽之言也是有局限的,它并不能尽那些系表之言。荀粲将意界定为理之微者,言与象虽然能对此微理进行表述,但这种表述总是局部的、有限制的,对于任何言与象而言,总会有系表之言,象外之意。在表达最精微的理时,语言总是有局限的。

在以上三种代表性观点中,欧阳建的言尽意论将物和理视为某种外在的客观之物,人类可以通过语言的约定对它们进行完全的表达,虽然在对象化科学的层次上,这一说法具有一定的道理,然而,任何意义(意)的领会总是以在先的直观呈现为基础的,而直观呈现永远都处于一种更新流动的境域之中,同时,语言也在塑造我们对于境域的领悟和把握,所以穷根究底,以一种外在的角度来谈论言意关系是不恰当的,这也就是为什么欧阳建的言尽意论始终在魏晋玄学中处于边缘地位。王弼的观点则切中了言意关系的要害,他的视角始终没有离开那个更新流动的境域,他一面强调言象对于得意的作用,另一方面又强调意不等同于言象,意在言象之中显现出来并被我们领悟,但是言象本身并不是意,这样一种看法将意和言象置于一种原发的相互牵引的关系之中,所以王弼不会去谈论言尽不尽意的问题。至于荀粲,如果我们将他所谓的理之微者理解为那个原发的流动更新之域,那么他所说的象外之意、系表之言就可以理解了。这个原发的流动更新之域总会产生新言新象新意,它永远都无法被固定住,在它那里,可能性高于一切。人就是这个原发流动之域的参与者、领悟者,正因为如此,任何关于生命姿态的言说都只能是一个局部的展现,只有进入生命姿态的流动之域当中,才能获得对它最原初、最彻底的理解。

第三章　重要命题

　　本章主要介绍中国哲学从先秦到明清时期,儒、道、佛等诸家的若干重要命题,评述其义涵、地位、意义、价值,以求体现出中国哲学发展的系统性、延续性、独特性。中国哲学的发展可分为四个阶段,即先秦哲学、汉唐哲学、宋元明清哲学、近现代哲学。本章的关注点在于前三个时期。先秦是中国哲学的创立期。先秦诸子百家应该有一相近或相同的思想源头,它们都是探索天人性命之学,但因为各自思想的侧重点不同,而形成不同的思想流派。孔子继承前代"敬德保民"的民本思想以及西周的礼乐文明,揭示出人性的尊严和人道的自觉,通过"克己复礼""己所不欲,勿施于人"等命题创立了仁学系统;孟子、荀子则分别继承和发展了孔子重人性、重礼乐的思想取向。道家老庄哲学也重视对天道的体会与理解,发展出"反者道之动""道通为一"的道学命题以及"涤除玄鉴"等体道工夫;墨家、名家也通过各自的命题阐发自己关于天人性命的观点。汉唐时期是中国哲学的扩大期。在这个时期,天人性命之学得到了深化与扩展,道家的新形态魏晋玄学与中国佛学思想的形成发展,使得哲学思想更显精微。新道家围绕本与末、名教与自然等论题有相当深刻的思考,中国佛学则通过"一念三千""法界缘起""顿悟成佛"诸命题拓展了心性的内涵,为宋明理学的出现奠定了深厚的思想基础。宋元明清时期可以说是中国哲学的融会期,理学的"格物穷理""心统性情"与心学的"知行合一""致良知"等命题的提出,体现出中国哲学对宇宙本体论与心性修养论的系统性重建,体现出天人性命之学更为深广的发展。

第一节　先秦哲学

1. 敬德保民

　　周初,周公提出了"敬德保民"的人道主义思想。经历了殷周之际的变革,周初时人有了进一步的人文自觉,把夏、殷时期的"以祖配天"慢慢发展成"以德配天",把血缘性的祖宗崇拜发展为融合政治与道德的祖宗崇拜,同时把原来外在性的天神崇拜逐渐内在化、道德化。周人总结了夏、殷灭亡的教训,认为他们的覆亡主要是由于"不敬厥德,乃早坠厥命"。他们认识到"天命靡常""皇天无亲,惟德是辅",天命是可以转移的,关键在于主政者能否"明德""敬德"。主政者只有敬慎其德,修明自己的德行,才能进一步"保享于民",进而"享天之命"。周初人的"明德""敬德"观念,是一种充满责任感的忧患意识。他们总结夏、殷王朝丧失天命从而败亡的历史教训,认识到主政者个人德性的重要性,从把责任、信心交给神转而为自我担当,凸显了个人主体的积极性与理性作用。可以说,"敬德"是中国人文精神最早的体现,是一种以"敬"为动力的具有道德性的人文主义或人文精神。同时,周初主政者已认识到人民的意志、意向的重要性,将其抬高到与天命同等的地位,要求主政者以民为镜,从民情中去把握天命。也就是说,天意是通过民意来体现的,这就是所谓"天视自我民视,天听自我民听""民之所欲,天必从之"。①

2. 和实生物

语出《国语·郑语》。周太史史伯对桓公说:"夫和实生物,同则不继。以他平他谓之和,故能丰长而物归之。若以同裨(弥补、增益)同,尽乃弃矣。故先王以土与金木水火杂,以成百物。"史伯这段话是说多样性的重要,多样性的统一乃是人与万物得以生长繁衍的基础条件。五色成文,五音成声,五味成食,五行产生百物。简单的同一则不可能生出任何新的东西。《中庸》也说:"中也者,天下之大本也。和也者,天下之达道也。致中和,天地位焉,万物育焉。"万物只有合乎中和之道,才能生长发育。此外,"和"不但指多样性的统一,也指中道平和。春秋后期齐国政治家晏婴说:"济其不及,以泄其过。"即主张在过与不及之间保持中道,求得为政的平和。又说:"先王之济五味,和五声也,以平其心,成其政也。"即主张政治上的兼容并蓄,满足民众合理的多样化的要求,容纳民众不同的呼声,进而得民心,成就善政。这说明春秋时人已经认识到"和"是"生生"即生存与发展的基本原则,他们认为只有具备差异性、多样性才能保有生机和生命力。世界不可能单一化、同质化,如果以同裨同、以水济水,万物不可能滋养成长。因此,人世间需要容纳不同的力量,以他平他,相互制约,相辅相成,相济而生。②

3. 克己复礼

"子曰:'克己复礼为仁。一日克己复礼,天下归仁焉。为仁由己,而由人乎哉?'"克己复礼是孔子教弟子求仁的具体方式。"克"是"约"的意思,克己是约束、

---

① 参见郭齐勇编著:《中国哲学史》,第15—17页。
② 同上书,第22—23页。

克制自己,复礼是合于礼。至于如何克己复礼,孔子的回答是"非礼勿视,非礼勿听,非礼勿言,非礼勿动"。根据《左传·昭公十二年》的记录,"克己复礼为仁"并非孔子首先提出的观点,而是古书上的讲法,但孔子对其做出了引申与阐发。在孔子看来,仁是内在的德性,礼是仁的外化,是仁的具体表现形式。礼是一定的社会规矩、规范、标准、制度、秩序,用来节制人们的行为,调适人们的身心,调和各种冲突,协调人际关系。一个稳定和谐的社会总是要通过一定的礼仪规范来调节,这是古今中外概莫能外的。孔子重礼执礼,发掘礼之"让"与"敬"的内涵,一方面肯定克己复礼,主张"博学于文,约之以礼",即以礼修身,强调教养的重要性,另一方面强调内在道德自我的建立,强调"为仁由己"。而这两个方面又是相辅相成的,也即通过实践礼而获得教养,同时不拘泥于礼的形式,而能积极体认礼的内核,达到实践仁德的自觉、自律,从而挺立道德的主体。孔子说:"仁远乎哉?我欲仁,斯仁至矣。"仁道离我们并不远,只要我们当下自觉,克己复礼,仁就在这里。这种道德自觉、道德命令完全取决于我们自己,"由己"而非"由人",并不受外在他律的制约或他力的驱使。但这内在于自我的道德自觉、道德命令并非抹杀礼的意义,而是要使外在的礼真正合乎仁,合乎人性,使仁与礼能够真正统一。①

4. 己所不欲,勿施于人

"己所不欲,勿施于人"是孔子教导弟子为仁的原则之一,也称恕道。君子终身奉行的恕道是:自己不想要的东西,也决不强加给别人,也即推己及人。例如我不希望别人羞辱自己,那我决不羞辱别人。尊重别人,是别人尊重自己的前提。"己所不欲,勿施于人"的恕道强调的是一种宽容精神与沟通理性,使自己能够设身处地地为他人着想。与"恕"相关联的是"忠"。如果说恕道是从消极方面讲仁,那么忠道就是从积极方面讲仁。"忠"就是尽己,"己欲立而立人,己欲达而达人"。自己立志立足了,也能帮助身边的人立志立足;自己通达了,也能帮助身边的人通达。这是内心真诚之德不容已的显发,也就是孔子说的"爱人"。"忠"是尽己之心,"恕"是推己之心,综合起来叫忠恕之道或絜矩之道。实际上,"忠"中有"恕","恕"中有"忠","尽己"与"推己"很难分割开来,这是仁道的一体之两面。因此,忠恕的原则就是仁道的原则,是"为仁"的具体方式。忠恕不仅是处理人与人之间关系的准则,推而广之,也是处理不同国家、民

---

① 参见郭齐勇编著:《中国哲学史》,第28—29页。

族、文化、宗教之间关系的准则,乃至是达成人类与自然之普遍和谐的大道,因此又被称作"道德金律"。《中庸》说:"忠恕违道不远。"这里的道指的是仁道。这是说,忠恕尚不足以尽仁,但忠恕是"为仁之方",人们践行忠恕之道,可以逐渐达致仁,所以说"违道不远"。①

5. 反者道之动

老子哲学思想的核心是道。"道"字的本义是道路,譬喻宇宙本体,与宇宙万象相对应。老子将道系统提出来,使之成为一个哲学形上学的范畴。老子之道无形无象,难以名状,独立不息,精微深远。老子之道以虚无为本,以因循为用,鼓动万物,使其向相反的方向变化发展。柔弱往往会走向刚强,生命渐渐会走向衰亡。世间万象在道的作用下,不但会走向自己的反面,且与自己的反面相互依存。有无、难易、长短、高下、音声、先后等都是相对的,它们彼此以对方的存在为存在前提,相互依存,相辅相成。老子认识到这一规律,因此主张提前预备,避免事物向相反的方向发展,防患于未然,提出了"居弱守雌"(处于柔弱谦下的状态和位置)的原则,从而使自身在万物轮转中立于不败之地。这就是老子"反者道之动"的基本含义。另外,"反者道之动"中的"反"除了相反的意思外,还有归返的意思。比如种子生长发育,开花结果,还复归于种子,形成一种循环往复的动态过程。万物便是在道的作用下循环往复,生生不已。此外,老子所提倡的"无为"的思想,也是从"反者道之动"的原理引申出来的。这里的"无为"并不是无所作为,而是指不要人为干涉,应顺应自然,合乎自然的本性。这一本性就是老子所说的"德",顺德就是顺应事物的本性,这样才能"无为而无不为"。

6. 涤除玄鉴

"涤除玄鉴"是老子的哲学主张。"鉴"或作"览""监"。"监"即古"鉴"字,"览""鉴"古通用。"玄鉴"即玄妙的镜子,喻指人们的内心。涤除玄鉴指的是洗去内心的尘垢。内心的尘垢既包括妄想、欲望,也包括思虑、智慧。在老子看来,人之所以丧德,就是因为欲望与知识太多。知识与欲望使人追逐外在之物,产生外驰之心,以致加深人我之间的隔阂,终至背离自然本性。因此,老子主张清心寡欲,力求摆脱难以满足的欲望,又主张弃智,以超越对外在是非善恶之类

---

① 参见郭齐勇编著:《中国哲学史》,第29—30页。

知识的依赖。在他和他的后学看来,真正的哲学智慧,必须从否定入手,也即通过"减法",除去内心的私欲与私智,一步步消除对外在之物的占有欲以及对功名利禄的追逐与攀缘之心,一层层除去表面的偏见、执着、错误,深入到事物的本真层面。以老子为代表的道家以否定的方式,消解知识、名教、智巧所造成的文明的异化与自我的分裂,批评了儒家的礼乐教化对人的束缚。老子认为,人要顺乎事物的自然本性,无为而动,要像无知无欲的赤子婴孩,柔顺平和,身心合一,这样才能合于道。道家崇尚虚无,老子主张的"为道日损""涤除玄鉴"以及"致虚守静"就成了通达老子之道的途径。通过这样的修养工夫,才能达到与万物相融贯、与道合一的境界。

7. 经之以五事

这是孙子的哲学观点。《孙子·计》云:"孙子曰:兵者,国之大事,死生之地,存亡之道,不可不察也。故经之以五事,校之以计而索其情:一曰道,二曰天,三曰地,四曰将,五曰法。道者,令民与上同意也,故可以与之死,可以与之生,而不畏危。天者,阴阳、寒暑、时制也。地者,远近、险易、广狭、死生也。将者,智、信、仁、勇、严也。法者,曲制、官道、主用也。凡此五者,将莫不闻,知之者胜,不知者不胜。故校之以计而索其情,曰:主孰有道?将孰有能?天地孰得?法令孰行?兵众孰强?士卒孰练?赏罚孰明?吾以此知胜负矣。"据此可见,孙子认为战争是国家大事,关系到国家的生死存亡,因此首先应该了解战争的规律,以及决定战争胜负的主客观条件和因素。《孙子》提出了五个方面的因素:道——战争的正义性,民众的支持;天——自然气候条件,昼夜、晴雨、寒热、四时的变化;地——自然地理条件,路程、地形、地势、地貌等;将——将帅指挥才能、智慧谋略,信义、慈爱、果敢、严明等品质;法——组织编制、管理、职责、军需供应等规章制度和军纪。只有真正懂得从这五方面做准备,才算是奠定了打胜仗的基础。而要判断战争胜负,需要分析比较以下七个因素:一、主上是否贤明;二、将帅是否有才;三、是否占有天时地利;四、法令是否贯彻;五、军队实力强否;六、士卒训练如何;七、赏罚是否分明。①

8. 兼相爱,交相利

墨子有十大主张(也即"十事"),分别为尚贤、尚同、节用、节葬、非乐、非命、

---

① 参见郭齐勇编著:《中国哲学史》,第48页。

兼爱、非攻、天志、明鬼,其中又以兼爱为本。兼爱是墨子哲学的核心思想。所谓兼爱,即所有的人不分彼此,平等互爱。墨子之主张兼爱,是从国家治乱问题着眼,并非仅仅提倡一种道德理论。他认为,一切动乱的根源在于人与人之间互相冲突侵害,在于人与人之间不互爱。① 对此,他说:"兼相爱则治,交相恶则乱。"他以兼爱解释仁德,但这并不同于儒家的仁爱之说。儒家仁爱是有差等的爱,是从亲情出发,推己及人,"老吾老以及人之老,幼吾幼以及人之幼"。儒家强调"亲亲而仁民,仁民而爱物",最终达致"泛爱众"。墨子的兼爱则是爱无差等,也就是说,他要求人们对自己的爱与对别人的爱,对自己家人的爱与对别人家人的爱,都没有差别,一视同仁。这样,天下之人皆相爱,就不会有强凌弱、众暴寡、富侮贫、贵傲贱、诈欺愚的事情发生了。墨子的兼爱论有着鲜明的功利色彩,其目的在于推动人与人之间的互惠互利,最后达致平治天下的目标。墨子倡导兼爱、互利,是为了创建一个公平正义的理想社会,表达了底层劳动者渴望安居乐业的朴实愿望。在兼爱的基础上,墨子又提出了非攻、尚贤等主张,这些主张都体现出他为百姓着想的立场。因此,墨子思想也可以说是对儒家仁爱思想的一种调整与补充。

9. 生之谓性

"生之谓性"是先秦哲学家告子的主张。古代"生"字与"性"字可互训,取"自然生命"之义。"生之谓性"之说很可能是告子以前的人性论的普遍观点,但告子对这个观点有自己的界定。具体言之,告子以食色为性,并主张仁内义外。对于告子这个观点,孟子做出了批驳。孟子认为这一说法不能突出人之为人的特质,因为人之性毕竟不同于犬之性与牛之性。人当然有食色这样的自然属性,但人之为人,或说人与禽兽的本质区别,在于人有内在的道德属性。所以孟子说:"仁、义、礼、智,非由外铄我也,我固有之也,弗思耳矣。"告子曾经以"杞柳"与"湍水"比喻人性,喻意人性在开始的时候并不分善与不善。杞柳这种木材可以被弯曲成为桮棬(木质的饮器),而不分善不善的人性也可以通过后天的培养而成为蕴含仁义的善性。但在孟子看来,杞柳蕴含着可以被弯曲的质性,所以工匠可以顺着它的性将其加工成桮棬;同理,正因为人蕴含着仁义之性,人们才可以通过后天的栽培让自己内在的善性体现出来。可见,人性是内在地涵

---

① 参见劳思光:《新编中国哲学史》第1卷,桂林:广西师范大学出版社2005年版,第218页。

蕴着仁义的。孟子认为告子的主张致使仁义外在于人性,沦为"义外"之论,最终会脱离人性、祸害仁义本身。另外,告子又以湍水比喻人性。在他看来,人性犹如湍水,湍水被引向东方则东流,被引向西方则西流。而人性之不分善和不善与此湍水类似,完全由外在环境与条件所决定。对此,孟子也提出了反驳。他认为,我们不应该从"东西"而应该从"上下"的角度来看湍水。湍水的特点是总向下流,虽然人们可以把水引上山,但这并非水的本性,而是由外在力量(势)造成的。人性也是如此,人性之为善,有如水向下流,这是其本性的体现。而人之不善是违背其本性的。例如,有一座名为牛山的山,本来草木繁盛,但因为人为的破坏而变成了秃山。孟子指出,这并不是说牛山的本性不能生长树木,而是后来被人砍伐破坏了。同样,人性在现实经验层面上有不善之处,但并不能证明其本性是不善的。

10. 养浩然之气

"养浩然之气"是孟子提出的修养工夫。孟子说:"其为气也,至大至刚,以直养而无害,则塞于天地之间。其为气也,配义与道。无是,馁也。是集义所生者,非义袭而取之也。行有不慊于心,则馁矣。"在孟子看来,浩然之气至大至刚,是天地之气,也是我们生而本有之气,因此我们要善于保养,不要戕害之。同时,培养浩然之气要从道与义两方面入手。我们一方面要"明道",领悟到养浩然之气的根本在于养心,在于恢复、保养四端之心,另一方面要"集义",即从长期的道德实践中积累德行,扩充本心,由此生养浩然之气。这两方面相结合,就是孟子所说的"配义与道"。一个人能反求诸己,立足于自己的道德本心,并能长期不断地行义、集义,自然就会生出浩然之气。但假如不能如此,稍稍勉强,就会气不足,损耗浩然之气。另外,在孟子看来,人作为道德主体,一定是内在的、自发地践行道德的,因此是"集义"(指道义内在于人)而非"义袭"(指道义外在于人),也即"由仁义行"而"非行仁义",这样才能渐次生成浩然之气。孟子又说:"夫志,气之帅也;气,体之充也。""持其志,无暴其气。"志是心之所向,是主宰,人们应该持志养气,在心志的主导下保养浩然之气。孟子对浩然之气的阐发,显示了儒家在理想人格层面上的追求与境界。

11. 万物皆备于我

这是孟子的主张。孟子说:"万物皆备于我矣。反身而诚,乐莫大焉。强恕而行,求仁莫近焉。"在孟子看来,万物皆与我息息相通,皆内在于我的道德心性之中。所以孟子又说:"尽其心者,知其性也。知其性,则知天矣。"这是说,人如果充分发挥他的本性,推扩自己的本心,就可以知性、知天,最终达致与天地万物合一的境界。在孟子看来,诚是天之道,反身而诚则是人之道,人能反躬自省、反求诸己,便可与天道相通,成己成物,无愧于天地,这也就是最大的乐事。孟子在此充分发挥了孔子"为仁由己""我欲仁,斯仁至矣"的思想。对于孟子而言,道德实践是个体自由意志的充分体现,不受任何外在力量左右。人只要切己自反,自我主宰,善推本心,就能达致仁,而践行忠恕之道是达致仁的最佳途径。在这样的道德实践中,人的自我中心主义以及自私自利的倾向就会逐渐减弱,人己之间以至人与天地万物之间的隔阂也变得越来越少,最后达到与之通达无碍的境地,而这也是儒家"泛爱众"精神的自然表现。孟子说:"亲亲而仁民,仁民而爱物。"把仁爱推至极致,便是"万物皆备于我"的境界。孟子的这一思想对后世尤其是宋儒的影响非常大。程颢"仁者与天地万物为一体"以及张载"民胞物与"等说法,显然是承继了孟子这一思想。

12. 内圣外王

"内圣外王"语出《庄子·天下》,后来儒家经常通过这一观念表达儒学的精神与价值。儒家的理想人格是圣贤人格,而内圣与外王是儒家圣贤人格的内在要求。内圣指人的德性修养,而外王指人的政治实践。儒家强调在内圣基础之上,逐渐达致内圣与外王的统一。儒家的人格理想不仅在于成己,即个体修为上的自我完善,也在于成物,即道德实践中的推己及人。换言之,儒家要在"修己以敬"的基础上"修己以安人"以至"修己以安百姓",这才是内圣与外王的统一。另外,制度的建构与施行也属于外王的层面,它与内圣相表里,两者缺一不可,所以孟子说:"徒善不足以为政,徒法不能以自行。"但是即便如此,在内圣与外王两者当中,内圣仍然是基础,这就是孟子所说的"有不忍人之心,斯有不忍人之政",儒家倡导的仁政就是以内在德性为基础的内圣与外王的统一。当代儒学研究界存在着一种倾向,就是割裂内圣外王,强行区分出所谓"心性儒学"与"政治儒学"。其实这种做法是没有意义的,因为它并不能很好地处理内圣与外王之间的关系。

13. 道通为一

这是庄子道论的一个重要观点。庄子的道论有着丰富的义涵。道首先是指宇宙的本源,道具有超越性,先于天地万物而有,且生天生地、长养万物,是万物得以生成的内在根据,人们顺之则成,逆之则败,所以圣人尊之,不敢违逆。庄子的道具有普遍性,覆载万物,周遍涵融,巨细不遗,既宽博又深远;同时,道又内在于万物,贯穿万物,随顺万物。道无处不在,具有极大的包容性与普适性。庄子的道还是一个整体,其特性为"通"。道是浑然一体的,具有整全性,没有任何的割裂,没有封界、畛域。在道的层面上,万物都是相通的。世间的万物都有其存在的理由与价值,每一个个体的禀性与命运也千差万别,但无论有怎样的差别,每一个个体在道的层面上都并无亏欠,万物都可以并行不悖、相互融通,并在价值上齐同而一。道随顺万物,成就万物,使万物各尽其用,各遂其性,体现其自身存在的意义与价值。庄子论道的最终目的是要人能体道、顺道,然后达到与道合一的境界。因此,庄子主张"独与天地精神往来",恬淡无为,逍遥无待,而又与道齐一,融通万物,不谴是非,与世俗共处。庄子"道通为一"的道论是为其理想人格做铺垫的。在他看来,人只有能体道、悟道,才能进一步成为道的化身,成为"真人""至人""神人""圣人",从而获得超越、逍遥、旷达的品格。由此可见,庄子哲学实际上追求的是一种精神上自由、无穷的理想境界,体现出庄子独特的人生观。

14. 白马非马

"白马非马"是先秦名家代表公孙龙提出的重要命题。他从内涵与外延两方面对这一命题做了论证。第一,"马"的内涵是一种动物,这是一种形体上的规定性;"白"的内涵是一种颜色;"白马"的内涵则是一种动物加上一种颜色上的规定性。由于这三个概念的内涵不同,所以可以说"白马非马"。第二,"白马"与"马"的外延不同。公孙龙说:"马者,无去取于色……白马者,有去取于色。""无去取于色"并非是说无色,而是指不确定的颜色。"马"的外延可以包括一切马,不管它们是什么颜色。而"白马"因为"有去取于色",即专指白色,因此排斥了其他颜色的马。这样,"白马"与"马"的外延不同,由此可以说"白马非马"。此外,"白马非马"的"非"只是表示"有异",不表示"全异"。"非"否定的是"白马"与"马"之间的等同关系,而没有否定"白马"与"马"之间存在的种属关系,也就是说,并没有否定"白马"也是"马"的一种。这就肯定了不同概念的确定性与不矛盾性。他承认了"白马非(异于)马",也没有否定"白马是(属于)马",这就说明了个别与一般之间的辩证关系。此外,公孙龙还有《坚白论》《指物论》和《名实论》等篇,更为系统地阐发了他关于共相的学说。公孙龙的学说属于名学的范围,它类似现代的逻辑学,但公孙龙论学的旨趣却不在学问的思辨,而在现实的关怀。他的理想乃在于通过论辩以正名实,进而教化天下。[①]

15. 化性起伪

"化性起伪"是荀子提出的命题。荀子是继孟子之后的又一个大儒,他继承发展了孔子关于礼的学说,对后世影响很大。荀子主张性恶论,其意图是要改变人的自然恶性而使之迁于善,在此基础上,他提出了"化性起伪"的命题。荀子认为,人的不可学、不可事、与生俱来的自然本性是"性",而可学而能、可事而成,即后天习得的内容是"伪","伪"是人为的意思。"化性起伪"即改变人的自然本性,生起礼义法度。在荀子看来,人如果顺着他的自然本性发展,必然导致暴乱争夺,因此必须师法礼义。然而人性本恶,为什么却能生起礼义呢?荀子虽然主张性恶,但也承认人人皆能知仁义法正,能成仁义法正。礼义由圣人所创设,是圣人自觉努力的结果。在荀子看来,凡人与圣人在本性上是一样的,凡人只要肯改变自己的气质,化恶为善,就可以成为像禹那样的圣人。荀子提出"化性起伪"的说法,是为了给他的礼治论做铺垫。荀子认为,人们的生存离不开群体、社会,一个社会的组成及其秩序化,要靠社会分工和等级名分制度加以确立。他所倡导的礼治,就是要通过社会分工,确立贵贱有等、长幼有序的等级秩序。"化性起伪"也就是要人们改变自己的自然本性,学习礼义法度,以此维系社会的稳定与和谐。

16. 世异则事异,事异则备变

语出《韩非子·五蠹》,是韩非的历史哲学与法家思想的体现。韩非认为,事物都是变化的,没有永久不变的东西。即便是"稽万物之理"的道,也不得不发生变化。时代也在变化,人们面临的物质生活环境各不相同,这就是所谓"世异则事异"。物质生活条件的变化产生了新的情况、新的问题,这就促使人们采用新的方法解决问题,这就是"事异则备变"。韩非论历史的变化无常,是为了给他的变法理论提供合法性。他认为,物质条件古今不同,现世人们面对的新状况也不同于古代,故君主治国并无古律可循,也无常法可遵,因此主张采用新的方法治理国家。韩非是先秦法家思想的集大成者,他在总结先辈法家人物的法治思想与政治实践的基础上提出了以法为中心,法、术、势三者相结合的法治

---

① 参见郭齐勇编著:《中国哲学史》,第93—94页。

理论。法是臣民必须共同遵守的行为规范与准则,术是君主所掌握的驾驭群臣百官的秘术、权术,势指君主所处之势位,或君主所掌握的统治权力。韩非在总结法家思想与实践的同时,也对儒、道、墨、名诸家思想有所吸收,并使之服务于其法家的基本立场。他的思想体现了法家思想发展的自然趋势,包含了前辈思想中未曾有过的新内容。①

第二节　汉唐哲学

1. 天人感应

"天人感应"是董仲舒的主张。在董仲舒看来,人之所以类似于天,从根本上讲,是因为天正是按照自己的形象来创造人类的;换一个角度说,人类乃是模仿、类比天而生育长养的。这称为"人副天数"。在此基础上,董仲舒进一步探讨了天人关系。在他看来,既然人是天的副本,那么人与天就应该是同构、同类的,而同类事物之间会出现相感相应的现象。因此,天与人之间也存在着相互感应的关系,这就是所谓"天人感应"。董仲舒认为"天人感应"的现象是普遍存在的。它既表现在人的身体状况与天象的关系上,更突出表现在人类社会的治乱与天道运行的关系上。具体而言,人类社会的治乱兴衰会影响到天道的运行;反过来,天也会通过灾异或祥瑞来体现它对人间社会治理状况的评判。董仲舒认为,天地间的灾异都不是自然的、无意义的现象,它们是天对人间的警告。从源头上讲,"凡灾异之本,尽生于国家之失"。天不仅会降下灾异来谴告人间统治的过失,也会降下祥瑞来预示有德者的兴起。由此可知,天实际上是根据人间社会治理的具体状况做出相应的反馈,对于人间秩序的干预是全方位的。因此,董仲舒的"天人感应"乃是一个天人之间相互作用的循环系统。②

2. 崇本息末

"崇本息末"是王弼提出的主张。在哲学上,王弼把本末关系看成是本体与现象的关系。"崇本息末"不是说只要本体,不要现象,而是说本体比现象更为重要,具有统帅的地位与作用。他又从本体的实践功能的角度讲内圣外王之道,并将其推广开来,提出统之有宗、会之有元、以寡制众、以静制动的生活智

---

① 参见郭齐勇编著:《中国哲学史》,第113—120页。
② 同上书,第140—142页。

慧。王弼还以本末概念来讨论有无关系。与老子强调"无为有之始,有从无中生"的宇宙生成论不同的是,王弼更加关注"有"与"无"何者为本、何者为末的问题。因而,他的"以无为本"的主张明显带有一种本体论的色彩。王弼还就意、象、言的关系具体探讨有无、本末问题。王弼认为,作为万物之本的"无"是无言、无形、无名、无象的,如果人们只停留在言辞、概念的层面上去追索本体之"无",是不可能真正体认和把握"无"的。要想真正把握"无"的意蕴,必须通过直观的形象才能实现。这就说明了本体虽然重要,但离不开现象,现象是通达本体的必要路径。王弼"崇本息末"的最终归宿是由末及本,通达道之本体。①

3. 越名教而任自然

"越名教而任自然"是嵇康的主张。名教与自然的关系是嵇康哲学的核心主题。名教是社会的等级名分、伦理仪则、道德法规、制度典范等的统称;自然则是指人的本初状态或自然本性,同时也指天地万物的自然状态。在嵇康生活的时代,儒家名教思想及其所宣扬的忠孝节义等德目已经逐渐被篡权的司马氏集团利用,成为他们维护统治、钳制人心的工具。嵇康对这种现象深恶痛绝,决心从根本上动摇司马氏的说教。同时,由于深受道家思想影响,嵇康怀有追求自由独立的精神,因此也不愿意接受名教的束缚。所以,他将名教与自然对立起来,认为名教乃是自然破坏之后的产物,是低于自然的。自然是合乎大道之本性的,是天地间的最高法则,也是最真实的存在。他提出"越名教而任自然"的主张,就是要反对名教对大道的分剖和对人性的戕害,主张超越名教,使人的自然本性得以彰显。②

4. 般若无知论

这是南北朝时期佛教思想家僧肇的观点。"般若"是梵语音译,印度佛教专用名词,汉译为"智慧",僧肇又称其为"圣智"。僧肇在其《般若无知论》中说:"般若无所知、无所见。"因为有所知就有所执着,而圣心无知,不为有限的知识所束缚,所以无所不知,不知之知才是大知(智)。而般若的本性就是洞照一切,无所不知。所以圣人虚其心而实其照,"虚不失照,照不失虚"。关于般若的特征,僧肇说:"圣智幽微,深隐难测。无相无名,乃非言象之所得。"这是说,般若幽隐微妙,常情难以测度,它既无形相,亦无名号,不是言语和形象所能描述和

---

① 参见郭齐勇编著:《中国哲学史》,第172—173页。
② 同上书,第175—176页。

把握的。般若虽无形相,但并非不存在,因此僧肇说般若"实而不有,虚而不无,存而不可论"。这是说般若真实存在,但不是以经验界有形相的状态而存在,虚寂而非空无,真实存在而又无法论述。然而万物又不能脱离般若而存有,因为"万法虽实,然非照不得"。僧肇认为,世间万象若没有般若的观照则无法彻见其本质。般若有洞照诸法实相的能力,却不存知见。他又认为,圣人抛却了世俗知见的羁绊,因此可以达到"无知而无所不知"的境界。

5. 一切众生皆有佛性

"佛性"是佛教名相,亦名法性、如来性、觉性等。佛性原指佛陀之本性,其后引申为成佛之可能性、因性、种子。东晋时期的僧人竺道生提出一切众生皆有佛性,但为烦恼所覆,受生三界;他进而指出一阐提(指不具善心、断了成佛善根的人)也是众生,同样具有佛性。关于佛性的解释,竺道生著有《佛性当有论》,其文已佚。竺道生所说的佛性大致有如下几种含义:一是法为佛性。他认为,法是成佛的根据,所以是佛性。成佛即在于"体法""冥合自然"。二是佛性即我。在佛法中的"我"是指法性之真我(法我)。《涅槃经》认为佛性之我是真实的,生死之我则是虚幻的。竺道生认为,人所秉有的自然之性来源于诸佛法身,因此佛性即我。三是佛性真实无伪,常存不灭,清净无垢,永远不会间断。他说:"性本是真,举体无伪。"生命生生灭灭,但佛性丝毫无损,人们只要能体认佛性,圆证佛性,终可成佛。[①]

6. 一念三千

"一念三千"是天台宗的重要教义,也是该宗修观行时的观法。天台宗是中国佛教的重要宗派,其实际的创始人是智𫖮。这里所谓"一念"是指当前之念,"三千"是指一切法。"三千"之数是由《华严经》的"十法界"、《法华经》的"十如"及《大智度论》的"三世间"相乘所得的结果。十法界即天、人、阿修罗、地狱、饿鬼、畜生、声闻、缘觉、菩萨和佛十法界。十法界并非固定不变,彼此之间可交参互现,而十界互通则成为百界。"十如"出自《法华经》,该经以十"如是"摄一切法,即如是相、如是性、如是体、如是力、如是作、如是因、如是缘、如是果、如是报、如是本末究竟。三世间是指五蕴世间、有情世间、器世间。以此百法界乘以十如再乘以三世间,如此交参互现,就构成三千之数。但实际上,"三千"只是形

---

① 参见郭齐勇编著:《中国哲学史》,第191页。

容整体宇宙实相之词语,我们不可以拘泥于数量。"一念三千"是智𫖮本人所行的止观法门。智𫖮此说,乃谓人在一念之间,即可通向十界三千诸法,融贯世间与出世间一切差别相,而其中的关键全在当下一念。此一念的当体(即中道实相)即圆具融通三千诸法。智𫖮的这一说法彰显了两层意蕴:一是主体绝对自由,自我当下一念,则可融通三千诸法,深入任何境界,没有阻碍,作圣作凡,全在自己;二是万法相互融通,三千诸法交参互通,法法无碍。"一念三千"之说最重要的意义就在于彰显了主体绝对之自由,可圣可凡,全由自己,而众生皆具佛性,因此只要自我肯努力精进,成佛便是可以企及的终极目标了。天台宗的这一教义是佛教中国化的具体表现,它丰富和发展了佛教的原始教义,突出了中国佛教自身的理论特色。[①]

7. 法界缘起

"法界"是佛教中的一个重要名相,指的是宇宙万法之全体。所谓法界缘起,也就是对宇宙万法之生灭变化做一说明。这是华严宗的中心教义。华严宗认为宇宙万法,无论是精神的、物质的、本体的、现象的,都不外是一心所缘起,又复为一心所统摄,这个唯一、真实的心就是"一真法界"或"一心法界"。此一真法界在万有中表现自己,便呈现为四法界:一是事法界,指的是具体的有差别的现象本身。二是理法界,指的是现象所依之理,它是无差别的永恒的真理,也即真如佛性或法性,是一切法所依的最高真理。三是理事无碍法界。华严宗认为理是现象的根据,现象是理的具体体现,现象与理不即不离,融通无碍。四是事事无碍法界,这是指现象与现象之间的关系。现象与真如佛性不即不离,而现象又都是真如佛性的显现,因此虽有差别,仍是相互融摄。且就一法而言,既可显真如佛性,又可显其他万法,万法之间互相包容,圆融无碍,没有差别和对立。此即所谓"一即一切,一切即一"。华严宗即依此四法界而演说法界缘起之义。法界缘起就像帝释天宫中的宝珠之网一样,网网相扣,珠珠相连,无穷无尽。法界缘起有如下几个特点:一是无尽。宇宙万法中任一法皆可融摄其他诸法,万法之间互为缘起,互为因果,相互涵摄,重重无尽。二是圆融。宇宙万法之间一方面圆融无碍,相互缘起和涵摄,另一方面又各自自在,互不妨碍。三是性起。"性"即真如佛性,这是万法的本体;"起"即现起,万法是真如的显现。

---

① 参见劳思光:《新编中国哲学史》第 2 卷,桂林:广西师范大学出版社 2005 年版,第 246—247 页。

四是难名。由于法界缘起无尽、圆融,所以这种"华严无尽藏"的境界是难以描述的。①

8. 顿悟成佛

禅宗又称佛心宗、达摩宗、无门宗,主张不立文字,教外别传,是最具中国化特色的中国佛教宗派。禅宗有所谓西天二十八祖的说法,而中国禅宗的初祖是从印度东来传法的达摩。禅宗由达摩辗转传至六祖慧能,中土禅风得以大振。慧能之后,禅宗的影响遍及中国,并分为"五家七宗"。禅宗有"顿悟成佛"的说法,其说与魏晋南北朝道生及僧肇的顿悟说皆不同。根据道生及僧肇的顿悟说,修行者都需要经历修行的次第才可以达致顿悟,而根据禅宗的顿悟说,修行者可以超越任何修行次第而直接成佛。慧能说:"故知不悟,即佛是众生;一念若悟,即众生是佛。……识心见性,自成佛道。"(敦煌本《坛经》)在禅宗看来,处于凡夫位的人们,在刹那间即可直至佛地;这一转变的关键就是顿悟,而顿悟的关键在于识"自性"。自性在此指的是佛性、含藏识,自性具有本自清净、本不生灭、本自具足、本无动摇、能生万法诸种体性。禅宗认为,人如果能够识此自性,能不退转,当下即可顿悟成佛,而能否见性、顿悟全在自己当下之一念。成佛还是成凡夫,全赖当下一念之迷悟而已。慧能说:"善知识!即烦恼是菩提。前念迷即凡,后念悟即佛。"(敦煌本《坛经》)这里的"即"乃就同一主体而言,凡夫与佛、烦恼与菩提的区别就在于主体自我的一念迷与悟。因此,禅宗认为,修行的关键就在于主体能否识得自性,能识得自性即悟,则能化烦恼为菩提,由凡而圣。主体不能识得自性即迷,则菩提转为烦恼,而由圣堕凡。因此,慧能说"一悟即至佛地",乃就当下一念而言,如能念念不退转则可,否则便有由悟而迷的危险。不过,关于"一悟即至佛地",禅宗内部也有将其坐实理解的,即认为一悟百了,无须再修。因此围绕这一命题,其他宗派以及禅宗内部一直都有论争。不过,顿悟思想在中国禅宗里面的重要意义是毋庸置疑的。

---

① 参见郭齐勇编著:《中国哲学史》,第 220—222 页。

第三节　宋元明清哲学

1. 太虚即气

这是宋代理学家张载提出的宇宙论方面的命题。他认为,万物之生由于气之聚,万物之灭由于气之散,万物的变化都是气的不同存在状态的体现,故称作"变化之客形";而无形无象的太虚才是气的原始的存在状态,故称作"气之本体"。张载强调,无形无象的太虚并非绝对的真空,而是表明气以一种无形象的状态存在,只是人们无法直接感知而已。在张载看来,宇宙间只有"幽明之分"而无"有无之别"。在此基础上,张载批判了如下两种观点:一是"虚能生气",亦即气是由"无"或"虚"生出;一是"万象为太虚中所见(现)之物",即万物为虚空的太虚中所浮现的幻象。张载认为,前一种看法实际是将"虚"视为无穷的、绝对的,而把气看作有限的、相对的,这就割裂了体与用,从而陷入老子"有生于无"的自然之论中。而后一种看法实际上是视太虚为真实的本体,视万物为虚幻的形象,否认太虚与万物之间相互联系、相互依存的关系,这就陷入了佛教"以山河大地为见病"之说。在张载看来,老子道家"有生于无"和佛家"以山河大地为见病"的观点之所以将有与无、体与用割裂开来,就在于未能认识到"太虚即气""有无混一"之道,不懂得有与无、体与用相统一的原则。

2. 仁者以天地万物为一体

这是宋代理学家程颢的观点。在程颢的思想体系中,最能体现其思想特色与风格的无疑是他关于仁的论述。在程颢看来,仁即生生之德,人与万物同为大化流行中之物,同具此生生之德,此生生之德在天为天之德,在人为人之德,因为个体生命之源与宇宙生化之源本是相通的。他认为,学者首先应该"识仁",体认仁之本体,此仁之本体即人自身所具有的良知良能,亦即本心或仁心。圣人或仁者能够充分体认这一仁德,能够常存此心,且能时时处处将满腔恻隐之仁心投向天地万物,因此在其恻隐之心的关爱与润泽下,天地万物不再是与其相异相对的外在客观对象,而是与其生命相接、气息相通的浑然之整体。由此,仁者即以天地为一身,天地间的万物即仁者自己的四肢百骸,天地万物的痛痒即仁者自己的痛痒,天地万物的顺畅也即仁者自己的顺畅。因此,爱护天地万物也即爱护仁者自己的四肢百骸,这是恻隐之心的自然显发,是再自然不过的事情。另外,程颢认为,要达致与物同体的境界也需要一番修养工夫。具体而言,人只有通过"识仁"与"诚敬存之"的修养工夫才能达到"浑然与物同体"之境。如此,仁者不仅能视自己与天地万物为一"血脉贯通""痛痒相关"的"大身体",而且能像爱护自己的身体一样切实地去给予天地万物以关心与爱护。

3. 格物穷理

"格物穷理"是程朱理学对《大学》"格物致知"思想的诠释。朱熹认为,《大学》一书之要在于"格物"二字。所谓格物,朱熹说:"格,至也。物,犹事也。穷至事物之理,欲其极处无不到也。"所谓穷理,在朱熹看来,其重心在于穷至事物的"所当然之则"与"所以然之故"。朱熹所谓的事物"所当然之则"是指孝悌忠信等人伦规范,而其所谓"所以然之故"是指孝悌忠信所本的普遍性的"天理"和人自身所本有的"天命之性"。因此,朱熹所谓"格物穷理"的"理"并非指事物自身的特殊原则或特殊规律,而是指具有统一性与普遍性的本体之理。在朱熹看来,此理为人所本有,亦即人自身本具仁义之性,因此他所谓"物理"主要指的是儒家的道德原则和人伦规范。格物即格与伦理有关的事物,穷理即穷与伦理有关的理。朱熹认为,众人自身本有的"天命之性"被自己所禀的昏浊偏驳之气障蔽,因此必须通过"格物穷理"来"学以求其通"。此外,对于人如何通过"格物穷理"来达到豁然贯通的境界,朱熹提出了如积累、贯通、远近、精粗、深浅等许多细密的工夫。对朱熹而言,人一旦达到豁然贯通也即"吾心之全体大用无不明"之境,就能自觉、主动地服从和践履孝悌忠信等人伦规范。朱熹的"格物穷理"说秉承程颐的"格物致知"论,两人的格物之论皆是为了通透人伦物理,践行孝悌忠信,使之成为一种真正付诸实践的道德修养工夫。

4. 理一分殊

"理一分殊"的观念始于程颐,在朱熹理学体系中得到了进一步的丰富和发展。朱熹的理气论主要承继周敦颐的太极说。朱熹哲学思想的核心及出发点无疑是太极,太极即理。在朱熹看来,天地万物总体而言只有一个太极或一理,此太极此理散于万物,使万物各具一太极或一理,此即"理一分殊"。"理一"与万物所各具之理的关系并非我们所说的一般与个别、抽象与具体、全体与部分的关系,而是具统一性、普遍性的本体之理与此理在万物上的用的关系。万事万物之理皆是此统一性、普遍性的本体之理的体现。因万物的形成在于"理与气合",因此,万物气禀的差异也影响了其所受之理在其自身内的具体体现。具体而言,万物所禀受之理虽一样,但各自所禀受的气粹驳不同,故此理在各个具体的人与物上的表现就会有偏有全。此外,对朱熹来说,万物所同出的"一理"亦即具统一性、普遍性的本体之理是通过"分殊"以见其用的,各种具体的人伦道德规范都是此"一理"的体现,都是有具体内容的,与佛老的空理不同。天地万物就其本源来说,虽然都源于太极之"一理",但就其各自"分殊"而言,自有等级的不同。比如,儒家讲"亲亲而仁民,仁民而爱物",就体现出了仁爱具有不同次第,不可笼统而论。朱熹"理一分殊"的理论从根源上揭示了爱有差等这一"儒家性"品格的合理性。[①]

5. 心统性情

"心统性情"本是张载提出来的,朱熹对其做了详尽的阐发。朱熹之所以如此重视和赞赏张载这一说法,是因为"心统性情"之语最能说明和表达心、性、情三者之间的关系。在朱熹看来,性为体,为未发;情为用,为已发;心因为具有"虚明洞彻"的特性与功能,故能统性情。"统"有两层义涵,即兼摄义与主宰义。就兼摄义而言,朱熹说:"性,其理;情,其用。心者,兼性情而言。兼性情而言者,包括乎性情也。"这里的"兼"即兼摄义,但这是认知的兼摄,而非本体论式的兼摄。在此,性或理仍是最高的存有。就主宰义而言,朱熹说:"心主性情,但以吾心观之,未发而知觉不昧者,即是心之主乎性,已发而品节不差,则是心之主乎情。"这里是就工夫层面而言,是在道德实践上凸显心的主宰义,但在存有论上,性才是心的真正主人。性是未发,性即理,理无不善,性无不善,属于形上层;情是已发,是心之动,情有善有不善,属于形下层。而"心者,气之精爽",心与理合即善,不与理合即不善,所以"心有善恶,性无不善",但心又确乎可以主宰性情。所以在朱熹那里,心是一个可上可下的存有,因而主张心有道心人心之分。总之,朱熹的"心统性情"是从工夫论上立说,是为了突出心的"虚灵"或"神明知觉"对于性情的兼摄与主宰,由此达到完满德性的修养目标。

6. 先立乎其大者

宋代心学家陆九渊以"先立乎其大者"作为为学宗旨。"先立乎其大者"语出《孟子》,但陆九渊为之做出了创造性的诠释。对于陆九渊来说,理与心,至当归一,精义无二,"心即理也",故陆九渊所谓的"先立乎其大者"即先立其本心,

---

① 参见郭齐勇编著:《中国哲学史》,第 274—275 页。

"发明本心"。在陆九渊看来,人之所以能"先立乎其大者",是因为此本心为人自身所固有且完满自足。"先立乎其大者"不仅是陆氏心学的为学宗旨,而且是其心学的为学工夫,陆九渊对此做了详细的说明和规定。首先,陆九渊强调"志"在"发明本心"工夫中的作用。依陆九渊之见,人只有志于良心善性,才可语大人之事,才能真正唤起对自身所固有的本心的自觉与自信,从而自立,自做主宰,不必他求。其次,他认为"发明本心"须经历一番"剥落"的工夫,也即祛除人的各种物欲及成见。陆九渊主张从公私义利之辨入手来"剥落"私欲,这就需要人的自觉、反省。同时,"剥落"障蔽本心的"物欲""意见",不仅需要自觉的自省、自剥落,也需要名师良友的助力。最后,"发明本心"还需人"存养本心"并真正依本心践履实行。在陆九渊看来,"存心"即是本心长存不放,从消极的意义上说,就是使本心不被"戕贼放失";从积极的意义上说,就是要使本心真正主宰人生并使之显现于人生的一切方面。"养心"就是积极的"存心",就是对本心的充实涵养,从而使自己的道德本心真正落实到人情、事势、物理等实事实理上。①

7. 知行合一

这是明代心学家王阳明的重要观点。王阳明"知行合一"说奠基在其"心即理"的思想基础上。他说:"外心以求理,此知行所以二也;求理于吾心,此圣门知行合一之教。"因此,离开"心即理"的思想无法理解阳明的知行合一说。阳明所谓"知"也称为"知行本体",指的是良知良能,亦即"心即理"之心或"心之本体",而其所谓"行"指的是意念由发动至展开的整个历程。阳明所谓"合一"乃是就良知本体的践履处或发动处而言,而非就行为的结果而言。对阳明来说,人所以能做到知行合一,在于人本来就具备作为知行本体的良知良能或"心即理"之心。"心即理"表明此知行本体自身即立法原则,良知良能表明此知行本体本身兼具价值判断原则与践履原则。之所以说"心即理"之心为立法原则,是因为道德法则内在于心之本体,"求理于吾心"即可,无须"外心以求理"。而之所以说良知良能为价值判断原则与践履原则,是因为良知良能既能做价值判断,指出人的行动方向,又能决定人的意志之取向,使之步入实践阶段,此即所谓"行"。在阳明看来,人自身本具的"心即理"之心才是知行本体,被物欲私欲蒙蔽和隔断的心则不是知行本体,物欲私欲起于心之恶念,只有将不善的恶念

---

① 参见郭齐勇编著:《中国哲学史》,第 294—300 页。

根除才能恢复本体,真正做到知行合一。此外,阳明不仅立足于知行本体讨论知行合一,也从工夫层面讨论知行合一。对阳明来说,在道德实践中,知与行相互包含、相互促进,是同一工夫过程中不可分割的两个方面,须且知且行,即知即行。

8. 致良知

"致良知"说是王阳明一生学问的总结。"良知"的观念源自《孟子·尽心上》:"人之所不学而能者,其良能也;所不虑而知者,其良知也。孩提之童,无不知爱其亲者;及其长也,无不知敬其兄也。"在此,良知指人不依赖于环境、教育而先天具有的道德意识和道德情感。"不学"表示其先验性,"不虑"表示其直觉性,"良"即兼此二者而言,爱亲敬长是其最初的自然体现。阳明继承孟子良知的观念,并赋予了它丰富的内涵。阳明的良知概念,首先是指其"随时知是知非"的能力。阳明说:"是非之心,不虑而知,不学而能,所谓良知也。"在此,良知与孟子"四端之心"中的"是非之心"相对应,"知"的色彩更浓。其次,良知还是"吾心之本体",代表一种最高的主体性,在此,良知也就是人的至善本性。再次,阳明不但把良知视作人的道德实践的内在根据,而且视作天地万物存在的内在根据,即把良知视作最高的宇宙本体。在阳明看来,天地万物与人原本一体,一气相通,但由于禀气偏正、通塞的不同,只有人的良知即"人心一点灵明"才是天地万物意义发窍的"最精处"。在此,良知是价值意义的创造性本源,具有绝对性和普遍性。在《大学问》中,王阳明进一步阐释了致良知的含义:"致者,至也,如云'丧致乎哀'之'致'。《易》言'知至至之','知至'者,知也;'至之'者,致也。'致知'云者,非若后儒所谓充广其知识之谓也,致吾心之良知焉耳。"在阳明的解读下,《大学》的"致知"并不是扩充关于客观对象的知识,而是推扩吾心之良知。对阳明来说,致良知就是使良知"充拓"至其极,即扩充良知本体至其全体呈露、充塞流行,"无有亏缺障蔽"。致良知的另一基本含义是依良知而行。阳明认为只有按照良知而行才能称为致良知,即强调将良知之知贯彻落实到日常的道德践履中。正因为良知为知,"致"有力行之义,所以阳明认为致良知"即吾所谓知行合一"。这体现了阳明学说及其工夫的内在一贯性。致良知说既简易直接又内涵丰富,标志着阳明哲学体系建构的最终完成。①

---

① 参见郭齐勇编著:《中国哲学史》,第 315—318 页。

9. 一本而万殊

"一本而万殊"是黄宗羲的学术史观,这个观点充分地体现在他所整理的两部学案《明儒学案》与《宋元学案》中。在黄宗羲看来,所谓"一本"指儒家客观而本然的精神,"万殊"指理学学术史中诸家的"功力所至"或得以"成家"之处。我们之所以要重视"万殊",正是为了发明"一本";而所谓"一本",也必然因人而表现为"万殊"。显然,"一本"与"万殊"的相互规定与相互渗透,正表现了学术的客观走向与主观努力之间的有机统一关系。黄宗羲"一本而万殊"的学术史观主要表现在两个方面。一是尊重史实,勾勒特征。黄宗羲整理学案的最大特点是尊重史实,强调从思想家的实际出发,反对师心自用。在此基础上,他还强调要准确地概括各家的思想特征。所谓思想特征,是要结合时代思潮、历史兴衰,对思想家的精神特征和作用做一整体评定,这就是所谓"知人论世"了。二是推崇创新,辨析源流。黄宗羲非常推崇学术创见,认为这正是学问之为学问的关键所在。至于所谓"得力处""入门处",既是思想家学术个性形成的基础,也是黄宗羲概括其学术宗旨的依据。所以学术创见与学术个性,正是黄宗羲筛选与把握思想家的关节点,也是其"一本而万殊"的学术史观的落脚点。在把握思想家学术创见与学术个性的基础上,黄宗羲又力图将其置于思潮的历史洪流中加以评价,这就体现为对思想源流与学术脉络的重视与梳理。黄宗羲既能对各家学派及其弟子的学术特征做出梳理与概括,又能就各人的思想特质及其走向给出具体说明,真可谓"牛毛茧丝,无不辨析"。[①]

10. 质测即藏通几

这是明清之际思想家方以智的重要命题。方以智将所有的知识分为三大类:质测、宰理和通几。质测,相当于实证自然科学;宰理,相当于社会政治学与经济学;通几,是指研究事物存在依据的学科,大体相当于现在的哲学。方以智特别强调质测与通几的关系,即质测包含着通几。具体而言,具体科学本身就包含着哲学的道理,或者说,哲学的道理表现在具体的实证科学之中。显然,这是从质测的角度看通几,说明通几并不在具体的实证科学之外,而就落实在实证科学之中。如果从通几的角度看质测,则是"通几护质测之穷"。这就是说,虽然质测之学有着重实用、见实效的功能,但对天地万物所以然之理毕竟不能穷究,因为那是一个超乎实证的领域。此时,专门穷究事物"寂感之蕴,深究

---

① 同上书,第 324—326 页。

其所自来"的通几正好派上用场,正好可以"护质测之穷",因为通几本来就是穷天地万物"所以为宰,所以为物"之理的。这样,从质测的角度看,"质测即藏通几",通几也只有质测化才能真正发挥通几的作用;从通几的角度看,通几能"护质测之穷",质测也只有以通几为方向和指导,才能真正发挥其经世宰物的作用。这是对质测与通几、实证科学与哲学关系的一种比较成熟的观点。①

11. 性日生日成

这是明清之际大哲学家王夫之的人性论观点。在人性论上,王夫之继承了《中庸》"天命之谓性"与《易传》"继善成性"的说法,并在理论上取得了新的发展。他认为人性并不是初生时就完全确定了的,而是在整个生命历程中,不断接受天之新"命"。这就是说,人初生时,天即"有所命";而既生之后,天仍是"有所命"。如此,则人之性时时受此天之"命"之灌注而日日有所滋长,有所成就。另外,王夫之还从"习"的角度讨论了人性如何在社会生活中形成的问题,肯定"习与性成",认为后天习成对于善化人性有十分积极的作用。王夫之肯定人具有主动、灵活的权变能力,认为人可以通过后天的学习、修养而使其本性不断迁善远恶。因此,人性的动态的生成长养包含两个方面:第一,天所降命,人通过日新之气不断接受天之所赋的"自生而生"的自然过程;第二,人的积极用世、谨慎敬业、"择善而固执之"的自觉修身养性的过程。这两个过程的统合,使人性日益完善、完美。人性的形成与主体的价值选择有着密切的联系,由此显现了个体的能动性。这是王夫之对传统哲学人性论的一大贡献。

---

① 参见郭齐勇编著:《中国哲学史》,第 327—328 页。

第四章 基本理论流派

中国哲学史上的理论流派乃是广义之学派,是指获得集体性认同的、具有明确方法论指向与伦理宗旨的思想学说。广义之学派不必包含严格的学术谱系关系,也不一定要通过明确的学术组织的制度进行维系,但其自身有着显著的理论身份界别意识。中国哲学发轫甚早,历经演变,先后呈现为周秦子学、六朝隋唐佛道学派以及宋明理学等几种主流哲学形态,而每一阶段之哲学形态的具体表现就是多元化的思想学派。

第一节 周秦子学

一、子学之兴:从官学到私学

周秦(春秋至汉初)时代为中国学术思想发展的高峰期,也是早期中国哲学形态——子学的形成发展期。其时诸子蜂起,百家竞鸣,呈现出多元竞争的格局。周秦子学确定了中国古典哲学的基本命题与知识形态,而且它展现出来的思想丰富性和开放程度远非后世所能企及。关于周秦子学,我们有两点需要首先说明,一是周秦子学的私学性质,二是周秦子学的地方性。

学界普遍认为,周秦子学形成的背景是东周官学式微、私学勃兴。以周代为代表的三代学术的基本格局是"官师一致""政教合一",即学术为官府所掌握,直接服务于政治。在这个格局下,"官者"即是"知者",典章政制即是学术,因此并无独立的学者与独立的学术。所以清代史学家章学诚承继刘歆的"周官"说,特别提出"六经皆史"之论,认为六经并非圣人刻意写作出来的,而是周官旧典。既然三代学在官府,并无独立的学术,因此自然也就谈不上哲学的学派了。哲学学派的产生必待私学之兴。从知识社会学的角度看,私学的兴起一方面表现为新的知识传承、创新机制的产生,另一方面则体现为新的知识主体士阶层的形成。三代社会中的贵族乃是知识的主体,他们"世守其官",以家族的形式控制着专业知识的传承。而伴随着春秋以来社会生活的复杂化、知识领域的分化以及地方诸侯权力的膨胀,传统贵族阶层的地位受到冲击,他们对知识的控制垄断逐渐瓦解,取而代之的是新兴的士阶层。相对于传统贵族,新兴之士并无世守之官,而是独立的知识主体,他们发展出对普遍性知识原理的探求兴趣。

不过,子学虽然是在私学的基础上发展出来的,但这并不意味着子学与传统官学体制毫无关系。先秦几大重要学派的学说主旨都具有"职能"的背景,这显示出它们与传统的官师一致的模式仍有一定的关联。在此,我们需要区别作为学派门类的子学与作为个人一家之言的子学,前者与官学存在着一定的学术继承关系。两汉时期的思想学术史著作《汉书·艺文志》在"诸子略"中胪列了儒、道、阴阳等十家,除杂家外,其余诸家(九流)名下各有子学诸篇,可见《艺文志》是以"家"统摄"子"的。这里所说的十家实为通常意义上的子学学派,子学学派出于王官之守,因此其学术有专一的职能领域,"家"与"家"互相独立,不相通融;相对之下,诸子则守某一家学术且有个人性的思想引申与创造。因此在汉代学者看来,诸子有私人性,而"家"有官学职能的背景。总之,周秦子学虽然属于私学的产物,但有一特别的职能性。这是我们理解早期中国哲学学派形成需要注意的地方。

二、子学的地方性

在秦一统六国之前,地域文化与子学极有关系。我们可以说,某一子学的形成与兴盛多半与某一地区的文化有关,然后它逐渐脱离对这一特殊地方文化的依赖,而向着一个更为普遍的层次扩展。所以蒙文通曾下断语:"地方色彩可说是先秦诸子思想的重要标志。"[①]

关于周秦子学学派的组成,诸子百家自然是虚数和泛指,其实际数目以往有六家说与十家说。六家说出于司马迁之父司马谈的《论六家要旨》,其文云:"夫阴阳、儒、墨、名、法、道德,此务为治者也,直所从言之异路,有省不省耳。"十家之说见于班固《汉书·艺文志》,依次是:儒家、道家、阴阳家、法家、名家、墨家、纵横家、杂家、农家、小说家。从哲学角度看,周秦子学学派主要有儒、墨、道、法、名、阴阳六家;而从先秦思想论辩的格局看,又以儒、法、道三家为根本,三家分别对应东方的齐鲁文化、南方的楚文化和西方的三晋文化。儒、法、道三

---

① 蒙文通:《周秦学术流派试探》,收入蒙文通:《先秦诸子与理学》,桂林:广西师范大学出版社2006年版,第185页。

家的差别是先秦思想分殊演化的结果,但也有着地域文化的背景。不同的子学学派首先孕育于某一地域文化之中,并主要流行于此区域,然后随着地区政治共同体之间的频繁互动,逐渐扩展为超越地域性的学说,从地方性学派发展成为全局性学派。从这个意义上讲,子学学派之争既是道德心智取向之争,也是地域文化之争,两者之交织构成了先秦子学演进的基本面貌。

当然,当今学界对于子学学派与地域文化的关系问题有不同的理解,或持东西对立说,或主南东北三方说,这取决于对学派竞争格局的理解。傅斯年首创东西学术说,他认为三代及以前,"地理的形势只有东西之分,并无南北之限"①。其中,西方为三晋法家官术,东方则为齐鲁之学。齐鲁之学又分为齐之宗教玄学与鲁之儒家礼制。这样,傅氏就通过齐之阴阳、鲁之儒、晋之法构成了战国子学的框架,而南方之学在他看来并无独立地位,未予安置。傅氏之所以提出"子学三系说",是因为这三者正好构成了秦汉统一格局的文化基础,即齐以宗教及玄学统一中国,鲁以伦理及礼制统一中国,三晋一带以官术统一中国。相对于傅斯年对南方道家的忽视,蒙文通从南东北三方定位周秦学术。蒙氏认为,周秦学术之争的根本在于儒法之争,儒为东方之学,法为北方之学,他说:"儒、墨出于鲁,阴阳出于齐,此东方之术,出于殷周之旧也。法、兵、纵横则一反乎此,此秦、晋之说,北方之学,本之戎、狄者也。诸华、诸戎,其思想根本之不同如此。"②东方之学(以儒为本)与北方之学(以法为本)的根本区别在于对仁义之说的态度,前者提倡仁义,后者鄙弃仁义。至于发轫于南方的道家之学,交错于儒法之间,但对于仁义之学也比较排斥。显然,这样一个子学学派的地理系统是以儒法之东西(相对于南则名为北)对立为主轴,而将南方道家置于附属性的地位,其目的在于确立东方儒家仁义之学的正宗地位。

综合傅斯年的东西三系说与蒙文通的南东北三方说,我们认为周秦子学早期地理空间的基本构成是齐鲁之儒家、楚之道家、晋之法家。但是在后期,由于学派对地域性的突破以及诸派的融摄,子学均有形态之变异与差异之演化,从而表现出更复杂的地方性。

---

① 傅斯年:《夷夏东西说》,收入傅斯年:《民族与古代中国史》,石家庄:河北教育出版社2002年版,第3页。
② 蒙文通:《周秦学术流派试探》,收入蒙文通:《先秦诸子与理学》,第21页。

三、儒家

儒家是先秦诸子中最早产生的一个思想派别。儒家学派萌芽于春秋末期邦邑共同体危机中孔子对"己"（自我）的价值的自觉，确立于战国中期孟子的道德心理之学，并在战国末年荀子之学中以儒道融通的形式实现了思想形态的创新。

（一）孔子："正名"与"为仁由己"

学术界曾就孔子与老子谁是"中国哲学之父"的问题有过论争，但根据近年出土的简帛材料，当今研究者多倾向于认为老子的人格形象是后来的建构，因此《老子》作者与老子是不对应的；至于《论语》，虽是孔子门人乃至再传弟子所编，并经后人修订整理，但是《论语》大体上仍可视为孔子的言论集。《论语》作为儒家的元典，极具思想对话场景的真实性，从而在根本上确立了孔子作为儒家创始人的地位。不过从《论语》中，我们可以看出孔子思想具有过渡的色彩：一方面，孔子要以"正名"的形式重建邦邑共同体的意识形态基础；另一方面，他以"为己"之学的形式开启了儒家的仁学。

1. 正名

作为春秋末年的思想家，孔子乃是一承上启下的人物，正如傅斯年所云，"《论语》所记他仍是春秋时人的风气，思想全是些对世间务的思想，全不是战国诸子的放言高论"[①]，虽然孔子开启了诸子论辩的风气，但他自己则是一个春秋时代的殿军。因此，在谈论孔子的思想时，我们不能脱离鲁国地方史，超出孔子所处的邦邑共同体这一语境来理解"子曰"。孔子生于鲁国也逝于鲁国，他虽曾周游列国，但他与鲁国政治的关系始终很紧密，这不仅体现在孔子本人曾任鲁国中都宰与大司寇，实行了三年新政，试图恢复封建礼乐秩序，还体现在其众多弟子担任鲁国的要职上。可以说，孔子面对邦邑共同体之瓦解危机，一生致力于重建邦邑共同体的道德心智基础。作为邦邑共同体的鲁国，其根本危机在于以礼崩乐坏的形式所表现的心智秩序的失序，孔子的根本对策就是"正名"。

"名"与"政"有重要的关系，"正名"就是为制度确定一更本源的价值基础。《论语》中有两段文字特别涉及"名"与"政"的关系。其一是："齐景公问政于孔

---

① 傅斯年：《战国子家叙论》，收入傅斯年：《民族与古代中国史》，第202页。

子,孔子对曰:'君君、臣臣、父父、子子。'公曰:'善哉!信如君不君、臣不臣、父不父、子不子,虽有粟,吾得而食诸?'"对此,清人刘宝楠在《论语正义》中解释说:"言君当思所以为君……乃深察名号之大者。"孔子"君君"的语词形式即指示名位(身份、角色)和与此名位相对应的义的结合关系,前一个"君"字指的是身份、角色,后一个"君"字指国君当依自己角色之义而行事。"臣臣""父父""子子"亦然。二是子路问政:"卫君待子而为政,子将奚先?"孔子回答"必也正名乎",然后引出"名不正则言不顺,言不顺则事不成,事不成则礼乐不兴,礼乐不兴则刑罚不中,刑罚不中则民无所措手足"这一大段论述。显然,从"正名"到"民无所措手足"有一因果顺承关系,显示了"名"对生活世界的参与性,但这种参与性与前诸子时代有所不同。在前诸子时代,"名"是由礼规定的,主要围绕名位的赐予而展开对物的分配,因此可以说名位乃是指向物的;而在孔子时代,"名"在一定程度上摆脱了对物的指向性,而体现出其独立性,故"正名"是要反思"名"(制度)的合法性,为其确立一个更本源的价值基础,从而将作为礼俗的制度奠定在义(价值原则)的基础上,以此确保制度对邦邑共同体的有效维持。

孔子"正名"旨在正人心,以确立邦邑共同体的道德心智基础,因此"子曰"可以看成是由邦邑共同体这一系统演化出的对邦邑命运的自觉反思。也正因为如此,我们虽然不否认《论语》作为儒家元典的地位,但也未尝不可以将其视作邦邑政治的新型意识形态经典之作。

2.为仁由己

如果说"正名"是孔子某种形式的"旧学"的话,那么"为仁"则可视为夫子的"新知"之学,对"己"之仁这一道德意识维度的开显乃是孔子对儒家哲学的最大贡献。对于孔子,仁乃是要在"己"与"人"之间建立一道德认同关系,从而在"成人"中"成己"。

仁者何也?孔子并未给出确定、唯一的定义,而是在与弟子对话的语境中给出解说,但"爱人"与"己所不欲,勿施于人"显然可以看成是孔子对仁的典型理解。依孔子,仁涉及"己"与"人"的关系,而自我对仁的体认是通过"反求诸己"这一反省、自讼的形式实现的,这表明孔子之重视"己"乃在于"己"具有道德反省能力,故时时检讨自我,而非怨天尤人。这首先牵涉到孔子仁学发生的道德心理机制。如何不贬抑、侮辱他者而同时不被他者侮辱?孔子的做法是通过"自耻"而免辱,即避免自取其辱。所谓"自耻",顾名思义,即自己以之为耻,这个"以为"不是一被动接受,而是主动承认,因此并不同于前诸子时代的"耻"义。前诸子时代的"耻"与"辱"同义,均为贬抑性评价,区别只在于一主动一被动。而此处之"自耻"不同于以往的"辱"之处,在于这是对自己所做的贬抑性评价,也就是自我主动认同、接受对自己的贬抑性评价。实际上,"自耻"并不是一个行为,而是将做出贬抑性评价的行为与承受此评价的行为统一在一己之身,因此这是两个行为的复合。一方面,"自耻"是自我主动给出的,是自我自觉认识到自身有所不及,故而有"耻";另一方面,自我主动贬抑自身,同时真正接受、认同这一贬抑。然而"自耻"不同于"他辱",因为有所谓"知耻而后勇"之效应生发。事实上,"自耻"的目的恰恰是要免辱,因为"辱"虽然来自他者,究其源头则在自取其辱,而要在源头上解决这一问题,须得能"自耻"。孔子并不以屈尊求教为耻,因为他关注的不是身份之丢失,而是人格之受损,真正以之为耻的是自我人格的受辱。因而孔子认为:"邦有道,贫且贱焉,耻也;邦无道,富且贵焉,耻也。""邦有道,谷;邦无道,谷,耻也。"孔子认为履行职守的职业伦理应当隶属于更高的政道原则。因此,如果政治清明有道,士人应当履职,尽其职守,享其俸禄;如果政治黑暗无道,士人应当弃职不履,如果仍然安守其位而享其待遇,则是一种耻辱。可见,孔子不以自我身份之不享为耻,而以人格之未立为耻。

据此,孔子形成了他的仁的思想,从而规定了儒学的思想实质。在他看来,"为仁"是一总的伦理行为要求,它又具体表现为"守仁"与"惟义是从"。"守仁"是君子自我修养的基础和根本,在《论语》中"守仁"多表现为逆境下的坚守。

(二)义内说与孟子的道德心理学

孔子时代邦邑共同体的遗存依稀可见,但进入战国时代,邦邑共同体基本瓦解,个人的作用更加显著。为此,孟子以义内说突出了士的道德主体性,进而强化了儒家作为学派的自觉意识。

义的意思是公正合宜。在孟子看来,士的行为选择不单纯是依赖外在的价值原则,事实上,义具有一内在的必然性,这就是孟子的义内说。在著名的"四端"说中,孟子指出,仁义礼智四端是人的道德意识的萌芽,这是人区别于禽兽的根据所在,这就将义落实在心理层次,而非专属行为层次。另外,相对于仁之端,义之端有其特别的价值。恻隐之心作为仁之端,只是提供了道德意识触动的情感基础——不忍人之心,继之而来的义之端则是道德意识的真正启动,因为有"羞恶"之感的产生。"羞恶"之心即自觉的"应当"意识。孟子说:"心之所同然者何也？谓理也，义也。圣人先得我心之所同然耳。故理义之悦我心，犹刍豢之悦我口。"他指出，心喜悦义，因此，如果有不合义的行为事物，那么自我本能地生起"羞恶"之感，这就与孟子的良知良能说联系起来了。所谓良知良能，是指"不虑而知""不学而能"，这种知与能是天赋的知是知非、向善行是的能力，这种知与能虽然要在后天加以扩展，但非后天习得。另外，孟子将义区分为义与义之端两个层面，这也就意味着有德性之义和德行之义，前者确保了后者的必然性。因此孟子特别强调义内说，以批驳告子的义外说，这是要确保道德实践的自主性、自觉性。告子以人性之趋向无有定向，譬如水流可决于东也可决于西，认为道德行为所依恃之义是外在的，因此道德行为是任意的，不具备必然性；落实到个体身体层面，也就表现为勇气的缺乏，因为"气馁"。这里涉及儒家的修养工夫论问题。气需要有心志的支持，也就是所谓的"以志帅气"，具体而言，孟子提出养浩然之气，不使气馁："其为气也，配义与道，无是，馁也。是集义所生者，非义袭而取之也。行有不慊（满足）于心，则馁矣。我故曰，告子未尝知义，以其外之也。"在这里，孟子区别了"集义"与"义袭"，前者为义内，后者为义外。如果主张义外之说，那么义与心就缺乏内在的关联，一旦"行有不慊于心"，气"则馁矣"，这样的话，道德行为就不能得到根本的保证。

孟子将义内在化的取向，是将孔子之作为君子结盟的义的原则，转为个体性的安己修为原则，面对当时政治权力逼压的处境，孟子以"尽心知性知天"的心性修养路径确保了士阶层的安身立命之道。这样一来，作为邦邑共同体之新型意识形态的"子曰"也就失落了，转而生成的是作为学派集体心智的宗旨。事实上，将原始儒学向着心性论方向发展是思孟学派的做法，子思开其端绪，孟子则是集大成者。限于文献不足等原因，我们对于这一学派的发展脉络不甚清楚，但是20世纪出土的帛书《五行》以及郭店楚简《性自命出》等文献为我们提供了更多关于儒家心性论的论述，展示了思孟学派思想内涵的丰富性，"从中看到儒家早期心性说的轮廓，使得孟子性善论的来源清晰可见"[1]。不过，"从郭店竹书到马王堆帛书，儒家道德形上学的圣智观处于旁落、下移的过程中"[2]，反映了这一学派最终被荀子之学取代的命运。

---

[1] 郭齐勇主编：《当代中国哲学研究(1949—2009)》，北京：中国社会科学出版社2011年版，第388页。
[2] 郭齐勇：《再论"五行"与"圣智"》，《中国哲学史》2001年第3期。

（三）荀子：天人之分与心可"知道"

作为战国后期儒家思想的集大成者,荀子哲学具有相当大的调停性：一方面,他强调天人之分,以人格修养的高下作为个体身份评价的依据,以适应以王为中心的政治权力体系；另一方面,荀子在批判庄子、思孟学派思想的同时,对儒道思想做了整合,赋予了圣人以"知道"的特权。

1. 天人之分

在评定诸子之学时,荀子有"庄子蔽于天而不知人"的断语,这说明荀子学派的理论出发点是天人相分之说。这一学说从认识论上提出"唯圣人为不求知天",说明了人之职能是"治",而天之职能是"生殖"万物,因此人不可与天争职。荀子所说的天不是指作为外在环境的自然,而是指事物运作的非人为刻意性,因此有所谓"天情""天官""天君""天养""天政""天功"之说。人与天有别,人的义涵在于"伪","伪"即后天刻意之所为,其关键在于"治",而"治"之根本在于"群"。荀子认为,人之成为人,不是先天给定的而是通过后天之人为确立的,人之形成是"群"（合作演化）的结果。因此,与孟子不同的是,在界定人之特质时,荀子不单单以人和兽作比,还从演化序列的角度定位人,所谓"水火有气而无生,草木有生而无知,禽兽有知而无义；人有气、有生、有知,亦且有义,故最为天下贵也"。这样,义成为人的特质。在荀子看来,义作为一套道德规范,是外在于人心的,而非天赋而有。因人有义,所以懂得对人做贵贱长幼的区分,定其名分。由于这一"分"是依据义的原则而做,因此"分"不会招致混乱、冲突,反而会形成一种社会和谐,因此"和则一,一则多力,多力则强,强则胜物"。由此我们可理解荀子著名的"性恶"命题。在荀子看来,"性"其实就是指天,确切地说,"性"特指天在人身上的落实,即"不可学、不可事而在人者,谓之性"（"在人者"谓天之在人者）。举凡饮食男女、耳目之欲、声色之好均在"性"的范围内,故曰："性者,本始材朴也。"因"性"未做雕饰,故"性恶"可名之曰"性朴"。正因为"性"乃是"朴",因此可以通过礼对"性"做一人"伪",即所谓"化性起伪",以"饰情"和"养人之欲"。因此荀子说"明于天人之分",不是要否定天的职能,而是要使天的职能得到恰当有效的履行,所以荀子一派一方面强调"唯圣人为不求知天",另一方面很重视天之职能的履行,因为二者正是同一个事物的正反两面。荀子将人之职能限定为"治",其实也就明确地将礼义的内化程度（而非世袭等身份评价）作为个体身份评价之唯一标准,这实际上配合了战国后期以王为中心的政治权力系统。

2. 心可"知道"

荀子坚持天人之分的目的乃在确立礼对个体身份评价的重要性,这可看成是对儒家传统的继承。但另一方面,荀子对道家尤其是庄子之学颇有批判性吸收,通过"心可知道"的命题,在知识论上赋予圣人以"兼知"的特权,以构建其内圣外王的理论体系。荀子的立论始于对人心之蔽于一端的揭示,他认为"凡人之患,蔽于一曲而暗于大理",而此"蔽"又是无所不在的:"凡万物异则莫不相为蔽,此心术之公患也。"他认为,人心之蔽是普遍的,这多少吸收了庄子对心的怀疑观点。但不同于庄子的是,荀子认为圣人之心可以"知道",因此可以去除人心之蔽。原因在于,圣人之心能处于"虚壹而静"的状态,正如他所描绘的,"心未尝不臧也,然而有所谓虚;心未尝不满也,然而有所谓一;心未尝不动也,然而有所谓静。……未得道而求道者,谓之虚壹而静"。由于心处于"虚""壹""静"的无偏无颇状态,故依此之心,可以"知道","知道"之心即"大清明心"。圣人之知不仅不会蔽于一端,而且能"兼知",表现为"知道"者对"知物"者的指导地位:"农精于田而不可以为田师,贾精于市而不可以为贾师,工精于器而不可以为器师。有人也,不能此三技而可使治三官。曰:精于道者也,精于物者也。"作为庶民的农贾自然是专务其业,精于其事,但止于"精于物",不能"精于道",因此不能成为这个领域的引导者;相反,圣人虽不"精于物",但"精于道",因此可以成为"治三官"之师。可见,荀子思想有回归"官师一致"的倾向,即有权力者因为"知道",因此具有管控专业性知识者的特权。

由荀子之学,我们看到,战国后期儒学包含有相当多的黄老之学的因素,其思想形态与早期儒学尤其是孟子的心性儒学颇有异致,无怪乎荀子对思孟之学有强烈的批判。

四、道家

相比于儒家,先秦道家的学派脉络更为复杂。一方面,道家学派内部的差异性很大,有相当多的道家文献没有单独、系统地结集成书,而是与他类图书混杂;另一方面,传世的具有明确道家属性的经典其实也非一时、一地、一派之作,有些经典经历了较长的演化过程才形成定本,这反映了其思想主旨的变化性。因此,在有限的篇幅内我们很难对先秦道家学派做一完整、系统的历史论述,在此我们只是围绕先秦道家基本经典,对先秦道家学派内部的不同取向做出概括。我们先从《老子》文本的演化分析《老子》之学,再依《庄子》内七篇介绍庄子哲学。

(一)《老子》之学

学界一般沿用"老庄之学"的说法,这说明学界普遍认为老学在前而庄学在后。不过,老子的人格形象具有相当大的构造性,《老子》的文本在形成定本之前更是有一个演化过程。现从文本演化的角度分析《老子》的思想主题。

1. 上德无为

从总体上说,《老子》的主题集中在政治哲学层面,其核心是圣人或王如何"化民"或"治民"。对此,张舜徽指出:"《老子》一书,是战国时期讲求这门学问的老专家们裒辑自来阐明'人君南面术'比较精要的理论书。"①当然,《老子》之为"人君南面术"可以说兼有积极与消极的因素。从其文本的演化来看,竹简本《老子》的哲学主题似偏于修身,帛书本《老子》则强调治国,这体现出《老子》政治哲学的推进性,也即越来越突出圣人与王的共性。就"人君南面术"来说,《老子》给出的基本原则是"无为"。"无为"原则是道的功能表现,因此它首先与"体道"之圣人有关。战国时期,《老子》中的圣人与王仍可视为不同角色和职能,其中圣人为教化者,王为治民者。"无为"原则原是圣人之教化职能,而非王之治民手段,所以郭店简本《老子》谈到"无为",多涉及圣人,如"为无为,事无事,味无味。大小之多易必多难。是以圣人犹难之,故终无难"(郭店《老子》甲本);"是以圣人之言曰:我无事而民自富,我无为而民自化,我好静而民自正,我欲不欲而民自朴"(郭店《老子》甲本)。至于王,则多指出他们对"无为"原则的遵从,如"道恒无为也,侯王能守之,而万物将自化"(郭店《老子》甲本)。因此圣人乃是教化者、道之示范者;而侯王有具体之治理职能(如兵事等),他们通过道的原则来履行自己的职能。就这一点而言,圣人对王具有优先性,这似乎隐含着一种圣为体、王为用的体用关系。但是到了马王堆帛书《老子》,圣人与王的角色有一重合,"无为"原则更多地转化成一种手段,以应用于治民之事,这在理论上便体现为帛书《老子》"上德无为"观点的提出:"上德无为而无以为也,上仁为之而无以为也,上义为之而有以为也,上礼为之而莫之应也,则攘臂而扔

---

① 张舜徽:《老子疏证序》,收入张舜徽:《周秦道论发微》,北京:中华书局1982年版,第93页。

之。"①给出了德、仁、义、礼的层级设置。事实上，帛书《老子》中德道二经的上下分篇似乎隐约地表明，"德"已从简本《老子》的非普遍的方法原则推进为普遍的方法原则，而且表现出德与礼、无为与有为的对立。通过这一设置，重德的道家思想与重礼的儒家思想的对比得以凸显。帛书《老子》对礼持如此绝对否定的态度，显示出战国后期道家在身份意识上的强化，他们试图在与儒家的竞争中获得学派身份的合法性。

2. 道恒无名

圣人和王"无为"的根据在于道。在郭店简本《老子》文本中，道是万物的本源，物有形有名，而道"无形而有象"，故"无名"。在开始阶段，郭店甲本《老子》将道描述为"有状混成，先天地生"，不同于今本《老子》的"有物混成"，这似乎显示出道是"先天地生"而万物是"后天地生"。而帛书《老子》进一步突出了道与万物的体用关系，所谓"道盅，而用之又弗盈也。渊呵，似万物之宗"（帛书《老子》乙本）。简、帛《老子》都指出"道恒无名"。因为道的存在状态"微妙难识"，视之不见，听之不闻，不可致诘，因此表现为"无状之状，无物之象"。这样一种"无物之象"，其实就是《老子》所说的"朴"，即万物未分的状态。万物有分，故得称名，而道朴无分，故"道恒无名"。万物之有名是后天而有，道之无名则是物的先天状态，前者出于后者。因此，若要得道，就要"复归于朴"，因此《老子》给出了"致虚极，守静笃，万物并作，吾以观复"的归根复命之路。

可以说，在《老子》政治哲学的语境下，道并不开放性地面向大众，而是属于圣人或王的"心法"，也即"南面之术"。由此可以看出，战国《老子》之学与庄子哲学虽然同属道家学派，但两者有着思想上的差异。因此不难理解，后来司马谈在《论六家要旨》中说的道家就是《老子》之学，亦即盛行于战国末至西汉初的黄老之学，而庄子之学在两汉寂寂无闻，直至魏晋才深入士人之心，风行天下。

（二）庄子哲学

庄子是战国中后期宋之蒙人，曾为漆园小吏。庄子才高思深，拒绝世俗政治权力的利用，其哲学的核心是维护知识主体（士）的自主性，避免权力的侮辱与戕害。据此，知识主体需要以"丧我""无己"的形式展开对自我的批判，并通过"相忘"之术与他者结成友谊共同体。

---

① 高明据帛书《老子》甲乙本与王弼本互补而成。参见高明：《帛书老子校注》，北京：中华书局1996年版，第441页。

1. 无待与丧我

庄子对士人处于"荣辱之境"有极端的敏感，这在《庄子》内七篇中多有反映。庄子认为，士人受辱根源于自身的"有待"。所谓"有待"即依赖外在的荣辱评价系统，而最根本的"有待"是对自我身份的不自觉的执着与维持。要彻底去除"有待"之心，必须"丧我"。在《齐物论》中，庄子向我们展示了因"有待"而形成的"机心"之浮世绘："其寐也魂交，其觉也形开。与接为构，日以心斗。……日夜相代乎前，而莫知其所萌。"实际上，个我之机心的实质是辱人以扬己，而其根源在于师心自用："夫随其成心而师之，谁独且无师乎？奚必知代而心自取者有之？愚者有与焉。"每一个"我"在形成彼我之分后，其心即成为"成心"，无论其趣向如何，"成心"总是要围绕"我"之身份而运作，这可理解为"自以为师"。"自以为师"也就是自以为是，这样不唯贬抑了他者，且潜意识地否定了与他者合作之必要。这当然是庄子所反对并努力超克的。

2. 齐物与两行

庄子以"丧我""无己"来消解"机心""师心""成心"，此即所谓"齐物论"。庄子的"齐物论"可做两解：一是齐一"物论"，一是"齐物"之论。前者是庄子的知识论，后者则是庄子的价值论，后者以前者为前提。面对异见频出的战国思想界，庄子并不给出一个自己的意见。在庄子看来，任何一种意见都是一种自我知识，最终都难逃师心自用的指责。个中原因在于，论辩双方均是"是其所非而非其所是"，持守自己的立场而不变。事实上，"彼"与"是"是相待而成的，因为"彼出于是，是亦因彼。彼是，方生之说也"。所谓"方生"即是"并生"[1]，也即同时而生。对此，庄子给出的处理方式是通过圣人的"和之以是非，而休乎天钧"，也即在道的层次上超越以"己"为中心的是非判断，调停世俗层次上的"是"与"彼"的对立，"然于世情之是非，则任其两行无穷，惟执道枢以应之而已"[2]，从而得以同时接受"是"与"彼"两种立场意见，这就是"两行"之理。

3. 相忘为友

庄子哲学不是单纯的"自我"哲学，而是有一对共同体的诉求。既然最根本的超越荣辱的方法是去除"机心"，这就势必要求不能将他者当作工具，甚至不能做出有用、无用的评价。据此，庄子有"相忘之友"的说法。在《大宗师》篇中，

---

[1] 刘武：《庄子集解内篇补正》，北京：中华书局1987年版，第45页。
[2] 同上书，第51页。

我们多次看到鱼相忘于江湖的譬喻:"泉涸,鱼相与处于陆,相呴以湿,相濡以沫,不如相忘于江湖。""孔子曰:'鱼相造乎水,人相造乎道。相造乎水者,穿池而养给;相造乎道者,无事而生定。故曰:鱼相忘乎江湖,人相忘乎道术。'"鱼赖水而存活,在水中自在畅游而各自相忘,若无水则只能相互吹水泡来暂且彼此安慰。可以说,鱼之相濡以沫亦属难能可贵,但这非根本之策,只是一时之术,不足依凭,所以"不如相忘于江湖"。因此真正"友"之关系应是建立在"相忘乎道术"的基础上。在庄子看来,人与人正是由于彼此"相忘",才能各自成立而有间接互助之利。

五、法家

广义的法家起源甚早,而伴随着春秋以来以王权为主导、旨在削弱贵族阶层的变法活动,以政治家身份出现的法家逐渐形成,他们主张以同一性的法来取代差异性的礼。而狭义的作为学派的法家,由战国后期与中央集权体制相配合的道家或黄老家演化而来,其思想实质是权术心理学,而《韩非子》为此提供了最为系统的理论说明。

(一)积德

《韩非子》是一部专论君王南面之术的作品,其核心在于讨论君主(圣人)如何以心术制控群臣之心,因此《韩非子》的思想特别与权力的概念相关。为确保君王的权力能有效地实行,韩非子提出了"因势"这一运用心术的方法。"因势"是指通过对形势的营造而控御他人之心。根据对己与对人的不同,"因势"又可分为两方面:从对己的一面来说,圣人的心志"恬淡平安";从对人的一面来说,君主不显示他的好恶之意,以造不测之势,来制御他人。关于第一个方面,韩非子在《解老》《喻老》诸篇中有较为集中的论述。他认为人只有做到"啬"与"无为"才能少"费神",这样才能"积德"。对于韩非而言,作为行为原则的"无为",其核心在于"虚"。人主只有"虚意",也即虚其心志,才能真正做到制御他人。这样,韩非就将作为圣人教化他人的普遍原则的"德"(见帛书《老子》)狭隘化,使之成为人主控驭他人(臣下)的原则。这其实既非自我教化,亦非教化他人,而是自我维护。

(二)集智

韩非的权术心理学要求人主首先有自修之术,也即通过"啬"的原则达到

"神静"以"积德"。人主"有德"是他在与人臣的权力博弈中处于控制地位的心理保障,这是体。人主有此体才能"因势"制控人臣,达到让众人的才智服务于人主一己的目的,这是用。人主与人臣处在权力博弈之中,人主时刻提防人臣对其权力的侵削,因此要制衡人臣;但另一方面,人主一人的智能是有限的,不得人臣之众智,其事难成。因此人主要以中人之资而用众人之智,这就需要"因势"。因此,韩非认为,人主之治在于不恃一己之知,不矜一己之能,以便利用众人的智能,极知外在的世界而自心不被遮蔽。如果人主单恃己能,则所知有限,必然会陷入被蒙蔽的境地。

(三)权柄

当然,在法家看来,人主的"因势"不仅是对既有之势的一种运用,这里还涉及在现有的条件下如何"造势"的问题。人主会"造势"才能使众臣更积极地以其智能服务于自己,而"造势"是通过赏罚手段实现的。在韩非看来,赏罚是人主制衡人臣的重要手段,因此可称作权柄。这说明了人主的权力需要通过一个简捷可控的形式来时时保持其有效性,故云:"明主之所导制其臣者,二柄而已矣。二柄者,刑、德也。何谓刑、德?曰:杀戮之谓刑,庆赏之谓德。为人臣者畏诛罚而利庆赏,故人主自用其刑德,则群臣畏其威而归其利矣。"韩非将赏罚与君主的意志联系起来,指出君主要通过赏罚来贯彻他的意志,这就将先秦的"刑""德"的思想工具化了。

法家强化人主一人的权力地位,与其突出法的公共性是相应的。法家之所以要确认人主的统治地位,其目的在于将决策权让渡给一人,以避免不同决策者之间的无休止的竞争。但是一人之决策权与决策能力之间存在着巨大的差距,这自然要求君主集众智,否则难以有效维持其统治。而法家对法之"公"的强调,实质上并非要实现社会公平,而是要让众人的智能贡献给人主一人。法家集中攻击主张仁义的儒家与尚贤的墨家,正反映了其服务人主这一权力主体的思想立场。

六、墨家、名家与阴阳家

我们对先秦的墨家、名家、阴阳三家不做单独论述,而是合而论之。这样处理并不是说这三家的思想不重要,而是因为,从学派的角度看,这三家虽然各有特色,但在学理上都未成系统,未能构成与前三家相对立的学派格局。

(一) 墨家

先秦墨家是周秦子学中最具有宗教色彩的学派。墨学可分为前期、后期：前期侧重于政治伦理主张，后期则重在逻辑与知识论的探讨。前期墨家是战国时代的显学，其代表人物为墨子（墨翟）。墨子是鲁人，约生于孔子去世后不久，而卒于孟子出生前十年。墨家学说的发展过程分前后两期，这与早期儒家的发展与分化模式有相近之处。根据孟子的评价，当时天下的学术，不归于杨朱之学则归于墨家之学，可见墨子在当时的影响很大。

1. 兼爱

兼爱即无差等的爱，是墨家标志性的学说主张，这一主张明显与儒家的有差等的仁爱思想构成对比。事实上，从思想演化角度看，墨家在某种程度上继承儒家学说但又有别于儒家，所以墨家也有仁义之说，这就是有学者说墨家三派中的"东墨"与儒家同属东方之学的原因。但墨家的兼爱之论与儒家思想构成了实质上的差异。兼爱的出发点是撇开血缘关系的纽带，不特别考虑"孝"作为"为仁"之本的重要性，而直接从伦理行为的交互性上展开。事实上，墨家并非空谈兼爱，它要以功利主义的"交相利"的效果来确保兼爱的有效性，因此并非完全不具有可操作性。

2. 天志

墨家的兼爱主张虽然有功利性的效果作为保障，但它如果要获得理论上的合法性，就必须要有更超越的价值来源支持，这就导出了墨家"天志"（天的意志）之说。在子学时代天的人格性被否定的背景下，墨家强调天志有其特别的意义。墨家把天志作为评判现实世界合法性的最终根据，这对现实王权有一定的限制，并为其兼爱主张提供了超越性的基础。不过问题在于，天虽然可以对人事进行评判奖惩，但天并非人格神，因此它对人间的活动并没有实际参与，因此其评判难以落实。

墨家学说在战国时期一度成为显学，秦汉之后则趋于式微。从内部说，墨家试图建立一经验主义与超越价值相结合的二元思想体系，但其宗教精神取向缺乏真正的超越性，同时墨家虽然有利他的宗教精神，但它在心性修养上并无建树，而要求人们摩顶放踵、劳苦工作，违背了人性，因此不受欢迎。墨家衰微的外因，是它的尚贤、非攻、天志之说难以纳入战国后期的权力运作中去。不过，尽管秦汉之后墨家作为学派渐趋式微，但其部分思想与儒家融合，对汉代儒学新体系的建立有所影响。

（二）名家

名家即广义的语言哲学家，因其重视对概念的语义分析，故称"名家"。先秦名家主要活跃于战国中后期，著名人物有惠施、公孙龙等。实际上，先秦名家有重大的思想贡献。名家的出现有以下几个原因：周秦子学蜂起，诸子各自为自己的学说辩护，同时又批评其他观点，从而促进了逻辑学的发展。在这当中，墨家学说对于逻辑学的贡献尤为显著，有学者认为名家源出于墨家。其次，社会生活的迅猛发展，也使得独立的语义探讨成为必要与可能。

1. 指称论

名家的主要工作是通过对名的概念分析，指出名可能的语义内涵。在日常生活中，我们总是以某名命名某物，此即所谓名实相符。但名家认为，名不只是一个约定的符号，而是有独立的语义，因此人们可以脱离其所指称之实，而对名做单独的分析。这样，名家要处理的就是名与名的关系，而非名与实的关系。名与名的组合乃是概念的组合，而体现这一概念分析的典型便是公孙龙的"白马非马"论。公孙龙不是要否定现实经验世界中"白马"的指称性，而是指出"白马"实际是由两个单独的概念合成，两个概念各有其命色、命形的语义内涵，因此可以说"白马"的语义不等同于"马"的语义。这并非一种诡辩，而是有着语言哲学的意义。

2. 齐物论

名家虽然热衷于对名做概念分析，但这并非纯粹的概念游戏，而是有着深刻的伦理意涵。不同的名家有不同的主张，例如惠施强调概念之同，而公孙龙主张概念之异；但其实他们都有政治伦理的主张。惠施以"历物十事"的命题，从概念上否定了事物的差异性，并通过"合同异"的方式走向"泛爱万物，天地一体"。公孙龙虽然强调概念的差异性，也即所谓"离"，但他也主张"偃兵"，这体现出其近似兼爱的主张。

名家的概念分析有一定的哲学理论意义与思想批判价值，但正因为它与墨家一样缺乏心性修养之论，而专注于名辩，所以在秦汉之后也逐渐湮没了。

（三）阴阳家

阴阳的观念出现很早，而作为学派的阴阳家出现在战国晚期。阴阳家基于自然原则建立了一套社会历史哲学，以此来解释社会的更替演进。

阴阳与五行的观念本来是各有来源的,但阴阳家将两者相结合,建立了一套完整的自然哲学,并将人事活动纳入这个图式中。其中最为典型的是齐人邹衍的"五德终始"说。邹衍"深观阴阳消息而作怪迂之变",将不同的朝代与五行之德相匹配,并通过"五德相胜"即土木金火水五德次第转移的说法,解释朝代更迭的原因,力图阐明历史演进的循环法则,因此这可以说"是一种极具体的天命的律法"①。另外,与墨家、名家的取向不同,阴阳家与儒家有一定的关联,例如儒家与阴阳家都重视阴阳、五行等理论。因此阴阳家在秦汉之后仍有很大影响,并促进了汉代神学化的儒学体系的形成。

第二节 六朝佛道学派

六朝是中国宗教哲学发展尤为兴盛的时期。伴随着皇权/贵族二元权力格局的确立,以及由佛教带来的新的精神修炼形式与组织制度形式,中国本土知识主体的精神自主性获得了更大的发展空间。这一时期儒家义理之学相对衰落,而佛道二教的思想勃兴滋长,其学派演变至为繁复。

一、译经集团与学派成立

在六朝时期,佛学兴盛,学派林立。六朝佛学学派往往是依托于一个译经集团,来阐扬其中一部经典的义理。这是六朝佛学的一大特质。

六朝佛学是由格义佛学、玄学化佛学演进而来的。格义佛学是指在翻译印度佛典及其概念时,采用中国本土的思想术语,以达到理解沟通的目的。例如佛家"空"的概念,在当时即以"本无"来翻译。至于玄学化佛学,是指当时的佛教学者通过玄学的"有无"思维来理解"空"义。从更大的思想语境看,我们未尝不可把玄学化佛学理解为广义的格义佛学,将格义看成是六朝隋唐时期中外思想融合的通则。不过,无论是格义佛学还是玄学化佛学,这两个阶段的佛学均缺乏自主性,其学说自主性的确立有待于后来六朝佛学学派的成立,而这与译经集团的发展有直接关联。

六朝佛学起于晋宋之后,这个时期佛教学者的译经规模更大,而不同地域

---

① 顾颉刚:《五德终始说下的政治和历史》,收入顾颉刚:《古史辨自序》下册,石家庄:河北教育出版社2002年版,第441页。

的译经集团各自有着明确的学说宗旨,因此由译经集团而衍生出自觉的学派就顺理成章了。六朝时期重要的佛学学派有三论学、涅槃学、成实学、毗昙学、俱舍宗、地论学、摄论学等,每一学派均有相应的译经集团,其中前期主要有罗什集团和昙无谶集团,后期则有真谛摄论系统以及菩提流支的地论系统对应的译经集团。罗什译经集团由鸠摩罗什与其汉地弟子组成,它以长安为中心,组织翻译印度龙树中观学派的《中论》《百论》《十二门论》《大智度论》等经典,对汉地学者更准确地理解般若空性思想起到了促进作用。有了这一基础,罗什的弟子僧肇展开了对当时玄学化佛学"六家七宗"(实为三家)的批判,指出它们不能善解空理。这成为后来六朝三论学的起源。稍后,北凉的昙无谶集团组织了对印度《大般涅槃经》的翻译,这对涅槃学在汉地的流行贡献极大。后期的译经集团主要翻译印度瑜伽行派经典,其中南方的真谛集团以广州为中心翻译《摄大乘论》等经典,北方的勒那摩提与菩提流支则依据洛阳,以翻译《十地经论》为要。南北两大译经集团对瑜伽行派的经典的不同关注,体现出六朝后期佛学界对心识活动的不同理解。

二、三论学

三论学是以印度中观学派的《中论》《十二门论》《百论》为经典而演进出来的佛教思想流派,在中国佛学史上具有重要的地位。严格意义上说,三论学有狭义的三论学与广义的三论宗之分。后者产生于隋代,并与隋唐的天台宗关联密切。不过从思想来看,两者具有连续性,所以我们在此将后期的三论宗置于三论学的范围内一并考察。

(一)关河旧说

所谓关河旧说,是指鸠摩罗什及弟子创立的早期汉语中观学,因为罗什师徒主要活动于关中一带,因此其学说被称为关河旧说。在这一学说的创立过程中,罗什弟子僧肇发挥了重要作用。可以说,僧肇之学是建立在龙树中观学的基础上的,不过他汲取了汉文化的思想,使中观学与中国传统思想融合起来,并进而有了全新的发展。这主要体现在他的不真空论上。顾名思义,所谓"不真空",是说"空"的特点在于"不真",而不是之前所理解的"不有",这就划清了与"以无为本"的玄学化般若学的界限。在僧肇的思想中,物的名与实其实是有着对应性的,即名要有指称之能,而物有实在所指的内容。但在他看来,物既然是缘起不真的(这是般若中观学的基本观点),那么它并没有所指之实,因此物是"假有",而对物的称呼就成了"伪号",此即《肇论·不真空论》所说的"名无得物之功""物无当名之实"。事实上,僧肇以前的印度中观学派并不将对物的称呼视为"伪号",而将其视作"假名"。后者可以说是全盘否定了语言指称的有效性,而前者划定了语言的权限所在,两者有着微妙的差别。这就是僧肇空宗思想对印度中观学派的一个发展。僧肇的"伪号"之说虽然也是要破斥世人对"有"的执着,但因为它区别于印度中观学派的"假名"之说,所以在某种意义上可以开启出后来中国佛学对"真有"的正面性追寻。

(二) 吉藏的三论学

相对于关河旧说,梁陈时期的摄山三论学可谓是"新三论",其发展的高峰是隋代嘉祥吉藏所创立的三论宗。吉藏三论学在六朝后期的思想语境下,基于般若中观学的立场,判析大乘各派的观点,并重新确立了"缘起性空"的佛法本义。[①] 吉藏三论学的标志性观点是"二谛是教,不关理境"。这是说,二谛(真谛和俗谛)是佛的方便教法,而二谛最终所证得的境界是"无所得"之"空",而"空"是"不二"之理,不能以二谛中的任何一谛来理解。据此,吉藏还提出了"于二谛"和"教二谛"之分。

吉藏在《二谛义》中指出,所谓"于二谛"是指"诸法性空,世间颠倒谓有,于世人为实,名之为谛;诸贤圣真知颠倒性空,于圣人是实,名之为谛"。这里的"于"是指相对于某一认识主体来说,不同层次的认识乃是依于、对应于不同主体的。因此"于二谛"可理解为:佛菩萨(贤圣)确认世界是空性的,此即依于真谛;而凡夫认为世界是实有的,此即依于俗谛。

相应于"于二谛"依于认知主体而成立,吉藏以二谛为"教",则意味着二谛之说只是一种方便的教法,因此不能执着为实。也就是说,圣贤的二谛说其实是一种假借。依凡夫而说有,其目的不是要凡夫执着于有,而是通过凡夫可以接受的俗谛之有帮助他体会到不有之理;同样的道理,依圣人而说空,其目的也不在执着于空,而要表达不空之理。因此,"教二谛"乃是在"于二谛"的基础上,导向即真即俗、非空非有的不二之理。

[①] 参见李勇:《三论宗佛学思想研究》,北京:宗教文化出版社2007年版,第13页。

三、地论学、摄论学与《起信论》

相对于三论学对"空"的探讨,六朝后期佛学对心识活动的探讨更具有地域上的全局性。在这个时期,南有真谛的摄论系统,北有勒那摩提与菩提流支对《十地经论》的译介宣讲。摄论与地论立说有异,汉语佛典《大乘起信论》对此二说进行了调和,此论对隋唐中国佛学理论体系构建影响深远。

（一）摄论学

所谓摄论学,是指汉地传习讲说《摄大乘论》的佛学学派思想。由于《摄大乘论》是印度的无著所造、世亲做释,属于印度瑜伽行派的重要经典,因此相对于后来玄奘、窥基所传的唯识学,摄论学可称为"古唯识学"。

最为流行的汉译本《摄大乘论》为印度僧人真谛所翻译的版本。真谛是中国佛教翻译史上的四大译师之一,他以广州为中心,译介了以《摄大乘论》为核心的大量经典,培养了一批弟子,促成了摄论学派的形成。不过,摄论学派的发展更多地得益于摄论学者的北上,由此形成了南北两地摄论学。北地摄论学有昙迁、道尼、靖嵩等系,其中以昙迁对摄论北传推动最大[①]。摄论学派一度在长安、徐州等地颇为流行,唐初玄奘的新唯识学兴起后,摄论学派渐衰,最终被后者所取代。就学说来讲,摄论学派关注的主要是人的心识,尤其是阿摩罗识（即心识中的第九识）的性质问题。从严格意义上说,真谛之学与北传摄论学存在着差异。真谛并未明确将阿摩罗识另立为第九识。真谛依据本论,以第八识阿赖耶识为妄染之识,但真谛又指出,此妄识中又含有纯净之识,因此阿赖耶识是真妄和合之识。据此,修行者应该以阿赖耶识中的净分（阿摩罗识）对治其染分（妄识）,由此证入阿摩罗识而成佛。北传摄论师由于受到地论学、涅槃学的影响,对真谛思想做了改造,将阿摩罗识理解为"本觉",并将其视作在第八识之上的表示真如、真心的第九识。这样一来,阿摩罗识与阿赖耶识的关系就成了真心与妄心的关系,这对后来《起信论》"一心二门"思维模式的形成有相当大的启发作用。

（二）地论南北道

地论学是指在汉地传习讲说《十地经论》的佛学学派。《十地经论》是印度

---

① 参见赖永海主编：《中国佛教通史》第3册,南京：江苏人民出版社2010年版,第437页。

论师世亲所造,也是印度瑜伽行派的重要经典,学界一般认为此论由勒那摩提与菩提流支两大译师在 508 年至 511 年共同译出,但二师对《十地经论》的理解不尽相同,因此形成学派分裂,造成所谓的南北二道。南道为勒那摩提系,北道为菩提流支系。地论南北二道的差异主要体现在对心识的理解上,北道地论师主张阿赖耶识是妄识,南道则认为阿赖耶识就是真如、佛性、真心,非为妄识。由于北道之说与摄论相近,所以后来融于北传摄论学派中,而地论南道由于更有独立性,因此得以绵延广远,并给隋唐华严宗的形成提供了颇多思想资源。

(三)《起信论》与"一心二门"

摄论学关注的是阿赖耶识之外是否有清净的第九识的问题,而地论学内部则思考阿赖耶识是清净还是杂染的问题,这体现出六朝后期佛学界对成佛的心识基础的共同思考,而地、摄二学对阿赖耶识真妄性质的不同理解,实际上与中国源远流长的人性论对道德意识天赋/习得之分的讨论有着相似之处,两者的主要区别只是后者并不处理诸法的"依持"本体问题。而其后不久,学界出现了一部托名真谛所译的《大乘起信论》。根据现当代学者的观点,此论并非印度佛教原典的汉译,而是汉地僧人的撰述。[①] 不过,虽然《起信论》属于所谓的"伪论",但是该论融合了地、摄二论,并以"一心二门"的形式,通过两重体用关系的设置,将真心、妄心的对立予以融通,从而成为隋唐佛学的理论大纲。

四、士族与六朝道教学派

六朝时期,道教学派的发展也值得重视。六朝道教学派的发展与士族有着密切的关系。不但道教集团的人员多来源于士族,而且道教学派的教义也具有浓郁的士族气质。因此可以说,六朝道教学派乃是士族道教。

士族与庶族相对,指具有高度文化修养且有家族门第传统的知识精英集团。这样一种知识集团在六朝、隋唐时期影响很大,在五代、两宋则逐渐式微。由于魏晋玄学基于"以无为本"的立场来调和精神的自主性与社会政治的规范性,平衡自然与名教,因此士人受到制度性的制约,其精神的主体性无法充分实现,而只能以一种"适性"的审美形式来表现。因此,可以说玄学是一种过渡性的思想,其衰落是必然的。而一旦玄学瓦解,士人即面临着精神价值的不同选

---

① 参见杜继文:《汉译佛教经典哲学》下卷,南京:江苏人民出版社 2008 年版,第 546 页。

择,从而产生内部的分化。大致来说有三种分化方向:一是出家为僧而成为方外之士;二是坚持对儒家制度和价值的认同,通过强化儒家礼仪尤其是丧礼而将儒家表述为"礼学";三是折中前两者,并以修身炼形为根本,这就形成了六朝的道教。在这三类知识主体中,道教学者与儒家礼学学者的关联是内在而密切的。从某种意义上讲,两个群体不同而又互补的选择,都是中国本土思想应对佛教精神修炼方式的挑战的结果。因此我们可将六朝道教学派理解为士族道教。

具体来说,六朝道教的士族性主要体现在两方面:第一,六朝道教徒多出身士族,具有良好的文化修养和对传统文化的认同,因此在六朝道教学派创立与传承的过程中,士族出身的道教学者扮演着重要角色,典型者如丹鼎道的葛氏家族、句容上清派的陶弘景。第二,六朝士族中有相当比例的道教信奉者,他们虽然是官僚,是文人,但其价值信仰则是道教。正因为如此,我们看到六朝(尤其是东晋南朝)的道教学派表现出一种士族性或贵族气质,其中的典型就是天师道。天师道由早期的太平道与五斗米道融合而成。太平道盛行于东部中下阶层民众中,五斗米道则与西南少数民族的宗教信仰有关,二者均是具有平民政治理想的宗教组织,其教义具有相当强的"济世"性。但自从这两派相继被汉魏政权收编后,这些早期道教组织的宗旨即发生转变,由面向平民的救世济贫,转向服务于上层贵族的修道长生。由于六朝士族重视文化传承,讲究门第匹配,因此道教信仰自然就成为家族传统,代代相传。关于此点,陈寅恪在其《天师道与滨海地域之关系》一文中有精辟的论述。

六朝道教学派的士族性趋势其实也说明,面对外来佛教的冲击,中国本土思想家能在坚持民族文化自身特点的前提下积极吸收外来思想因素,最终有所创获,因此六朝道教的思路与后来宋代新儒家颇有共通之处。

五、上清派

虽然早期道教组织汉末就出现了,但道教学派的兴盛要到东晋南朝,其中重要者有上清派、灵宝派等,而从学说的系统性角度来看,上清派最为重要。

在东晋之前,道教并无严格意义上的学派,当时的道教只有术而缺乏道。例如由太平道与五斗米道融合而成的天师道仍以符箓乞法、忏悔治病为主,仍不脱早期道教术的痕迹,因此后来北魏寇谦之在整顿道教的过程中,指责天师道污秽,因此要"除去三张伪法"。而在南方,以葛洪为代表的丹鼎道虽然以提取丹药为修炼方法,以成仙为目的,其修行取向不同于天师道,但术的色彩仍然很浓厚,因此同样难以发展成为一个具有普遍理论意涵的学派。直至句容茅山上清派(又称茅山宗)出现,这一状况才得以改变。上清派的形成与句容的道教家族集团密切相关,经过几代传承,通过南朝陶弘景的推动,终于蔚为大观,成为江南道教学派的代表,其主导性地位一直延续到宋元时期。

上清派的成立标志着道教在学派意识上的自觉:面对佛教的发展,道教内部自觉地进行理论体系的构建以维护其身份认同。这主要表现在三个方面:一是道教经典的神圣化,二是道教神仙谱系的制定,三是道教修行的"内观"化。从道教经典来看,东晋之前,道书虽然已为数不少,但主要的经典还是东汉出现的道教元典(如《太平经》《周易参同契》《老子想尔注》《老子河上公章句》等),而东晋之后出现了一批对后世影响深远的道经,其中以《三皇经》《灵宝经》《上清经》最为重要。据学者研究,这些道经的编撰其实与句容世代信奉道教的葛氏、许氏家族有关。[1] 大批道教新经典的出现体现出道教的繁荣,但繁芜的道书还需要在理论层面上予以系统化,使道教的学派自觉彰显出来。所以我们可以看到,每当新道书出现,道教门徒们往往将其视作由"真人"传授。道书的"自天而降",其实就将文字形式的道教经典与超越性价值来源的"天神"联系起来,将前者视为后者在人间的标志和显现,这样一来,类似于佛经的"佛说"来源说,道书的权威性也因为"神授"获得了保证。因此在上清派,启示即存在于上清的经典中,这是上清派最典型的特征。[2] 在道书"神授"的基础上,上清派特别是陶弘景对道教神仙进行了系统性的谱系编制,从而将道教既有的散乱的神仙分类条理化和秩序化,确立了上清派的主导性地位。至于在修行方法上,上清派发展出"内视存思"之术。这种方法批判地继承了葛洪丹鼎派的修行方法,摒弃了其金丹之道,而特别将"存思守一"之法发展起来。这包含了后来道家内丹学的思想雏形。

从道教史的角度看,作为六朝最重要的道派,上清派可以说是道教从外丹学说到内丹学说的漫长演变历程中的重要里程碑。

---

[1] 参见任继愈主编:《中国道教史》,上海:上海人民出版社1990年版,第123页。

[2] Isabelle Robinet, *Daoism: Growth of a Religion*, translated by Phyllis Brooks, Standford: Standford University Press, 1997, p. 128.

第三节　隋唐佛道宗派

隋唐是中国历史上的统一帝国时期。在这一时期,儒家学说仍处于低潮,佛道二教则发展出宏大的宗派理论体系,为当时的帝国奠定了意识形态基础。尤其是当时佛教一家高步雄视,相继演化出天台、华严等几大宗派,将汉语佛教哲学推向了一个高峰。

一、宗派与帝国意识形态

宗派是一个思想形态学概念,指具有明确学说、宗旨、身份并且具有严格的谱系传承作为保证的学说组织。隋唐宗派佛学区别于六朝学派佛学的特色是,它们不再是地域性的学说思想,而是成为整个帝国的意识形态。佛学为帝国的维持与运作提供了最根本的理论指导与精神凝聚力的保证,因此宗派佛学的意识形态地位乃是制度性的。隋帝国的建立对佛教思想界提出了双重任务:一方面帝国的成立结束了之前的割据局面,这个统一的格局要求有相应的整合性思想体系,这就需要对南北朝区域性的各种佛学学说进行调停整合;另一方面,帝国的建立乃是制度文明的创新,即将多元的民族、文化因素纳入同一个政治文化共同体中,因此新的佛学体系的形成也意味着中华思想本身的一种创造,其实质是对中印思想的自觉调停整合。我们看到,隋唐佛学得到了帝国的制度性的支持,与帝国本身的结构性要求有密切关联。至于哪一宗派在哪一时期更加兴盛,则与统治者的偏好有关。这集中表现在佛学与中央政权的特殊关系上,即一个宗派的兴衰往往与政治权力的更替相伴随,其中的典型便是隋炀帝与天台宗、唐太宗与唯识宗、武周政权与华严宗的关系。对此,学界已有相当深入的研究。

当然,隋唐宗派佛学的意识形态性并不意味着宗派佛学沦为政治的简单附庸,相反,这一意识形态地位的取得是以佛教宗派的思想自主性与理论创造性为前提的。相对于六朝学派佛学,隋唐宗派佛学在学说体系的建立、传承上有其特色,这主要表现在以下三方面。第一是判教体系。宗派佛学均有确立自家宗旨的自觉意识,它们通过各自的判教形式,来确立本宗的圆教地位。隋唐佛学的判教是依循佛教经典对汉地的佛学思想派别予以高与下、权与实、圆与偏的判别。不同的宗派有不同的判教系统,而各个宗派之间的论辩也主要围绕判教而展开。第二是止观修行方法。与各自的判教体系相适应,隋唐宗派佛学吸收了此前各种大小乘宗派的修习方法,并形成了有次第、有系统的止观修行之法。止观之法来自佛教的"定慧"之说,"止"即"定",也即止息妄念,心识处于静定的状态;"观"即"慧",也即生起正智慧以观一切法。第三是谱系传承的组织制度保障。为了确保宗派学说的赓续,宗派佛学强化对自身宗旨与道场的认同并使之制度化,并将本宗师资相授谱系与其宗旨传承结合起来,以确保本宗的"正宗"地位。

隋唐宗派佛学作为隋唐帝国之意识形态,支持着帝国的运作,而随着唐帝国中央政权的式微,宗派佛学难以维系,逐渐让位于帝国中期崛起的自称"教外别传"的禅宗。与其他佛学宗派同中央政权紧密关联不同,禅宗这一特殊的佛学宗派的发展得到了地方政治集团的大力支持,而其真正的黄金时代在五代与两宋时期。

二、天台宗

天台宗创立于隋初,其名称源于天台宗祖庭的所在地浙江天台山;同时,又因为这一宗派尊崇《法华经》,因此又名法华宗。天台宗是隋唐佛教宗派中最早成立的一个,其"教观双美"的思想体系体现了中国本土佛教思想家理论原创的自信,对后起的佛教宗派,特别是华严宗,也具有理论上的示范引领作用,因此天台宗的成立在中国佛教思想史上具有标志性的意义。隋唐天台宗的发展历程中有两个重要人物,分别是天台智𫖮与荆溪湛然,前者是天台宗的主要创立者,后者则是中唐天台宗的中兴者。我们在这里主要介绍智𫖮的思想。

(一)《法华》圆教说

《法华》圆教说是天台宗立宗的理论合法性所在。智𫖮认为《法华经》是圆融的佛教经典,是圆教的体现,由此确立了天台宗思想的至高地位。天台宗的判教体系颇具特色,它既具有传统的因素,又包含了新的解释。具体而言,天台宗有两种圆教概念:一是广义的《法华》至上主义,二是狭义的圆教中心主义。《法华》至上主义是说,天台宗的圆教概念是以《法华经》为根本的,《法华经》这一部经典具有"妙法"性,而这又是与"五味根机"说相联系的。所谓五味根机,是说佛在弘扬教法的过程中,依据众生根机、悟性的不同,将教法分为从低到高的五个阶段做出敷衍。这五个阶段分别对应《涅槃经》所说的乳味、酪味、生酥味、熟酥味、醍醐味。而《法华经》是佛在最后的醍醐味阶段所说的妙法。据此，天台宗确立了《法华》至上经典的地位。

除此以外，智𫖮还将释迦一代教法的内容分为藏、通、别、圆而成"化法四教"。这四教是根据佛教教化内容的浅深做出的分类。其中，藏教指的是小乘之教；通教指的是可以沟通小乘之说的各种大乘经典之教，钝根之人闻之可证小乘，利根之人闻之可进别、圆二教；别教指的是不通小乘思想的大乘特有之说；而圆教也即圆满之教，以《华严》《涅槃》《法华》等经典内容为主导，其中又以天台为最圆之教。在天台宗看来，圆教之圆乃在于它克服了前三教的观法的不圆，因此比别教更为圆满。换言之，圆教较其他三教为圆的原因在于它涵纳了三教因素，将其整合进一教之中。

（二）圆顿止观

除了圆教之说，天台宗还有"摩诃止观"也即"大止观"的概念。止观是佛教修养实践的工夫，指止息一切妄念与对外境的执着，从而生起真正智慧。天台宗摩诃止观区别于以往佛教学说的止观体系之处在于，它宣称自身是"圆顿止观"。智𫖮对圆顿止观的界定消解了以往各种止观法门的次第之别，突出了观心的重要性，并指出圆顿止观的观心之法乃是一心三观，也即同时于一心中把握诸法的空、假、中三谛，通达三谛圆融之实相。实相既然是三谛之圆融，这就意味着实相蕴含假谛（一切现象是缘起假有的，故称假谛），因此我们并不是要把握一个离开假谛的空理，而正是要把握空、假、中三谛圆融的诸法实相。智𫖮将诸法实相视为"法体"，指出诸法的事相虽有差别，但在实相的层次上是统一的。若将此诸法实相说落实于修证实践，则有所谓"一念三千"说。一念，是指当前现实中的妄念。三千，指的是众生存有境界意义上的一切法。一念三千，就是众生一念的当体（即中道实相）即圆具三千诸法。一念三千之说的现实意义在于勉励天台宗的修行者正面积极地处理"假法"的问题，以应对世俗世界。

（三）性具善恶

相比于隋唐其他佛教宗派，天台宗还有一个标志性的学说主张，即"性具善恶"。根据天台宗一心三观的思想，佛性被分为三因佛性，即正因佛性（指诸法实相的理体是成佛的正因）、了因佛性（显发正因的般若智慧）、缘因佛性（开显了因佛性的善行功德）；三因分别对应中、假、空三谛，而其中的缘因、了因佛性具有"恶法"。根据天台宗的说法，佛菩萨与一般众生的二因佛性均具"恶"，因此两者的区别不在于是否在"性"（本有）的层次上消除恶法，而在于是否在"修"（经验）的层次上消除恶法。佛菩萨虽然与众生一样在本有的层次上蕴含"性恶"，但他们没有众生所具有的"修恶"，即经验习得之恶，因此得以自在化他。

天台宗在隋代地位极为显赫，而进入唐代之后，由于唯识宗、华严宗的兴起，天台宗一度衰落。中唐时期，天台宗思想家湛然融合了天台、华严思想，一定程度上复兴了天台宗。及至五代、北宋，经过统治者的提倡以及中国佛教思想的演进，天台宗仍有所复兴与发展。

三、唯识宗

唯识宗又名法相宗，由玄奘及其弟子窥基建立。相对于隋唐其他佛学宗派，唯识宗在经典、术语、风格等方面保留了印度瑜伽行派思想的特质，不过这并不意味着唯识宗只是照搬印度佛学。可以说，唯识宗同样是在隋唐佛学的历史语境下发展起来的，因此其思想主题仍与天台、华严等宗派有着相似性，也就是说，唯识宗对印度瑜伽行派的思想有着相当程度的改造。

（一）唯识古今学之异

公元4—5世纪，印度的无著、世亲兄弟正式建立了瑜伽行唯识学派。经过数代传承，这一学派内部形成了较大的思想分歧，出现了所谓的"十大论师"，由此演化出不同的唯识学系统，其中安慧与护法两大系统与中国佛学有所关联。安慧之学经过真谛的译介而影响中国佛学界，形成六朝的摄论学，摄论学后来被称为唯识古学。而唐代的玄奘到印度求法，主要跟随护法系统的戒贤论师学习，因此尊奉护法系统的唯识学。玄奘的唯识学被称为唯识今学。今古唯识学的差异在于，虽然两者均将阿赖耶识视为染识，但古学安立第九识阿摩罗识作为清静识，今学无此说。同时，玄奘唯识宗强调"境不离识"并以此说明染净诸法的生起，这与古学不同，即古学"以无不属识为唯，今以无不离识为唯"①。

（二）种子的本有与新熏

唯识宗的阿赖耶识之说涉及解脱的心识基础的问题。玄奘则以新的思想武器解决这一问题，即以"种子"的"本有"与"新熏"来理解解脱的"性"与"修"的

---

① 欧阳渐：《与章行严书》，收入王雷泉编选：《悲愤而后有学——欧阳渐文选》，上海：上海远东出版社1996年版，第315页。

关系。所谓"种子",是指生起染净诸法的功能,此功能在其成为"现行"(即种子所现起的色心诸法)之前,是潜伏在阿赖耶识之中的。不过关于解脱的清净种子的来源问题,印度瑜伽行派内部有不同的认识。无著《摄大乘论》认为净种并非来自阿赖耶识本身,而是来自纯净的法界(真如)。而与无著思想相关的《瑜伽师地论》有另一说法,认为净种并非直接来自真如,而是以真如为其所缘而起。这两种观点分别从内在与外在两个角度对净种的来源进行了思考。玄奘译述《成唯识论》,认同《瑜伽师地论》的内在说,同时强调后天"熏习"的重要性,因此主张"一切种子皆本性有,不从熏生,由熏习力但可增长"。可以说,唯识宗对净种的本有新熏之说并不是一种调和,而是坚持本有的优先性,认为熏习起到了后天增长、激发的作用。

(三)三自性与四分心

唯识学主张"唯识无境",指出"境不离识",它将人们在现实中执着"境"为实在的观点视为谬见。这引出了唯识学对心的反省。唯识宗有"三自性"与"四分心"之说。三自性是指主体对诸法存在的性质的认知,包括遍计所执性、依他起性与圆成实性,其中依他起性最为关键。依照阿赖耶识缘起的理论,诸法是阿赖耶识中的染净种子待缘现行而生起的,诸法依缘而生,本无自性,此即依他起性;如果人心不识依他起性之理,而执着缘生诸法为心外之实有,此即遍计所执性;最后,修行者舍弃遍计所执性,理解到依他起性,这种智慧即是圆成实性。

四分心之说是唯识宗精密分析心识活动所得出的理论。四分即相分、见分、自证分、证自证分。人心之所以有遍计所执性,也即执着心识之外有独立存在之外境,其实是心识中的见分对于心识中的相分的执取的结果,因此唯识宗认为人们必须对心识活动进行再认识,以保证"识外无境"。玄奘特别就认识的对象也即相分提出了三类境(性境、独影境、带质境)的概念。三类境虽然都是八识所变现的相分,但三者的性质不同,其中性境是由实际的种子而生,故有"实性"。三类境之说非印度瑜伽行派所有,玄奘对性境之实性的强调实则带有中国本土思想实在论的色彩。

唯识宗在唐代初年一度非常兴盛,但经过数传之后即式微不振。虽然唯识宗作为宗派不传于后世,但其影响是深远的:一方面,玄奘一派翻译出大量的佛教经典,构成与六朝旧译相对的新译系统;另一方面,唯识宗的概念名相、理论模式后来被其他宗派吸收,对后来中国佛学的影响既深且远。

四、华严宗

华严宗成立于初唐,盛行于中、晚唐,因为此宗尊奉《华严经》为圆顿之经,故名华严宗。又因为华严宗的三祖贤首法藏建构出华严宗的系统理论,故亦称贤首宗。华严宗因立宗时间晚于天台、唯识,因此得以吸纳二宗的思想因素,构建出一个教义规模极为庞大的宗派体系。在有唐一代的佛教宗派中,华严宗展现出作为帝国意识形态的特色。

(一)华严古学

北魏时期,中土翻译家译出世亲《十地经论》,此后华严学迅速成为北方佛学的热点[①],因此华严宗之成立与六朝地论学派尤其是地论南道渊源颇深。以慧光为代表的地论南道认为阿赖耶识并非妄染,而是真心,亦即法性真如,因此奉持"法性依止"之说,主张诸法是依止法性而生的。进入隋唐后,作为学派的地论学逐渐式微,但其思想被华严学人吸收,成为早期华严宗成立的重要理论资源。

(二)性起说

华严宗标志性的学说之一便是性起说。顾名思义,性起即称性(佛性或法性)而起。性起有两层含义:一是众生具足如来智慧,称性而起,即可作佛;二是指诸法均为佛性的体现,佛性之外更无一法。[②] 华严性起说一般以后者为主,并主要通过体用相即的思维处理诸法缘起的问题。华严宗对缘起的理解十分独特,它依托《起信论》,主张诸法是称法性而起的,即法性参与到诸法缘起的经验世界之中,而非隔绝在诸法之外。因此在华严宗看来,缘起即是性起,性起即是缘起。华严宗并没有否定佛教传统的缘起说,但它指出性起是对诸法缘起的最圆融的理解,这意味着它试图论证自己是"一乘圆教",也即处在佛教判教系统的最高最圆的位置。

(三)法界观

与性起说紧密关联的另一标志性学说是法界观或四法界说。所谓法界,是指具有差别性和融通性的诸法世界。华严宗之所以提出法界观之说,是要就此相互差异的法界而建立统一互融的世界。据此,华严宗总结出四法界,即:事法界、理法界、理事无碍法界、事事无碍法界。事法界指诸法的分别、差异状态,

---

① 参见魏道儒:《中国华严宗通史》,南京:江苏古籍出版社1998年版,第65页。
② 参见赖永海:《中国佛性论》,北京:中国青年出版社1999年版,第157页。

理法界指诸法的统一性状态,理事无碍法界是要融合统一性的原则与差异性的事相,而事事无碍法界则是要将差异、各别的诸法进行融合。四法界统合起来,最终的境界是"一真法界"。四种法界观体现了华严宗修行者把握世界统一性的追求。另外,华严宗还有六相圆融的原创性观点,这是对诸法统一性的另一个角度的论说。

华严宗以其体用相即、理事无碍的思想建立起一个繁复无比的体系,意在解决一与多、整体与部分、一般与个别的矛盾,这与唐代帝国的思想建设具有内在关联。由于华严宗吸收了天台宗的判教体系而又另有构架,并自命为圆教,因此与天台宗形成了教义竞争的格局,并展开了长期的圆教地位之争。不过在论辩的同时,两宗教义其实互有吸收,例如天台宗的湛然对华严宗"真如随缘"说有所吸收,而华严宗的清凉澄观对天台宗"性恶"之论有所接纳,从而在一定程度上模糊了宗派界限,引发了宋初天台宗内部的义理之争。

五、禅宗

在隋唐的佛教宗派中,禅宗最具特殊性。与天台、华严不同,禅宗虽有经典依据、传法谱系,但它强调"教外别传""以心传心",展示出其"心宗"的特质。禅宗颠覆了正统宗派佛学的"言教"模式,而树立了新的典范,也即"莫向外求""自性解脱"。可以说,禅宗既在隋唐宗派佛学的范围之内,又是对这一形态的反动。宗派佛学正是通过禅宗的形式,实现了向宋代佛学新形态的过渡。

(一)南宗的崛起

依禅宗传承谱系,早期禅宗的传递经历了六位祖师,即:初祖菩提达摩、二祖慧可、三祖僧璨、四祖道信、五祖弘忍、六祖慧能。而六祖慧能一派被称为禅宗的南宗,南宗的崛起是禅宗在唐代兴盛起来的标志。

南宗后来成为禅宗的主流,但事实上,南宗的合法性是后起的。其实早期禅宗的谱系传承并不具有连续性,其中初祖菩提达摩、二祖慧可、三祖僧璨的思想所依据的经典是《楞伽经》(刘宋时期翻译);而四祖道信开创东山禅法,所依据经典转为魏译《楞伽经》,并吸收了与魏译《楞伽经》思想相关联的《起信论》的止观体系,将该论的"一心二门"思想融入其禅法实践中。六祖慧能正是在东山禅法的基础上,确立了南宗"自性解脱"的根本思想,实现了禅宗面向平民的变革;而禅宗北宗神秀一系虽然在初始时影响更大,但因其恪守"楞伽师"的传统,禅法局限在上层贵族的范围之内,最终被南宗取代。

(二)顿悟法门

根据学界的一般看法,南宗禅法重视顿悟,北宗则重视渐修,这是两者的根本差别。不过南宗的顿悟不是仅就方法论而言的,而是体现出禅宗思想的本旨。换言之,相较于其他宗派重佛的言教,禅宗更重视修行者的自证自悟。事实上,天台宗的"化仪四教"、华严宗的"圆顿教"等都蕴含着"顿门",但这些宗派的"顿"只是揭示出佛的言教法门,而非修行者的自修法门。禅宗认为,相对于言教的接引,自我的证悟是最根本的。据此,禅宗主张"教外别传""不立文字""以心传心",这些口号并不是否定言教对于解悟的重要性,而是说明言教并非自知、自悟、亲证。要亲证,就不能向外在的善知识、经典、言教中寻求,而必须"自取本性般若之知",开发自身智慧。禅宗认为,能否开悟的关键在于能否自悟,在于人们能否"识其本心"而"见其自性",所谓"菩提般若之智,世人本自有之,即缘心迷,不能自悟,须求大善知识示道见性"(敦煌本《坛经》)。由此可见,相对于其他宗派,禅宗更坚定地走上了一条"返本"之路。

(三)无念为宗

禅宗的根本法门是顿悟,而其具体的修行法则在于"三无",即:无念为宗、无相为体、无住为本。无念,即"于念而不念",在念中而不执着于念;无相,即"于相而离相",在相而能出离诸相,法体清净,所以说无相为体;无住,即"于一切法上,念念不住"(敦煌本《坛经》),心念不但要于念而不念,而且要在诸法之中而又不执住诸法,从而体证空性。三无之说,核心乃是无念,无住配合无念,无相则被纳入无念的系统下。无相本是般若学破执显空的原则,这在《金刚经》等般若经典中表达得至为明显,而《坛经》通过无念将无相原则统摄起来。可见,禅宗特别强调人的心念容易生起执念而不得自在,住于此念,即有相执,因此无相之根本在于无念。但是,禅宗的无念并不是纯粹的没有念头,而是"于念而不念",这其实是通过《起信论》"一心二门"的体用原则来指导坐禅,故《坛经》谓"真如即是念之体,念即是真如之用"。因此南禅虽然重视《金刚经》,但其般若思想最终还是依附在《起信论》的思维框架之下的。

禅宗以南宗为主流,这适应了中唐之后中国社会的平民化倾向。在地方割据政权的支持下,南禅派系演化繁生,遍布各地,逐渐发展成为晚唐最有影响的佛教宗派。

六、重玄学

唐代宗派佛学异常兴盛,而道教哲学也迎来了一个高峰。由于中古汉地士族与道教的特殊关系,道教在六朝有相当大的发展,及至李唐王朝建立,统治者多崇奉道教,礼遇道士。例如,唐玄宗曾经亲自为《道德经》作注,给予道士行宫廷礼仪的特权。因为道教在唐朝有国教的身份,获得官方与舆论的支持,所以相应于政治地位的显要,道教在思想形态上也进行了改造,即试图将六朝偏于个体性命的清修道教,转变成具有政治实践意涵的道教。其中的典型代表即是重玄学,重要的重玄学思想家有成玄英、李荣等。

"重玄"之名源于《老子》"玄之又玄,众妙之门"之句。唐代道家标立"重玄"之名,意在申述《老子》的思想宗旨。成玄英在谈及《老子》的众多注解本时指出:"虽复众家不同,今以孙氏为正,以重玄为宗,以无为为体。所言玄者,深远之名,亦是不滞之义;言至深至远,不滞不著,既不滞有,亦不滞无,岂唯不滞于滞,亦乃不滞于不滞,百非四句,都无所滞,乃曰重玄。"唐代重玄学的思想渊源可以溯源到东晋的孙登。由于当时的玄学意在调和名教与自然、有与无的问题却陷入困境,因此孙登撰写《老子疑问反讯》,根据《老子》"两者同出而异名,同谓之玄"而批驳旧说以及王弼"以无为本"的解释,指出"宜有欲俱出妙门,同谓之玄,若然以往,复何独贵于无欲乎"。① 玄学的思维大体上是"以无为本",王弼之后的郭象主张自生独化的"有"的境界,但究其实这是"即有而无",并未从根本上脱离玄学"崇无"的取向。可以说,玄学的贵无之论有割裂有无的倾向,使得知识主体只满足于自身的"自适"状态,而对社会政治倾向于消极地接受。因此孙登重新诠释《老子》宗旨,阐发重玄之义,意在去除道家的玄学化趋势,这其实表现出某种程度上的道教主体意识的自觉。到了唐代,成玄英在孙登的基础上,借助佛教中观学与庄学,建立重玄之学,通过体用思想将《老子》的政治哲学置于重玄的原则之下。

成玄英的著作主要有《庄子疏》《道德经义疏》,学界一般认为前者代表了成氏主要思想,不过成氏思想的要旨集中在《道德经义疏》一书。在此书中,他站在道教立场上,试图解决体用、真妄、己他的问题,从而在中观学的基础上将庄

---

① 参见蒙文通:《道教史琐谈》,收入蒙文通:《佛道散论》,北京:商务印书馆2011年版,第126页。

子的"逍遥"与老子的"治术"相融合。故在《庄子疏》序中,成玄英对庄子的境界评价极高,并将庄子哲学的旨趣归为"申道德""述重玄",谓其"申道德之深根,述重玄之妙旨,畅无为之恬淡,明独化之杳冥"。可见,成玄英其实并不以《庄子》为根本,而是以《老子》为宗趣,他是要借庄释老,意在建立与佛教相抗衡的道教体用哲学。在六朝隋唐的历史进程中,中国佛教已经逐渐建立起一套基于佛教本体论的体用思维模式,其中的典型便是《起信论》的"真如随缘"说,它在理论上处理了自我修证解脱与参与世俗社会实践的关系问题。但就道家、道教而言,这方面的思想未能发展出来,其外在的表现是个体清修有余而社会参与不足,从本质上说,这是由于对体用互动关系的探索不足。据此,成玄英重新诠释《老子》,将作为术的道改造成为真正的作为体的道,也即所谓重玄之道,以此参与种种治世之用。在这种背景下,成玄英将《老子》"同谓之玄,玄之又玄"解为:"玄者深远之义,亦是不滞之名。徼妙两观,源乎一道,同出异名,异名一道,谓之深远。深远之玄,理归无滞,既不滞有,亦不滞无,二俱不滞,故谓之玄。""有欲之人,唯滞于有,无欲之人,又滞于无,故说一玄,以遣双执,又恐行者滞于此玄,今说又玄,更祛后病,既而非但不滞于滞,亦乃不滞于不滞,此则遣之又遣,故曰玄之又玄。"这里,成氏通过"不滞"解释"玄",指出老子所说的"有欲""无欲"均是"有滞"的表现,超化这些"有滞"即成"一玄"。但超化"有滞"之后,旋即执着"无滞",那么就是对"无滞"又有所滞,为此需要再做出遣除与超化,而成为"二玄",也即所谓"玄之又玄"。借助佛教中观学的有无双遣、非有非无的否定性思维方式,成玄英将《老子》之道表述为超言绝虑之"理体",据此本体,圣人能"从体起用,应物施化",有效地参与社会实践。

重玄学是唐代三教鼎立、佛道竞争格局下的产物,它体现出道教人士建立道教体系哲学的理论创造力,对晚唐道教内丹学的形成具有深远影响。

第四节　宋明理学

理学又名道学或新儒学,是宋明时期的主流意识形态,故又称宋明理学。理学是基于儒学思想本位,对儒、释、道三教思想调停整合的产物,其理论体系的完备程度达到了中国古典哲学的顶峰。理学体大思精,富于理论思辨的意趣;而理学学派亦错综复杂,当中既有着思想交锋,又蕴含着历史的演进。本节从五个方面对宋明理学做一概述。

一、理学兴起的背景

（一）唐宋变革论

作为宋明社会的主流思想形态，理学的产生、形成与唐宋的政治、社会、经济变迁密切相关。相对于唐朝，宋代社会在商业、科技、思想文化等领域有着革命性的进展。唐宋在制度上的差异可以归纳为以下两点。第一，唐朝是大帝国，它通过制度设施与佛教思想，将文化、民族、地理等各种差异性因素统摄于一身；而宋朝是唐帝国瓦解后的产物，相对于周边的诸多国家或地区，譬如西夏、辽、金、大理乃至日本、高丽等，宋朝虽有"正统"的政治身份与较广大的地理空间，但已经收缩为单一的"民族"国家了。这一点很重要，这是理学得以形成的民族文化基础。第二，唐代社会的中古因素仍然存在，唐王朝虽然推行科举取士之法，但士族阶层力量仍然强大；而宋代的文官制度（科举制度）极为完善而且能够普遍实施，这带来了一个一元结构的制度社会，从而有效地将士人阶层制度性地整合进政治运作的体制中，导致宋代士人的政治主体意识空前高涨。因此理学可以理解为士人基于儒家的价值立场所重建的适应这一社会形态的主流意识形态。

（二）佛学的职能定位

在宋代社会，由于知识主体纳入制度社会的运作中，因此儒、释、道三教均参与到有限的政治空间当中，导致了三教的重叠与模糊，并带出了三教的职能定位与分工的问题。由于唐帝国的瓦解，佛教丧失了既有主流意识形态的地位，于是首先自觉地展开了对自身的思想职能定位的反思，主动地将自身的思想意义与宗教功能限定在某一个具体的领域内，于是宋代佛学得以有效地参与宋代制度社会，获得其存在的合法性。在此进程中，天台宗、禅宗的表现最为突出。天台宗通过其内部的"山家山外"之争，明确了以"忏法"消伏现实之恶的职能；禅宗则以参究公案的方式，以求明心见性，顿悟成佛。在理论层面，天台宗的孤山智圆将佛教的职能定位为"复性""治心"的秩序之学，显示出宋代佛教对重建人间合理秩序的关注，并由此连通了儒家"治世"之义，有效地调和了儒佛的差异。宋代佛学对自身职能的自觉定位，与宋代儒家形成了有力的竞争关系，这表现为：相对于唐代士人，北宋初期的士人具有更强的政治主体意识，但其社会政治身份与思想身份之间仍然存在分离性。也就是说，在相当大的程度上,宋初士人是以佛学为"治心"之学,而以儒学为"修身""治世"之学,两者疆域有别但又统一于儒家士人的心智世界中。这一心智模式不仅体现在具有明确居士身份的士大夫那里,而且渗透到如王安石这样的政治改革家的头脑中。从北宋理学集团尤其是二程学派对王安石之学的激烈批判中,我们不难看出,宋代佛学在职能定位上与儒学形成了竞争的态势,而这种竞争在一定程度上促成了理学的形成。

(三)党争与论辩

理学具有理论思辨的意趣,它关注内在的心性体证,与儒家士大夫的身份定位密切相关,并推动他们对政治社会秩序的构建。由此,理学具有明显的政治语境,并与党派之争有所关联。可以说,理学获得合法性的过程伴随着激烈而复杂的党案。

宋代主要有两次党案:元祐党案和庆元党案。《宋元学案》称这两次党案"为两宋道学兴废所关"。元祐党案源于北宋士大夫内部的分化,因对"国是"与"变法"理解不同,北宋士人形成了新旧两党,以二程为核心的理学集团支持旧党司马光,反对新党主张,这引起了两派在学术与政治上的紧张关系。因此在北宋后期新党人物章惇、蔡京执政期间,包括洛学传人在内的元祐党人多被禁锢。庆元党案发生在南宋宁宗朝,当时士大夫内部理学集团与掌权的官僚集团形成对立,理学最终被诋毁为"伪学"而遭到禁止,但很快,禁令得到解除,理学逐渐被确立为意识形态。

二、北宋理学诸子

北宋初期,思想界仍然为佛道二教思想主导。稍后的宋初三先生——胡瑗、孙复、石介——对儒学的复兴起到了促进作用。特别是胡瑗的"明体达用"思想,对后来二程尤其是程颐有所启发。

(一)周敦颐的太极说

周敦颐,字茂叔,道州营道县人。周氏曾多年任职于地方,精于吏治,明于判案,颇受时人称誉。但周敦颐有另一形象,他光风霁月,高洁自许,以居士自居,这显示出其思想的复杂性。在理学史上,周敦颐被视为"理学宗主",这得益于后来朱熹对其太极说的推崇。朱熹在建构自身理学思想体系的过程中吸收了周敦颐的太极说,并在理学谱系中强化了周敦颐与二程的师徒授受关系。

周敦颐通过他的《太极图说》建立了一套宇宙本体论,将作为本体的太极与宇宙生化的阴阳五行联系起来。太极、阴阳、五行是中国哲学的古老概念,但这些概念原先未必有本体的义涵。周敦颐可能在道教太极先天图的启发下,整合了上述概念,将宇宙生成论与本体论结合起来。首先,他提出"无极而太极"的思想,将太极与无极联系起来,指出"太极本无极"。这是借鉴了佛老的"空""无"思想而赋予太极以本体之地位。其次,周敦颐在此基础上,展示出他的宇宙论思想:"太极动而生阳,动极而静,静而生阴,静极复动。一动一静,互为其根;分阴分阳,两仪立焉。"在他看来,作为本体的太极并非"空""无",而是含蕴阴阳,阴阳的互动孕育生机,由此"阳变阴合,而生水、火、木、金、土。五气顺布,四时行焉"。周敦颐将太极阴阳与五行生成结合起来,从而展示万物的生化:"无极之真,二五之精,妙合而凝。乾道成男,坤道成女,二气交感,化生万物,万物生生,而变化无穷焉。""无极之真"即太极本体,阴阳五行则是气之质料,万物由气生成而同时内涵太极。周敦颐还指出,在万物当中,人类得到了阴阳五行之气的精髓,气质最纯。人如果能够"立人极",成为圣人,则可以与宇宙天地相通。由此,周敦颐从本体论上赋予人以一价值主体上的优先性,从而在佛道的"空""无"之外进行了新儒家的道德本体论构建。据此而言,周敦颐被称为"理学宗主"也是合理的。

(二)张载的太虚即气说

张载,字子厚,生于河南开封,长于陕西关中,少年喜习兵学,后受到范仲淹的启发而转向儒学,深究儒家义理。张载曾任职于地方,后讲学于关中横渠镇,其学说被后人称为"关学"。张载学古力行,论著不少,代表著作为《正蒙》。张载的思想对于理学的贡献有两方面:一是建立气本体论,以对抗佛老的空寂之学;二是提出"理一分殊"之说,以此重建儒家的道德哲学。

1. 太虚即气

气是中国哲学特有的概念,但在张载之前,中国传统思想中的气论难以发展成为一个形上本体的概念。而张载借鉴佛老的"空""无"思想,创造性地提出了"太虚即气"的命题,予气以本体论的处理。张载指出,"太虚无形,气之本体;其聚其散,变化之客形尔",区别了气的本体与客形,将前者视为无形的太虚,将后者视为气之聚散的表现。太虚本体虽然空虚,却是"即气"的,所以是实在的本体,而不同于佛教的寂灭空性与道教的虚无。通过气本体论,张载在太虚与万物之间建立起一个体用关系:"太虚不能无气,气不能不聚而为万物,万物不能不散而为太虚。循是出入,是皆不得已而然也。然则圣人尽道其间,兼体而不累者,存神其至矣。彼语寂灭者往而不反,徇生执有者物而不化,二者虽有间矣,以言乎失道则均焉。"太虚必然是"即气"的本体,因此太虚本体与由气之聚散而形成的万物,即构成体与用的关系,而并非有体无用或执用不化。由此可见,张载与周敦颐一样,也建立了一个对抗佛道思想的儒家形上本体论。

2. 理一分殊

张载形上本体论的构建是与其儒家伦理学相关联的,其实质是要引申先秦儒家的仁学思想,也即将先秦仁学扩展成为心性本体论形态的仁学,将仁与万物一体的境界融通起来。在其著名的《西铭》(收入《正蒙·乾称篇》)一文中,张载提出了"民胞物与"的主张。《西铭》开篇说:"乾称父,坤称母,予兹藐焉,乃混然中处。故天地之塞,吾其体;天地之帅,吾其性。民,吾同胞;物,吾与也。大君者,吾父母宗子;其大臣,宗子之家相也。"这段话将儒家的宗法伦理模式与万物一体的天地境界相结合,从而在更大范围内调和了礼的差异性与理的同一性关系,显出了"分殊"(差异性)与"理一"(普遍性)的融通可能,从而在新的历史语境下给儒家的安身立命之道以新的解答。当然,要达到民胞物与、万物一体的仁的境界,就要求个体在心性修养上达到更高的境界,因此张载强调人要"大其心"。人如果能够"大其心",那么就能够在"见闻之知"的基础上又不为"见闻之知"所局限,而提升至"德性之知",也即穷知天理的境界。对于张载以气为本的本体宇宙论,程颐评价甚高,认为"《西铭》明理一而分殊,扩前圣所未发,与孟子性善养气之论同功,自孟子后盖未之见"。

张载的气学不仅对宋代理学本体论思维的发展有着积极的推动作用,而且对后来重视气的思想家(如明代罗钦顺以及清初的戴震等)均有不同程度的影响。

(三)二程的天理说

在北宋理学诸子中,二程兄弟(程颢、程颐)建立了最为完备的理学体系,而在思想谱系的传承上,二程的理学集团有着自觉的身份认同,并且直接促进了南宋理学学派尤其是朱熹一系的形成。就此而言,二程理学可视为北宋理学的实际代表。二程思想的贡献主要在天理说,具体又可分为"识仁定性"与"穷理"两个方面。

1. 识仁定性

张载有"大其心"的仁学主张,但这一主张并未进一步落实成为儒家自觉的心性修养论。对此,二程是有所自觉的,他们努力通过新的表述与观点来确立理学的心性论系统。在《答横渠先生定性书》一文中,程颢提出了对"定性"的德性修养问题的解答。他指出:"所谓定者,动亦定,静亦定,无将迎,无内外。"这是说,性无内无外,无动无静,因此定性的修养工夫,也是即内即外、动静皆定的。在静的状态下固然需要定性,在动的状态下也同样需要心的顺应与安定。这就要求修心工夫不能摒除外物、外境而静修,而是要求心时时处于"公心无私"的状态,或复性而静定,或依理而应物,因此程颢接下来说:"夫天地之常,以其心普万物而无心;圣人之常,以其情顺万事而无情。故君子之学,莫若廓然而大公,物来而顺应。"同时程颢认为,主体之心能够"廓然大公"的前提,乃是对万物一体的仁的境界的体认,所谓"学者须先识仁,仁者浑然与物同体"。程颢自觉到,定性需要更为基础的心性修养工夫,这一修养工夫即是"识仁"。

2. 穷理

二程对理学更大的贡献乃是提出"穷理"之说,这一理论由程颐建立。虽然周敦颐的太极图说与张载的"太虚即气"说在理学本体论的建设上贡献良多,但从知识论角度阐述本体之理,则是二程的独到观点。通过对《周易》哲学的研究,程颐提出"体用一源,显微无间"的体用论,确立了天理的本体地位。同时,通过对四书的表彰,程颐真正将传统儒家"诚意正心"的思想资源纳入知识论的系统中。在对《大学》"格物"一义的解释中,程颐将"格"解释为"穷",将"物"解释为"理",因此"格物"即是"穷理"。他指出,凡一物上有一理,"须是今日格一件,明日又格一件,积习既多,然后脱然自有贯通处"。物无分于内外,但穷理方式是多样的。

从思想谱系来说,二程思想直接影响到南宋理学尤其是朱子学的建立,因此二程在理学史上具有主流的正统地位。

三、朱子理学

朱熹,字元晦,祖籍江西婺源,生于福建尤溪,是南宋理学的集大成者,同时也是唐代之后最重要的思想家之一。理学发端于北宋中期,到南宋达到其黄金时代,诸派蜂起,大师并出。在与理学其他派别的论辩过程中,朱熹以二程思想为根本,创造性地整合了各派理学思想,构建出庞大的体系,逐渐确立了朱子学作为理学思想主流形态的地位。

(一) 天理论

在理学本体论的构建上,北宋理学诸子分别提出太极、太虚、理等概念,而朱熹综合诸说形成了最为完备的理学本体论。通过将太极与理互相发明,将理与气相结合,朱熹建立了他的天理学说。他明确了太极(理)的超越地位,同时保证太极在万物上的落实,有效解决了形上本体与个体之物的关系问题,为个体的心性修养提供了终极的本体依据。朱熹认为,理就是万物的本源、本体,所谓"合天地万物而言,只是一个理"。"有此理,便有此天地。若无此理,便亦无天地,无人,无物,都无该载了。"同时,朱熹认同周敦颐"无极而太极"之说,明确指出太极是"万化之本",就此而言,理实非别的,理即是太极。朱熹既统一理与太极,也就可将超越的理落实于万物之中,因为"合而言之,万物统体一太极也;分而言之,一物各具一太极也"。理(太极)虽然是本体,但万物中各有一太极。这样,理(太极)与万物就不是一般与特殊或形式与质料的关系,而是大宇宙与小宇宙的关系。对于这种关系,朱熹通过"理一分殊"做出了展示。所谓"理一",是说万物全体之本是相通的,而此本落实在万物之上则有种种"分殊"的表现,两者并不矛盾。以"理一分殊"为基础,朱熹还处理了人性论的问题。他指出,人都兼具纯善的天命之性(理一)与善恶相杂的气质之性(分殊),而通过"变化气质"、去除"人欲之私",人便得以"存天理",朗现天命之性。

(二) 格物致知

朱熹指出,理在分殊的万物中均有体现,这就意味着我们应该先迂回地体认万物分殊之理,然后归于一理。因此,朱熹特别重视《大学》的"格物致知"思想。朱熹认为《大学》古本遗失了对"格物"的解释,因此他撰写《格物补传》云:"所谓致知在格物者,言欲致吾之知,在即物而穷其理也。盖人心之灵莫不有知,而天下之物莫不有理。惟于理有未穷,故其知有不尽也。是以《大学》始教,必使学者即凡天下之物,莫不因其已知之理而益穷之,以求至乎其极。至于用力之久,而一旦豁然贯通焉,则众物之表里精粗无不到,而吾心之全体大用无不明矣。此谓物格,此谓知之至也。"这里,朱熹区别了主体之心与客体之物,认为心有"灵"的认知能力,但如果心知之灵未至其极,则需要即物而穷尽物理。同时,由于理体现在分殊的万物上,因此心知必须对万物之理有一穷究,即所谓

"今日格一物,明日格一物"。一旦积习既久,豁然贯通,人心就能把握全体之理,使心知达至其极。当然,朱熹虽然强调人们要穷究万物之理,但这是一总体性的原则,而穷理的主要途径有三:读书明义理,论古今人物是非邪正,以及应接事物处其当否。其中又以读书明义理为要。

(三)心性中和说

格物致知是心在"已发"的状态下穷究物理,对于心的"未发"状态,朱熹提出了"涵养"的工夫。朱熹借助《中庸》关于"已发""未发""中和"的观点,思考心、性、情的关系问题。这引出了他关于中和的新旧二说。中和旧说(丙戌之悟)是朱熹四十岁之前的观点,他认为心总是在作用,因此心的所有表现均处在已发的状态,而性处于寂然不动的未发状态,合起来就是"心为已发,性为未发"。因为修养工夫是心的修养工夫,所以需要在已发上用力。后来,朱熹提出了中和新说(己丑之悟)。新说指出,思虑未萌的状态是心之未发,思虑已萌的状态则是心之已发;未发即性,已发为情。由此,在心、性、情的关系上,朱熹主张"心统性情",心包涵、统贯、主宰未发之性和已发之情;在心、性、情的修养工夫上,他主张在未发的状态下主敬涵养,在已发的状态下格物致知,两者当中,主敬涵养更为根本。这样,"心统性情"与涵养格物并行,成为朱子理学思想的两大基石。

朱熹的理学体系精严、博大、细致,因此逐渐成为整个理学的主导形态。尽管有当代学者从构建的哲学史立场对朱子学的正宗地位提出质疑,但从哲学史的实际演化角度看,朱子学的主流地位是不可被动摇的。

四、象山心学

朱熹在构建其理学体系的过程中,所面对的主要理论对手是金溪陆氏兄弟,其中又以陆九渊为主。在南宋理学诸派中,浙东吕祖谦一派以文献赅博见长,朱子一派以义理精严闻名,陆九渊则以"发明本心"为其主要特色。陆九渊注重发明本心,工夫简易,不重著述,形成了南宋理学中别具一格的心学一派。

(一)心即理

在心与理(性)的关系上,朱熹坚持理的本体地位,陆九渊则突出心的本体地位,强调心与理的同一性,主张道德之心的发动即是理的显现。这就是他的

"心即理"的观点。而这一观点又是通过宇宙的概念建立起来的。一方面,陆九渊指出心是宇宙的本体,主张"宇宙便是吾心,吾心即是宇宙";另一方面,陆九渊又坚持理在宇宙中的实在性,所谓"此理在宇宙间,未尝有所隐遁"。理是万物的本源,心也是万物的本源,前者表现为宇宙的客观秩序性,后者则体现为宇宙的主体自觉性。在此基础上,陆九渊打通心与理,提出"人皆有是心,心皆具是理,心即理也",从而统一了心体与理体。

(二)发明本心

陆九渊既主张"心即理",那么他把握理的方式便不是格物穷理,而是发明本心,这就要求心本身的状态有所提升转换,也即从私转向公。陆九渊认为理是公共、自明的,如果理有不明,并非理自身有所限量,而是因为主体的自私。因此,明理其实就是明心,也就是不任己私,挺立和发明本心。因此理昭明与否的关键在于心是否有蔽,这就要求心的向内工夫,即发明本心。淳熙二年(1175)在由吕祖谦主持的铅山、鹅湖之会上,陆九渊兄弟与朱熹专就为学工夫展开论辩,陆氏兄弟批评朱熹之学过于支离,认为发明本心的易简工夫更得先儒之旨。通过这一次论辩,陆氏之学明确了其"尊德性"之本旨。

(三)太极之争

显然,无论是"心即理"的本体论还是发明本心的工夫论,陆九渊的思想都以心为本。同时,他还将作为本体的心与心性修养的"中"结合起来,这就与朱熹的太极说产生了冲突。朱陆后期之争主要围绕太极展开。朱熹接受周敦颐"无极而太极"的观点,视太极为理之极、万化根本;同时,太极体现在万事万物中,物物皆有一太极,因此即物穷理乃成为必然。对此,陆九渊持反对态度。首先,他不接受周敦颐"无极而太极"之说,认为无极是老氏宗旨,非儒家之说。其次,陆九渊坚持太极之"极"并非虚字,而是实指,因此他以"中"释"极",将太极理解为"至理"。陆九渊之所以要就太极之义与朱熹论辩,其主旨在于将太极由一外在之理而转为根乎人心之理,批评朱熹的即物穷理说,维护他的发明本心的基本立场。

象山与朱子的论辩是南宋理学发展的重要环节,虽然朱子之学后来成为理学的主流,但象山之学后来也通过杨简、袁燮等心学思想家延续下来。明代的心学是对朱子学的反动,其得益于象山之学的启发是毫无疑问的。

五、阳明心学

从思想形态看,早期的明代理学仍然延续朱子学的传统,但到了明代中期,理学有一明显的心学化转向,这主要表现为对意识形态化的朱子学的反动。[①] 其中陈献章(世称白沙先生)倡自得之学,其弟子湛若水发扬师说,进一步提出"随处体认天理",将白沙自得之学发展成为具有社会实践意义的心学。在白沙心学系统的基础上,王守仁进一步倡导致良知,建立了最为完备的心学体系。

(一)心外无理

相对于朱子理学,阳明强调天理并非外在的客观原则,并在陆九渊"心即理"的基础上,提出了"心外无物"与"心外无理"之说。

首先说"心外无物"。王阳明认为,物与心之意相关,"意之所在便是物",因此脱离心之意谈物的存有是没有意义的。他回答友人"心外无物"之疑,说:"你未看此花时,此花与汝心同归于寂。你来看此花时,则此花颜色一时明白起来。便知此花不在你的心外。""心外无物"之说赋予了心以本体的地位,这不同于朱子从宇宙生化的存在论角度理解天理本体。阳明特别强调万物的呈现依赖于心的意义赋予,云:"我的灵明,便是天地鬼神的主宰。天没有我的灵明,谁去仰他高?地没有我的灵明,谁去俯他深?鬼神没有我的灵明,谁去辩他吉凶灾祥?"虽然心之灵明并不离开万物,但前者对后者是具有主宰性的。

其次介绍更为根本的"心外无理"说。阳明虽确立心对万物的主宰地位,然并非是将心孤悬于万物之外,而是在万物一体的基础上显出心的主宰性。他认为,心与万物构成一体的关系,而心因为具有灵明的作用,因此对万物具有主宰性,这种主宰性体现为对于万物一体的自觉。由此,万物的统一性原则就并非源于外在客观的天理,而内在于心体本身,这就是所谓的"心外无理"。阳明批评朱子对理的理解,他认为:"夫万事万物之理不外于吾心,而必曰穷天下之理,是殆以吾心之良知为未足,而必外求于天下之广,以裨补增益之,是犹析心与理而为二也。"可见,阳明的"心外无理"之说是要明确道德实践就是道德的自觉,他批评朱子未能意识到心的自觉即是理的呈现,而将心与理分离为二。由此,王阳明坚定地将心(心体)作为道德本体之所在。

[①] 参见侯外庐、邱汉生、张岂之主编:《宋明理学史》下册,北京:人民出版社1997年版,第151页。

（二）致良知

阳明以心为天理，这就将道德本体与道德主体统一起来，从而突出了道德实践领域的自主性。他指出道德实践是道德主体对于心体的自觉，而无关乎外物，这道德自觉的工夫就是致良知，也即将良知这一先验的知是知非之知，落实和贯彻在日常生活的实践当中。

致良知之说是对朱子格物致知说的反动。朱熹因为主张"理一分殊"，所以强调格物致知。为此，朱熹对《大学》古本予以修订，突出格物致知相对于诚意正心的优先性，并指出格物即是穷理。阳明早年受到朱子格物致知之说的影响，后来则对其予以批判，他坚持诚意的优先性以及格物对于诚意的依从性，以此扭转朱子的理路。在王阳明看来，物是意之所在，因此格物并非即物穷理，而在于正其意，他认为："格者，正也。正其不正以归于正之谓也。"同时，因为良知本体自然地能够知善知恶，因此可以调整人的心意，使得不诚的心意恢复为诚善的心意。所以，诚意必有待于推致良知，从而达致正心诚意的状态；而在正心诚意的基础上，格物才能实现。由此，阳明将朱子格物致知然后正心诚意的工夫论，扭转为正心诚意然后格物的致良知之学。他指出："若以诚意为主，去用格物致知的工夫，即工夫始有下落，即为善去恶无非是诚意的事。"据此，他提出了著名的四句教，即"无善无恶心之体，有善有恶意之动，知善知恶是良知，为善去恶是格物"。阳明四句教简要地揭示出致良知之说的主旨与次第。

（三）知行合一

阳明坚持道德实践的主体自主性原则，因此反对朱熹以知识论为道德实践提供基础的立场，这其实是将知与行统一起来，使之成为道德实践的两个环节，以确保道德实践的有效性。这就是阳明的知行合一之说，该说是其立言宗旨。

阳明指出，知是行的主意，行是知的工夫，道德实践并不单纯体现为外在的"身行"，而在根本上体现为意念之"行"。就此而言，知与行并非是先后关系。阳明说："今人学问，只因知行分作两件，故有一念发动，虽是不善，然却未曾行，便不去禁止。我今说个知行合一，正要人晓得一念发动处，便即是行了。发动处有不善，就将这不善的念克倒了。须要彻根彻底，不使那一念不善潜伏在胸中。"可见，阳明认为，意念之动即是"行"，这样就使知与行成为一体的关系，此即"知之真切笃实处便是行，行之明觉精察处便是知"。本着"即知即行"的立场，阳明批评"知而不行"的思想其实是"不真知"，有真知则必然能行。事实上，即知即行、知行合一并不是在一般理论与实践意义上说的,而是就着良知本体之体用关系而做出的申发。

阳明良知之学倡于明代中叶,成为明代中晚期最重要的学说,而王学内部也因王阳明思想与教法的复杂性而发展出左派、右派,它们在晚明思想转型过程中扮演了重要角色。其中的左派发展得更极端,发展出李贽的主张个性解放、思想自由的批判思想与泰州学派的"平民化"运动。

第五章　重大事件

本章主要介绍中国哲学史上的代表性事件。其中既包括发生在特定时间节点的学术和文化事件,如白虎观会议、鹅湖之会、戊戌变法等,也包括能体现某一时期思想以及文化热点的重要论争,如齐梁之际的形神之争、清代前期的礼仪之争等。同时,对于奠定以及影响整个中国哲学史发展格局的学派(宗派)创立和思想传入等事件,如儒家的创立、佛教的传入、明清之际的西学东渐等,亦将简要概述其历史过程和特点。本章按时间顺序讲述,力图通过这些代表性事件勾勒和呈现出中国哲学史中的思想脉络。

第一节　先秦时期

先秦时期是中国哲学和思想发展的第一个辉煌时期。先秦时期诸子百家思想争鸣,当时儒墨并为显学,道家、法家、阴阳家、名家等学者也各呈己见,影响深远,法家思想更是在秦统一六国的过程中起了重要作用。

一、儒家的创立

孔子创立的儒家可以说是中国哲学史上第一个真正意义上的学派。在汉代、唐代以至宋明、清代后期,儒家思想随着不同时代的特点而呈现出不同的学术以及政治面向,在两千五百多年的历史中深刻地影响着中国人的社会和文化心理。一般来说,"儒家"是从学派和团体的角度给定的名称,从儒、释、道三教的角度来看也称其为"儒教",其学术则称为"儒学"。

从历史发展来看,是先有"儒"这一身份,然后才有所谓的儒家,在孔子之前有儒而没有儒家。《说文解字》追溯"儒"字本义:"儒,柔也,术士之称。"殷商时期的儒以助丧相礼为职业,从事礼乐教化的儒大概产生于周代,一般是指通习六艺之士,六艺即礼、乐、射、御、书、数,在当时是贵族才能接受的教育。早期的儒者属于士,也就是贵族中的最低阶层。孔子本人在当时就是儒,他熟习六艺,尤其通晓礼乐,春秋后期礼坏乐崩的状况正是孔子研究礼乐、力图恢复周礼的社会大背景。

儒家是以孔子为领袖、由孔子及其弟子组成的一个有社会影响力的学术集团，其成员主要来自士阶层。孔子年三十始授徒设教，将六艺传播到平民社会。对于儒家，汉代的班固评价说："儒家者流，盖出于司徒之官，助人君顺阴阳明教化者也。游文于六经之中，留意于仁义之际，祖述尧舜，宪章文武，宗师仲尼，以重其言，于道最为高。"班固主张诸子各家出于王官之学，关于这一说法学术史上也有不同意见，但是他对儒家思想特点的概括是比较到位的，即儒家这一学派由孔子开创，特别重视仁义以及尧、舜、文、武等圣王的传统，学派最重要的文献是六经，孔子的弟子子夏等人就在传经过程中起了重要的作用。

关于孔子与六经的关系，朱熹在《论语集注》中讲，孔子"删《诗》《书》，定礼乐，赞《周易》，修《春秋》，皆传先王之旧，而未尝有所作也"。这一点在先秦以至秦汉时期当为共识，如司马迁就记载过孔子编次《诗》《书》之事："孔子之时，周室微而礼乐废、《诗》《书》缺。追迹三代之礼，序《书传》，上纪唐虞之际，下至秦缪，编次其事。"孔子说"加我数年，五十以学《易》，可以无大过矣"，《孟子》中提到"孔子成《春秋》而乱臣贼子惧"，这些材料都说明了孔子与六经的关系。当然，后世学者考证，指出六经并非孔子撰写或删定，比如《易传》当是托孔子之名，但是六经与孔子以及儒家学派的密切联系并不会因此减弱，五经(《乐经》未见文本，也有说法认为《乐经》本来没有成文)从先秦以至清代一直都是儒家最基本也最重要的文献。

《论语》是了解孔子以及早期儒家思想活动的重要文献之一，由孔子的弟子及再传弟子编纂而成。《汉书·艺文志》记载："《论语》者，孔子应答弟子时人及弟子相与言而接闻于夫子之语也。当时弟子各有所记，夫子既卒，门人相与辑而论纂，故谓之《论语》。"通过《论语》的记载可以看到，孔子以及儒门弟子如子贡、子路、冉有等人在当时的社会中有较大的影响力。春秋时期还没有像战国中后期那样形成百家争鸣的学术格局和诸侯争霸的政治格局，因此脱胎于士阶层的儒家及其所推崇的礼乐仁义能够得到在位者一定程度的赏识。但同时也要注意，孔子时代的儒家并没有在政治文化中占据统治性的地位，且还有接舆、长沮等隐士与儒家的政治选择形成对比，因此对于早期儒家的思想及其影响力应当更立体地看待。

二、道家的追溯

《庄子·天下》《荀子·非十二子》等名篇评论诸子，只是举人，并无家数(当然也有归类)。《庄子·天下》除涉及邹鲁之士、缙绅先生外,分别评价了以下六类"子":墨翟、禽滑釐,宋钘、尹文,彭蒙、田骈、慎到,关尹、老聃,庄周,惠施。

从《庄子·天道》《庄子·天下》等篇,我们不难看出,庄周学派对于关尹、老聃赞颂备至:"可谓至极!关尹、老聃乎,古之博大真人哉!"《天下》篇认为,关、老治己之学之本(道)和治人之学之物(术)皆备,乘物以游心,达到了极高境界。

《天道》篇云:"古之明大道者,先明天而道德次之,道德已明而仁义次之,仁义已明而分守次之,分守已明而形名次之……"这里并不是专门评骘诸子之言,而是讲"体道"("得道")和"用道"的层次区别,当然其中也隐约含有对诸子不同主张的品评。这里"道德"显然是老子道家的主张,"仁义"是孔子儒家的主张,作者把礼仪、法度、术数、形名当作等而下之之事。

这里可见庄子学派有着学派的自觉。在先秦诸子百家蜂起之时,庄子及其后学考察、追溯学脉,以关尹、老子为本学派的开端,并将其评定为各学派之首。

我们知道,道家学派正式称为"道家",乃始于司马谈《论六家要旨》,时称道德家,后又简称道家。

传老子学说,发展其思想与学术的某一方面的,有文子、阳居子(杨朱子)、列御寇、柏矩、庚桑楚等人。其后又有稷下黄老道家,即田骈、慎到、环渊、接子等人。从思想史和学术传承的角度来说,道家以老聃为开山祖师,后经文子、《黄老帛书》的作者和列子、杨朱等人的发展,逐渐形成了不同的学术派别,随着战国中期稷下黄老道家和庄子学派的出现而蔚然鼎盛,后到战国末期、西汉中期,又分别出现了以道家为主、兼采各家的杂家著作《吕氏春秋》和《淮南鸿烈》等。

关于老子其人,历史上有不同的说法。学术界一般认为老子是老聃,姓李名耳,字伯阳,谥曰聃,楚国苦县(今河南鹿邑)人。老聃家族世代为周史官。他本人是东周王朝掌管典籍图书的史官,后因避乱,隐归故里。据说他离开王畿时,守关长官,也是他的好友尹喜,请他写下了后世称为《老子》的书。老子学问渊博,相传孔子非常敬重老子,曾经向他请教过周礼。

今传本《老子》分上下篇,五千余言,是用韵文写的哲理诗。估计最早的《老子》出现在春秋末年或战国初年。战国末年的韩非曾写过《解老》《喻老》,从韩非的这些注解中,我们可知西汉前的《老子》文本,起码韩非读过的那一种,是《德经》在前,《道经》在后的。很有意思的是,1973年,湖南长沙马王堆三号汉墓出土了大量古佚书,震动了世界。其中有帛书《老子》甲乙两种抄本。帛书《老子》甲乙本分别流行于战国末年、西汉初年。两种抄本内容大致相同,均是《德经》在前,《道经》在后,部分章次、文字不同于今本。

1993年,湖北荆门郭店一号楚墓出土了十数种先秦儒家、道家古佚书,再次震动了海内外。其中有《老子》甲乙丙三组,三组字数总和只有一千七百字,相当于帛书本、今本的三分之一。郭店简本《老子》是战国中期的一种传本或摘抄本,距离古本《老子》又近了一步。简、帛本《老子》的出土,解决了老学史上许多聚讼不已的问题,使我们对《老子》一书的编排次序和文字的演变有了新的认识。

我们认为,道家之为道家,老子被奉为道家思想之祖,得益于庄子学派的自觉追溯。

三、儒墨的论战

墨家与其他学派不同,基本上是由社会下层手工工匠、刑徒、贱役等人组成。它有严密的组织纪律,是具有一定宗教色彩的学术团体,其成员皆布衣草鞋,生活勤俭。墨子弟子到各国去做官,也必须遵守墨家的纪律,推行墨家的主张,还要向这个团体交纳一定的俸禄。墨者都能仗义执言,见义勇为,赴火蹈刃,死不旋踵。

在战国时代,墨家学派及其思想、行为对全社会有极大的影响力,足以与儒家学派相比肩。墨儒的区别乃在于墨子之学出于夏礼,孔子之学出于周礼。墨子同样尊尧舜,同样有很高的道德追求,甚至精于《诗》《书》,他反对的只是形式化的礼乐。

墨子与后学批判过孔子与孔门后学,孟子也批判过墨者夷之。

儒墨两家都主张孝道,但有所不同。儒家不直接从功利、效果的向度讲孝,墨家直接从互利互惠、回报的向度讲孝;孝在儒家是仁爱系统中的一环,而在墨家是兼爱系统中的一环。

儒家重视爱亲、敬长、孝慈,希望把这些人性本有的道德情感、知识与意志,通过教育、训练、重复、习惯而得到加强,并自然地推己及人,由爱亲人推到爱他人,由私领域中的尽己之心,推到公共领域中的负责、敬业。这是美德,是生命体验,是伦理智慧。墨家不特别重视父子兄弟之爱敬、孝慈等,不认为这是人的特有之性,而以为这种爱是人与人兼相爱的一种。墨家更重视的是利他、爱他、爱利天下之人,为了推广这种爱,增加说服力,则说爱利他人也会自然地导致他人爱利自己。我们虽不必说儒家是德性论、动机论的,墨家是功利论、效果论的,但从墨子关于"兼相爱,交相利"与"交孝子"的论证来看,墨家的确有一点功利论与效果论的倾向。

墨子对儒家丧礼提出猛烈而严厉的批评。儒家从人的情感的自然流露与表达出发,认为亲人死后,不可能立即忘怀,在制度上规定守丧的仪节规范,提倡"三年之丧",并指出这有助于人性、人情的养育与社会风气的淳化。这里有长远的人文价值蕴于其中。墨子以为这将贻误社会、家庭等公私事务,使农人、手工业者等从事的物质生产劳动及各级官吏的社会治理活动,乃至日常生活、人口繁衍等都受到影响。厚葬久丧靡费社会资源,可能导致国家贫穷,人口减少,人的身体素质下降,社会管理紊乱,增加了亲人间与社会上的矛盾与斗争。墨子与墨家的批判,是从一定时空的社会功利与效果出发,而且试图分析儒家学说的逻辑矛盾,例如亲疏与尊卑在丧礼上的矛盾。从这一视域来看,墨家的看法是合理的。

孟子对墨者夷之的"爱无差等,施由亲始"进行了批评,指出夷之在大原则上讲兼爱,在表现上又主张"自亲者始",孟子批评为"是二本也"。

可见孝亲、丧礼、"爱有差等"都是十分复杂的、具体的,儒家坚持其具体性、实践性,更为重视其中蕴含的人文价值与道德理性的普遍性。仁爱是普遍的,仁爱的实行与推广是具体的普遍。"爱有差等"不废仁爱之普遍性,反而更能证成之。儒墨两家都务实,都重功利、效果,但相对而言,墨家更为务实,儒家更重长久的人文价值,没有局限于功利论与效果论。儒家坚持德性论,不因实务功利而偏离絜矩之道。另一方面,墨家的批判并非毫无价值与意义,墨家警惕孝亲、丧礼的变味,儒家的"三年之丧"的主张及其制度化确实造成很多弊病,造成真情的旁落与社会财物的浪费;墨家批判社会不公及爱的不周遍是有道理的,也是有其理想的;墨家对于儒家及其流俗流弊的批判,对于儒家学说适成一种补充。

四、人性问题的讨论

在孟子生活的时代,人性问题是中国思想界争鸣的一个焦点。《孟子·告子上》第六章记载了孟子的弟子公都子的提问。这一提问概括了当时有代表性的几种观点：一是告子主张的"性无善无不善"论，二是世硕等人主张的"性可以为善，可以为不善"论，三是无名氏的"有性善，有性不善"论。我们这里主要讲讲孟子与告子的分歧。

首先说说告子的"生之谓性"及孟子的批评。在那时，"生"字与"性"字互训。告子的观点代表当时流行的看法，常识的看法。告子说，人性如湍水一样，引向东方则东流，引向西方则西流，都是由外在环境和条件决定的。孟子则提出了与当时流行看法迥然有别的新看法。他指出，水可以向东向西，但水总是向下流，虽然人们可以把水引上山，但是向上流不是水的本性，而是外力使它这样的。人也是这样，人性本善，就像水向下流。而人的不善，不是由他的本性决定的。也就是说，人之为善，是他的本性的表现，人之不为善，是违背其本性的。例如牛山草木繁盛，但因人为的破坏变成了秃山，这不是说牛山的本性不能生长草木。同样，人在事实经验上的不善并不能证明其本性不善。

孟子认为，犬之性与牛之性不同，牛之性与人之性不同。人有自然的食色之性，但人之所以为人，或者说人与禽兽的本质差异，在于人有内在的道德的知、情、意，这是人所固有的道德属性。

其次说说孟子以四端之心善来说性善。他说："恻隐之心，人皆有之；羞恶之心，人皆有之；恭敬之心，人皆有之；是非之心，人皆有之。恻隐之心，仁也；羞恶之心，义也；恭敬之心，礼也；是非之心，智也。仁义礼智，非由外铄我也，我固有之也，弗思耳矣。故曰：求则得之，舍则失之。"

按孟子的看法，恻隐、同情、不忍之心，如不忍牛无辜被杀，诸如此类道德的情感是善的开端、萌芽。人内在地具有恻隐、羞恶、恭敬、是非等道德的同情心、羞耻感、崇敬感和道德是非的鉴别、判断力，这些东西就是道德理性仁、义、礼、智的萌芽。这是人内在固有的，而不是外力强加的。把这些萌芽状态的东西扩充出去，就可以为善。

孟子说："仁，人之安宅也；义，人之正路也。"仁是人最安适的住宅，义是人最正确的道路。人都有仁义之心，之所以丧失良心，是因为不善于保养。人们丢失了家中养的鸡犬，知道去寻找，然而丢失了良心，却不知道去找回来。因此孟子提出"求其放心"的要求，即把那丧失的善良之心找回来。"人之所以异于禽兽者几希，庶民去之，君子存之。舜明于庶物，察于人伦，由仁义行，非行仁义也。"人与非人的差别本来就小,君子保存了,一般老百姓却丢掉了。舜是由内心保存的仁义去行事的,而不是在外力之下勉强去行仁义。"由仁义行"是由道德理性而行,是人按内在的道德命令而行,是人的道德自由;而"行仁义"是被动地按社会规范去做。

最后说说关于人性的新观念。按告子的思想逻辑,犬、牛之性与人之性没有根本的差异。孟子与告子论辩,以类比法在杞柳之辩、湍水之辩上成功,又进一步运用反诘式、归谬法,在"生之谓性"之辩、"仁内义外"(告子一方)还是"仁义内在"(孟子一方)之辩上,最后归谬成功。

孟子在中国哲学史上第一次明确揭示了关于人性的新的观念:人具有不同于动物或他物的特殊性,这就是道德性。孟子不否认人有自然欲望之性,但他的意思是,如将自然欲望作为人之本性,则无法讲清人与动物或他物的区别,只有道德本性才是人最根本、最重要的特性,是人之所以为人的标尺。孟子说:"乃若其情,则可以为善矣,乃所谓善也。若夫为不善,非才之罪也。""情",在此作"实"讲;"才",在此与"情"一样,也是指质性。这句话的意思是:如若照着人的本性去做,自然可以为善,而人在事实经验层面上的不善,不能归罪于所禀赋的属性。孟子指出,善良内在于我们人的生命,人们有了这样的心性禀赋,追求就会得到,舍去则会丢失。性善专就禀赋上说,与人现实行为的善恶属于不同的层次。

五、稷下学宫的创设

战国时期诸侯纷争加剧,礼坏乐崩的局面相较于春秋时代更为严重,体现在思想上便是更加多元化、更加自由的学术争鸣。战国中期,齐国为招纳贤士,在都城临淄设稷下学宫。临淄有稷山,山上旧有后稷祠,因而齐国古称"稷下",稷下学宫即因此得名。这是第一家由官家举办而由私家主持的学术机构,成为当时文化和学术交流的中心。

稷下学宫的创设与战国时期士阶层的兴起有关。士在西周时期是贵族的最低阶层,到了春秋时期,原先的一部分贵族降为士庶,一部分庶民则上升而为士乃至大夫。在这样的社会背景下,士阶层逐渐从贵族阶层中脱离,孔子开始私人办学授徒,更促使士成为中国古代的知识分子阶层,对政治、文化产生影响。正是在这种情况下,战国时各国君主贵族纷纷招揽贤士,形成了重士、养士的风气,如战国末年的"战国四公子"平原君、孟尝君等人就以养士闻名。据徐干的《中论·亡国》记载:"昔齐宣王立稷下之官,设大夫之号,招致贤人而尊宠之,自孟轲之徒皆游于齐。"可见,稷下学宫对于当时的知识分子有着极大的吸引力。

  稷下学宫之所以能够在齐国创设,也与当时齐国的政治、经济条件有关。从政治角度来看,齐国君主开明且又有称霸诸侯的诉求,自然重视招贤纳士。从经济角度来看,齐国也具备养士所需要的雄厚经济条件,如齐宣王就曾说:"我欲中国而授孟子室,养弟子以万钟。"临淄成为战国时期的文化中心,正与当时齐国称霸诸侯的地位密切相关。

  这种政治、经济的条件自然会与文化、学术相互影响和促进,稷下学宫中的学者在学术自由的氛围下论辩,形成了百家争鸣的学术繁荣景象。《庄子·天下》篇中所言的"道术将为天下裂"正是对当时百家争鸣盛景的描绘,其中提到的如宋钘、尹文、田骈、慎到等人都曾在稷下讲学游历。而儒家学者中,除了前文提到的孟子,荀子也是稷下学宫的重要学者,曾经三为"祭酒",主持学宫。此外,邹衍、淳于髡等当时的名士也都曾在稷下学宫与诸家论辩,《史记》中记载:"宣王喜文学游说之士,自如驺衍、淳于髡、田骈、接予、慎到、环渊之徒七十六人,皆赐列第,为上大夫,不治而议论。是以稷下学士复盛,且数百千人。"可见当时齐国名士聚集,儒家、道家、法家、阴阳家、名家等学者都曾在稷下学宫讲学。

  虽然稷下学宫百家争鸣、学术自由,不过当中最主要的思潮还是黄老之学。从政治文化的角度来看,当时齐国的田氏政权选择来自齐国南方陈国的老子的学说,又以传说比尧舜更早的黄帝作为道家的创始人,可能是希望让"田氏代齐"这件事合法化。从学术的角度来说,黄老道家主张的静因之道具有调和儒、墨和道、法的特点。宋钘、尹文的学说就具有明显的调和色彩,比如他们主张"禁攻寝兵,救世之战"和"情欲寡浅",这种学说很像墨家,正因如此,荀子在《解蔽》中把宋钘与墨翟并提;同时宋钘、尹文又主张"仁义",这又和儒家非常接近,所以《天下》篇评价宋钘、尹文"以聏合欢,以调海内"。由此可见,稷下学宫的主流思想黄老之学在百家争鸣的学术风气中具有调和各家的特点,而黄老之学也成为汉初统治者休养生息政策的重要依据,直到汉武帝时期,儒家思想才逐渐开始占据统治地位。

六、法家的兴起

战国时代诸侯势力增强,周王室式微。各诸侯国为争霸天下,对外求生存与发展,对内谋改革与统一,纷纷招贤纳士,一时诸子蜂起。在这种情形下,法家所提供的解决问题的方案,就是加强君主权力,实行以法为核心内容的统一制度。"不别亲疏,不殊贵贱,一断于法。"法家因主张以法治作为治国安邦之策而与其他诸子学派区别开来。

与儒、道、墨诸家相比,法家的成熟相对较晚。法家真正的始祖是李悝,其后有吴起、申不害、慎到、商鞅,到韩非集其大成。我们这里主要说说商鞅与韩非的思想。

商韩之法随着秦国的兴盛而兴盛。法是君主统治的工具,其关键在执掌"刑赏二柄"。法家最突出的特点是强调严刑峻法,以确保君主的统治地位与对社会的控制。

商鞅变法的根本目的在于使国家富强。与国家富强密切相关的是耕战或农战。商鞅认为,国家富强才能称霸天下,而欲国家富强,必须调动农民与士兵的积极性,注重发展社会生产力和军事、政治力量。他鼓励农战,"边利尽归于兵,市利尽归于农"。商鞅明确主张法治。"不可以须臾忘于法。""为法令者,民之命也,为治之本也。""法者,君臣之所共操也。"法的推行与实施,要在赏罚。在赏罚问题上,他重罚轻赏。

商鞅变法有其历史观作为理论依据。他认为,礼法制度并非是历史沿袭下来的:"三代不同礼而王,五霸不同法而霸。""治世不一道,便国不必法古。"他不仅提出"不法古",而且主张"不修今",即不要维持现状。他认为社会人事是不断改变的。在改变了的社会现实及时代面前,效法古代必落后,维持现状则跟不上新时代的要求。他提出"世事变而行道异"的原则,认为社会人事的改变是变法治世的根据。

秦孝公时,商鞅治秦,"其国富而兵强",为秦王政统一中国奠定了基础。商鞅的变法与思想在战国时代有广泛的影响,他所主张的法治、农战政策与变法的思想,后来均为韩非所继承,韩非成为将法家推向高潮的重要人物。

韩非的法治思想集中体现在他所提出的一套完整的以法为中心,法、术、势相结合的君主专制集权思想中。韩非认为,法、术、势三者各有其特殊的职能。

法用以裁抑群体社会的全体成员,术专用以控制驾驭群臣,势则保证法术二者的正常运作与君国公利的不被侵害。三者又是联为一体相互促进的。法的规范群体社会的功能,有赖于君势的力量强制与治术方法的运用。君势的牢固与威权,是法之令行禁止的前提。

韩非的法治思想立足于君主之不必贤不必智,他强调法术二者,正在弥补这一缺失。所谓"抱法处势则治,背法去势则乱""君执柄以处势",正在于此。相反,君主有势无法,高居法上,难免滥用权力而使统治权力失去规范性,最终会失去其君势。君主无术,势必大权旁落,奸臣当道,君势之威权亦将不固,法亦难以真正运作。

法、术、势三者,法是中心,术与势是推行法治的两条基本轨道。问题是,君主无条件地代表着法的理想与国家公利,但君主又不必贤、不必智,这样的君主将以何法治民,又会以何术御臣呢?这是一个假言判断,但韩非把它当作一个实然判断。法的理想与君主之不必贤、不必智两者间有矛盾,君主利益与国家公利又未必完全一致。这些,都是韩非法治思想本身未解的结。因此,君主任势与术而独裁,视臣民为其工具就不可避免。

韩非法治思想的理论依据在其人性论。韩非认为,人皆如动物一样趋利避害,人的心性俱恶。这样,也就堵死了"化性起伪"的德化教育之路。

韩非是先秦法家思想的集大成者,他虽为秦始皇所害,但其学说则为秦始皇所用。秦国应用他的理论统一了当时的中国,建立了中国历史上第一个强大的中央集权的专制国家。韩非法治思想中的某些内容,如尊君卑臣、严刑峻法思想,不同程度、不同方式地为历代统治者所利用,演变为阳儒阴法或外儒内法的统治术。当然,历史上一些立志改革的政治家也受到韩非思想的影响。

法家只讲功利,鼓吹暴力专制,严刑峻法,刻薄少恩,以赏罚二柄驱使人民,不讲道德价值与终极信念,虽可以行于一时,然不可以长久,非长治久安之正道。

第二节 汉唐时期

汉代初期休养生息,黄老思想兴盛。至西汉中期国力强盛,朝廷在政治文化上独尊儒术,杂以阴阳五行和谶纬的儒家思想与政治紧密结合。及至东汉,随着佛教的传入和道教的创立,逐渐形成了儒、释、道三教并立与互动的多元格局,而这也成为此后中国历史上思想文化的主流。

魏晋南北朝至隋唐时期是佛教在中国兴盛的时期,形成了中国化了的佛教诸流派。中国本土的宗教道教也得到长足的发展。由于梁武帝信奉佛法,佛教在南朝盛极一时;而在北方,十六国中很多统治者是少数民族,他们也积极支持佛教的发展。当然,佛教在传播过程中也与政权力量发生过冲突,朝廷曾数次灭佛。

儒家士大夫为对抗佛道的兴盛,发起儒学复兴运动。唐代韩愈写《谏迎佛骨表》上奏唐宪宗,就是当时儒佛矛盾、冲突的一个典型事例。韩愈还发明儒家的道统观,代表了儒家士大夫为寻求儒学正统地位的努力,而这也成为北宋时期儒学复兴的前奏。

从两汉到隋唐,儒、释、道三教间尽管有矛盾冲突,但总体上来说,三家相互吸收、彼此补充融合是思想文化史的主潮。

一、立五经博士

立五经博士与汉代的政治和学术思想转变有关。"博士"一职源于战国,负责掌管图书、传授学问。西汉初期,在政权架构上"汉承秦制"而保留了一些封国,在统治思想上则以黄老之学为依据,主张"无为而治"(黄老术的盛行就与当时的郡国并行制相关),汉文帝广纳各家学术,因而诸子百家都设有博士。及至"孝武初立,卓然罢黜百家,表章六经"。儒家思想在政治舞台上居于正统,一方面在于儒术能够帮助汉朝走出复秦的困境,另一方面也与汉代统治者希望利用"三统"以及"五德终始说"寻求政权合法性有关。汉武帝即位,征问"大道之要",大儒董仲舒献《天人三策》,主张"独尊儒术"①,深得武帝赏识,使得儒家思想开始与政治文化紧密结合,立五经博士就是其中的举措之一。

《汉书·儒林传》记载:"自武帝立五经博士,开弟子员,设科射策,劝以官禄,讫于元始,百有余年,传业者浸盛,支叶蕃滋,一经说至百余万言,大师众至千余人,盖禄利之路然也。"当时朝廷在长安设立太学,以五经教授官吏子弟并从中选拔官员,在郡县设置学校教授儒术,五经博士地位尊崇,俸禄可观。立五

---

① 董仲舒所代表的今文经学与先秦时期孔子以及孟子、荀子所发扬的儒学有较大区别,其中掺杂了阴阳五行的观念,他主张的"天副人数"的天人关系与孔子所言的"天""天道"并不相同。

经博士的同时,汉武帝罢黜了汉文帝时设立的诸子传记博士。赵岐在《孟子题辞》中称:"孝文皇帝欲广游学之路,《论语》《孝经》《孟子》《尔雅》皆置博士。后罢传记博士,独立五经而已。"不过也有学者指出,"独立五经"其实是一个渐进的过程。"汉武帝时期诸子传记博士并没有遭到罢免,而是在新建立的五经博士的权威之下继续存在着。武帝时博士制度的主要变动,不过是将黄老博士由经学博士降为传记博士,使学术界的权威转移到五经博士的手里。"①因此,儒家思想与汉代政治的结合是动态发展的。结合汉武帝后期实际统治中表现出来的明显的法家思想倾向来看,也可以推知武帝时期的五经博士还没有完全呈现出"独尊"的形势。实际上,经过盐铁会议,直到元、成时期,儒家经学才真正全面取得了统治地位。

与立五经博士相关的是汉代儒学的今古文之争。今文经与古文经是依据书写文字区分的。秦始皇焚书坑儒后,许多儒家典籍佚失,汉初儒生根据记忆、用当时的文字隶书所写的就是今文经;后来鲁恭王从孔子旧宅墙壁中得到的以及当时地方上所献的、用先秦文字所写的则是古文经。不过,今文经学与古文经学的区分并不仅限于经籍本身书写文字的不同,更重要的是治学方法与经典解释的差别。一般来说,今文经学偏重阐释和揭示经典的微言大义,如《春秋》中的《公羊》和《穀梁》二家,而古文经学侧重文献的章句训诂和历史材料,如《春秋》中的《左传》一家。得到武帝赏识的董仲舒所治的就是今文经学中的公羊学,后来的刘歆所治则是左氏之学。西汉时期今文经学是占统治地位的,因为古文经学无传授系统,不能说明是如何从孔子那儿传授下来的。所以,五经博士设置后,立于学官的基本上都是今文经学。《汉书·儒林传》记载:"初,《书》唯有欧阳,《礼》后,《易》杨,《春秋》公羊而已。至孝宣世,复立大小夏侯《尚书》,大小戴《礼》,施、孟、梁丘《易》,穀梁《春秋》。"后来随着王莽和刘歆的当权,古文经学开始被官方认可:"平帝时,又立《左氏春秋》《毛诗》、逸《礼》、古文《尚书》。"可以看到,一家之学能否兴盛与其能否取得政治力量的支持密切相关,两汉时期的今古文之争就体现出学术谋求政治话语权的努力。

二、盐铁会议

从西汉初年到盐铁会议,汉代的政治思想经历了两次重大转折。第一次是

---

① 王葆玹:《中国学术从百家争鸣时期向独尊儒术时期的转变》,《哲学研究》1990年第1期。

在汉武帝亲政初期,以董仲舒为代表的儒家思想取代了黄老思想成为主导;第二次是在武帝后期,由于匈奴的不断侵扰,国家政治开始向战时体制转变,法家思想成为实际上的政治思想。盐铁会议正是当时儒、法两家思想冲突在政治和经济政策层面上的具体体现。

西汉昭帝始元六年(前81)二月,经谏大夫杜延年提议,大臣霍光以昭帝名义下诏郡国推举贤良、文学六十余人到都城长安,就武帝时期的各项举措特别是盐铁专卖政策进行全面的讨论,历时五个多月,史称"盐铁之议"或"盐铁会议"。这次会议看起来是对国家经济和内外政策的讨论,但本质上是西汉中期学术思想和政治理念的论争。更具体地说,这是一次儒家内部纯儒与杂儒、王道与霸道斗争的会议,而不是简单的"儒法斗争",因为在武帝采取"罢黜百家、独尊儒术"的政治文化策略以后,先秦至汉初的百家争鸣局面就基本结束了,儒法互相渗透杂糅,就连与霍光对立的、通常被认为是法家的桑弘羊本人也深受儒家思想的影响。①

盐铁会议的起因与昭帝时的养民政策和内外政策有关。武帝常年对匈奴作战,导致后期国库亏空严重,因此征和四年(前89)武帝下《轮台诏》,指出"当今务在禁苛暴,止擅赋,立本农",恢复汉初"与民休息"的政策。昭帝时期,以桑弘羊为首的人主张再开屯田、增强国力,实行富国强兵政策,在盐铁政策上强调官营,加强对工商业的控制,与武帝中期的政策一致。杜延年建议"修孝文时政,示以俭约宽和,顺天心,说民意,年岁宜应",霍光采纳他的建议,推举贤良商议罢黜盐铁专营政策,这与武帝晚期的政策比较一致。

盐铁会议论争的双方是以霍光和桑弘羊为代表的两大利益集团,会议所召集的贤良、文学之士都是当时的儒生。举贤良是西汉选拔人才的手段之一,凡是研究申不害、商鞅、韩非、苏秦、张仪学术的都是不能入选的,因此所举贤良之士在思想上属于儒家。和贤良一样,文学也是当时知识分子在政治上向上进取的阶梯。孔门四科中就有文学一科,专指儒家传授的古代典籍。参加会议的六十多个儒生,大多遵从孔孟之学,并宣扬董仲舒的学术思想。董仲舒向汉武帝建议"盐、铁皆归于民",他认为秦"用商鞅之法,改帝王之制","田租口赋盐、铁之利,二十倍于古",因而宣扬"正其谊不谋其利,明其道不计其功"的儒家说教,

---

① 王利器先生在《盐铁论校注》前言中关于盐铁会议性质做了论述。参见王利器:《盐铁论校注》前言部分,北京:中华书局1992年版,第1—2页。

反对与民争利。因此,可以说盐铁会议在本质上是义利之争,而从参加会议的贤良文学之士的身份和思想来看,这次会议的结果自然是倾向于义的一方,也就是霍光的一方。

盐铁会议的论辩情况详细记录在桓宽的《盐铁论》中。会议主要讨论了三个问题。其一,关于盐铁官营问题。贤良文学之士主张取消平准、均输、酒榷制度,罢盐铁官营,认为这些政策是与民争利。其二,关于对外政策问题。贤良文学之士主张对匈奴施以德政,主和,以防止劳民伤财。其三,关于德刑关系问题。贤良文学之士强调德教,认为"法令众,民不知所辟""严刑峻法,不可久也"。可以看到,这三个议题都可以归结为儒家经常讨论的王霸义利之争,贤良文学之士作为儒生的代表,显然是尚德、尚义的一方。

盐铁会议的结果是"罢榷酤官",部分地区停止铁器官营,其他政策不变。当然,我们不能简单地将盐铁会议看作是一次关于政策的学术论争,其中也含有霍光利用儒生对桑弘羊进行打击的政治斗争因素。不过,通过《盐铁论》,我们可以看到儒家思想在西汉中期的统治性地位,以及它如何影响了现实的政治经济政策。

三、白虎观会议

自汉武帝独尊儒术以后,儒家思想逐渐成为汉代政治实践的基础和依据。然而,当时的儒学分为今文经学和古文经学两大派,其中又各有不同的家法,对各经的版本、内容、解释方法以及具体诠释多有分歧,因此需要讲论五经同异,由皇帝出面统一经义。这并非出于纯粹的学术目的,而是出于当时政治的需要。其中最著名的两次讲论就是石渠阁会议①和白虎观会议,关于前者的相关文献基本佚失,而白虎观会议的情况我们可以通过班固的《白虎通义》来了解。

西汉宣帝时曾召开石渠阁会议对五经的解释加以统一,但是经历王莽新朝的战乱之后,至东汉五经各家又歧异纷出;此外,随着西汉后期谶纬学说的兴起和发展,特别是光武帝刘秀将谶纬作为国宪而不断提升其地位,政治和学术领

---

① 石渠阁会议是汉代经学史上的重要事件。西汉宣帝时为了进一步统一儒家学说,加强思想统治,于甘露三年(前51)诏太子太傅萧望之以及五经诸儒如刘向、韦玄成、施雠等人,在长安未央宫北的石渠阁讲论五经同异,并由汉宣帝亲自裁定。石渠阁讲论的奏疏经过汇集辑成《石渠议奏》,又名《石渠论》,共一百五十五篇,今俱佚。

域的矛盾愈加复杂。西汉时占统治地位的今文经学受到两汉之际逐渐强势的古文经学的挑战,亟需利用皇帝的权威调和今古文经学之间的矛盾。于是,东汉章帝建初四年(79),"下太常、将、大夫、博士、议郎、郎官及诸生、诸儒会白虎观,讲议五经同异……帝亲称制临决,如孝宣甘露石渠故事,作《白虎议奏》"。参加这次会议的有贾逵、丁鸿、杨终、班固等人,既有今文经学家也有古文经学家。诸儒各论五经同异,最后由章帝裁决。后来班固依据《白虎议奏》将会议中产生的统一看法和章帝的决断集中编写成《白虎通义》,内容涉及古代的社会生活、政治制度、文化伦理等各个方面。所谓"通义",就说明其中并不是某一家的看法,而是经由章帝裁定后的统一结论,也就是可以通行天下的结论,这正是白虎观会议的目的。

白虎观会议与石渠阁会议的不同在于,它还有另外一个意图,就是将两汉之际流行的谶纬学说与经学相结合,增强汉朝统治的合法性。谶纬是西汉末年信奉公羊学的儒生所编,"《公羊》善于谶",其目的在于维护汉朝统治。西汉中期的董仲舒就是公羊学家,谶纬学说与他的"天人感人"哲学体系相适应。西汉末年,以谶纬解经的风气愈演愈烈,反映了汉代经学的神学化和神学的经学化。《白虎通义》中明确了三纲六纪,对纬书提出的"君为臣纲,父为子纲,夫为妻纲"做了更具体的规定和解释,推崇君权和父权,强化"君父大义"。同时,在思想上以阴阳五行简单化地解释问题,使经学趋于僵化。

可以说,经学与谶纬的合流将经学逼至绝路。越是将经学神学化,经学的活力越受到限制。不过,经过东汉时期今古文经学的斗争和调和,在马融、郑玄等人的注经中,今文经学和古文经学实现了融合;只是这种融合终于还是没能挽救经学走向衰落的命运。东汉末年到魏晋时期,玄学的兴起、道教的创立以及佛教的传入等最终使经学失去了主流地位,而中国的思想和文化风气也随之再次转型。

四、道教的创立

道教是中国的本土宗教,产生于东汉末年。"道教"一词首见于《老子想尔注》,其思想资源可以追溯到秦汉时期。从思想文化背景来看,道教的兴起与东汉时期谶纬思想的流行有关,也与儒家经学的衰落和佛教传入中国并逐渐兴盛有关;从社会大背景来看,道教之所以得到迅速传播与东汉末年民不聊生的社会现实有很大的关系。不过与佛教、基督教等宗教不同,道教并没有一个明显的创教时期,它的前史特别长,早期教派也不是在同一时期、同一地区形成。东汉至魏晋南北朝是道教最初发展的重要时期,原始道教从民间兴起,并逐步演变成官方的正统宗教。

东汉后期出现的《太平经》和《周易参同契》是早期的道教理论著作,不过当时并没有与这两部著作相应的道教组织。道教的真正创立与东汉末年的太平道和五斗米道关系密切。当时张角率领的黄巾军以太平道为旗帜,张陵、张鲁以五斗米道为旗号,在地方影响很大,且均有比较严密的组织和教义。道教最初是一种民间信仰,以符箓为人祛灾祈福,求长生久视。五斗米道奉老子《道德经》为教经,使道教与道家相结合,神化老子来改造道家,是早期道教的主要创教活动之一。张鲁降曹以后迁入江西,五斗米道得到广泛的传播。太平道和五斗米道可以看作是道教在原始宗教形态下的宗教团体和组织。

任继愈先生总结了早期道教的五种来源。其一,古代宗教和民间巫术。比如符箓派的符咒、科仪等,多源自远古至汉的各种鬼神祭祀和巫术活动。其二,战国至秦汉的神仙传说与方士方术。比如丹鼎派吸收了神仙和方术思想,整个道教也是以长生不老、修道成仙为核心教义。其三,先秦老庄哲学和秦汉道家学说。道家思想与神仙方术结合,才真正形成了具有宗教教义的道教。其四,儒学与阴阳五行思想。早期道教神学将维护礼教作为头等教戒,而阴阳五行说是道教内丹学和外丹学的重要理论依据。其五,古代医学与体育卫生知识。比如导引行气、辟谷等修行方法均为内丹学所吸收。① 这样,在教团、理论、炼丹方术等发展、融合过程中,道教逐渐从民间信仰发展成正式宗教,并与儒教和佛教一起成为中国思想文化中最重要的三个宗教。

五、佛教的传入

佛教产生于印度,是外来宗教,自传入后对中国本土思想产生冲击并与之融合,对中国的思想以及文化产生了深远的影响。汤用彤先生在《汉魏两晋南北朝佛教史》中列举了佛教传入中国的诸种传说,如"伯益知有佛""孔子与佛""秦始皇与佛教"等说法,但是这些基本都是后人附会,它们实际上是佛教徒出

---

① 任继愈主编:《中国道教史》,第9—16页。

于与儒家和道教争名的目的而创造的。①

佛教进入中国最早可追溯到西汉哀帝元寿元年(前2),据《三国志》裴注所引前人鱼豢《魏略·西戎传》的记载,当时大月氏使者伊存口授博士弟子景卢以佛经。然而,对此事件,《魏书·释老志》中记载:"中土闻之,未之信也。"也就是说,伊存的说法在当时并未产生很大影响。②

因此,历史上一般将"永平求法"作为佛教传入中国的标志。据范晔《后汉书·西域传》的记载,东汉永平七年(64),明帝梦见身形高大的金人在空中飞行并落在殿庭之前,翌日召集群臣解梦,"或曰:'西方有神,名曰佛,其形长丈六尺而黄金色。'帝于是遣使天竺问佛道法"。也就是说,明帝因梦见金人而决定遣使西行往天竺(今天的印度)求取佛经、佛法。三年后,使者同摄摩腾、竺法兰两位印度僧人用白马驮着佛经佛像回到洛阳。明帝下诏在洛阳城西建立了中国第一座佛教庙宇白马寺,用以储藏佛经、讲授佛法。两位高僧就在白马寺弘法传教,并且圆寂于此。相传摄摩腾译有《四十二章经》,此书是由从佛经中摘抄的段落编纂而成的,可以看作是最初传入的经。《牟子理惑论》中也有关于"永平求法"的记载,并在情节上做了进一步的发展。

不过,"永平求法"带有比较强的故事色彩,而且在文献上也有颇多争议,因此后来不断受到质疑。学者们一般认为《四十二章经》和《牟子理惑论》并非早期作品,因此不能以此考察佛教初传入中国的情况。③ 不过,"永平求法"虽有疑点,却也不必完全推翻,它可能有虚饰成分,但并非无中生有,只是辗转附会较多。因此,我们可以将佛教传入中国的时间大致定为东汉时期,而将"永平求法"作为佛教正式传入中国的象征。

六、沙门不敬王之争

沙门不敬王之争是佛教中国化进程中的重要事件,反映了沙门与王权之间的矛盾,体现了以儒家为代表的中国传统礼仪与佛家的教义、戒律之间的冲突。佛教在魏晋南北朝时期的快速发展与国家政权对它的扶持密切相关,东晋道安曾明言"不依国主,则法事难立"。不过,虽然东晋南朝的王公贵族中信奉佛教

---

① 汤用彤:《汉魏两晋南北朝佛教史》,第3—10页。
② 吕澂:《中国佛学源流略讲》,北京:中华书局1979年版,第19—20页。
③ 同上书,第21—22页。

者颇多,但部分儒臣批评佛教教义违背三纲六纪,是夷狄之俗,因为按照佛教教义规定,僧侣只跪拜佛祖释迦牟尼,对世俗之人则无论高低贵贱皆不行跪拜礼,这是对王权的极大挑战。与此同时,随着佛教势力的不断扩大,寺庙经济与世俗利益的冲突也逐渐显现,佛教与王权的冲突日益加剧,最终引发了沙门不敬王之争。

晋成、康年间(326—344),庾冰辅政。他代晋成帝下诏,要求沙门致敬王者,但是受到尚书令何充等人的反对而未能实行。何充认为,佛法有利于教化百姓、巩固王权,虽然佛教的礼仪与儒家的礼教不同,但佛门弟子是敬重君王、尊重王权的。朝中大多数人也认为,佛教与儒家只是在礼俗上存在不同,但二者皆能教化万民、维护王权。最终晋成帝采纳了何充的谏言,允许沙门弟子面见君王时依据沙门戒律免行跪拜礼。及至东晋末年,桓玄在谋划篡晋称帝时重新提出沙门应礼敬王者。桓玄于元兴二年(403)颁布政令,强制沙门弟子跪拜王者。针对桓玄颁布的政令,佛门高僧慧远作《答桓太尉书》《沙门不敬王者论》。这两篇文章是东晋关于沙门不敬王者论的集大成之作,对中国佛教礼制和政治原则的确立产生了深远的影响。

具体来说,桓玄根据《老子》中"故道大,天大,地大,王亦大。域中有四大,而王居其一焉"一段,认为王者具有与天地相比拟的"资生通运"的作用,而沙门也蒙受王者"生生资存"的恩惠,因此理应敬王。对此,慧远把佛教的义理与名教的理论相协调,把佛教适应世俗的要求与对出世的追求相区分,指出:"佛经所明,凡有二科:一者处俗弘教,二者出家修道。"从佛教修行的角度反对沙门尽敬王者。

表面上看,关于沙门是否应该礼敬王者的论争只是统治集团的内部斗争,然而它涉及更深层的原则和问题,如国家是否需要用统一的名教礼制来对待世俗与宗教,佛教对于王权应该采取何种态度,这些都是沙门不敬王之争所要面对和解决的问题。魏晋玄学所讨论的名教与自然的问题在佛教中表现为名教与佛教礼制的关系问题,而慧远的基本立场与儒家一致,结束了自东汉以来中国佛教义理主要同《老子》《庄子》结合的历史,转而同儒家思想结合。比如,慧远将儒家礼的观念引入佛教。以僧服为例,僧服原本只是便于僧侣的修习生活,而慧远从礼的高度来讨论僧服的问题,认为僧服也属于佛教的礼制。

可以看到,慧远一定程度上向儒学做出了妥协。桓玄最终听从了慧远的劝说,收回政令,放弃了沙门必须礼拜王者的要求。沙门不敬王之争说明佛教在与中国传统儒学的冲突中是不断与之融合适应的,这既促进了中国文化的多元化,又为后来的三教合流奠定了基础。

此后,要求沙门拜俗的事件又发生过几次,直至唐肃宗时僧人开始跪拜皇帝。"出家人不拜白衣"的印度佛教戒律在中国还是发生了改变,中国僧人最终服从了王权的需要,接受了儒家文化中以孝为大、以忠为上的政治伦理原则。这一论争所反映的沙门与王权的关系问题及其结果,对于佛教的中国化进程具有重要的意义。

七、神灭神不灭之争

神灭神不灭之争(又叫形神之争)是南北朝时期的一场反映儒学与佛学论争的重要事件。前文所讲的沙门不敬王之争主要涉及具体礼仪的冲突,神灭神不灭之争则更多地体现为儒家学者在义理层面对佛教教义的挑战,是哲学世界观和宗教世界观的根本论争。

"形尽神不灭"是佛教的基本主张,是三世轮回和因果报应说的理论基础。东晋慧远在《沙门不敬王者论》中就曾指出,"火之传于薪,犹神之传于形。火之传异薪,犹神之传异形",因此"物化而不灭"。当时的儒家学者对佛教的因果报应和神不灭说颇多怀疑和批评,认为它不符合周孔之教,"人死神灭,无有三世"便是非常重要的一个论点。关于这个问题的论争在齐梁之际达到高峰,其中对神灭思想做出最集中而深刻讨论的人是范缜。

范缜是南北朝时期的儒家学者,"博通经术,尤精三礼"。当时南齐竟陵王萧子良召集贵族、名僧宣扬佛教,而范缜"盛称无佛",萧子良以"君不信因果,世间何得有富贵,何得有贫贱"质问他。范缜认为,所谓富贵贫贱皆出于偶然,就好比一树花随风而落,落在席上就富贵,落在厕所就贫贱,否认因果报应。范缜由此作《神灭论》,针对佛教的神不灭理论进行批驳,据说"此论出,朝野喧哗,子良集僧难之而不能屈"。梁武帝笃信佛教,于天监三年(504)宣布佛教为唯一正道。天监六年(507),武帝又颁布《敕答臣下神灭论》,并组织曹思文等六十余人作文反驳范缜的《神灭论》,范缜又写了《答曹思文难神灭论》等文一一予以批驳。最终,论敌曹思文等人自认失败。

在神灭神不灭之争中,形神关系是核心话题。范缜在《神灭论》中指出,形神二者相即,名异而体一,所谓"形者神之质,神者形之用,是则形称其质,神言其用,形之与神,不得相异也",因此,形尽则神灭,形外别无神,心神既无,佛自不有。

当然,神灭神不灭之争也不完全是针对教义本身的讨论,而是与南北朝时期的社会背景有关。当时佛教在统治者的支持下得到空前的发展,特别是在梁武帝时期,取得了唯一正道的地位,僧侣享有丰厚的经济利益和政治特权,形成了特殊的僧侣地主阶层,激化了社会矛盾。范缜撰写《神灭论》的出发点也是为了扭转"浮屠害政,桑门蠹俗"的局面。

八、三武灭佛

佛教传入中国后,其地位经历沉浮,既有梁武帝的极力推崇,也发生过大规模的灭佛事件,充分反映了佛教在中国传播过程中与政权关系的张力。中国历史上有三次大规模的灭佛事件,史称"三武灭佛",所谓"三武"是指北魏太武帝、北周武帝和唐武宗。北魏太武帝灭佛是佛教在中国的传播过程中官方发起的第一次大规模灭佛事件,这里将重点介绍这一事件。

北魏太武帝拓跋焘继北魏道武帝、明元帝之后,进兵中原,统一了黄河流域。道武帝和明元帝都信奉佛教,太武帝最初也信奉佛法,礼敬沙门。不过,后来北魏为了统一北方,以全民为兵,而这就必须有足够的人从事兵役、徭役,缴纳租调。沙门历来可以免除租税、徭役,因此太武帝就在太延四年(438)下诏"罢沙门年五十以下",即凡是五十岁以下的沙门一律还俗,"以从征役"。这一点构成了北魏太武帝灭佛的社会历史背景。

与此同时,为了巩固政权,北魏从道武帝开始即重用儒者,太武帝也特别尊崇儒家学说。此外,灭佛运动还与太武帝本人对道教的信奉有关,他认为佛教"假西戎虚诞,妄生妖孽",在宰相崔浩的劝谏下改信寇谦之的天师道,排斥佛教,并渐次发展为灭佛的行动。废佛行动始于太平真君五年(444),太武帝下令,上自王公下至庶人,一概禁止私养沙门,若有隐瞒,诛灭全门。第二年,卢水的胡人盖吴在杏城(今陕西黄陵)起义,太武帝亲自率兵镇压,在长安一所寺院发现兵器,遂怀疑沙门与盖吴通谋,下令诛杀全寺僧众。崔浩借此劝太武帝灭佛。太武帝进一步推行灭佛政策,诛戮沙门,焚毁佛像,北魏国境内的寺院塔庙无一幸免,史称"太武法难"。灭佛后六年,太武帝驾崩,文成帝即位并下诏复兴佛教,佛教才又逐渐恢复发展。

可以看到,北魏太武帝灭佛实质上是一场政治运动,从思想上来看主要是佛道之争。南北朝时期佛道二教大盛,民间信众的数量大幅增加,但官方对佛道二教态度的不断变化,或调和或取舍,都是出于统治者自身的利益和需要。在随后的几次灭佛运动中,既有政治的因素,也有文化的因素。无论是兴佛还是灭佛,均可从中看出佛教与中国本土的儒家思想和道教之间的冲突和张力。

九、五经正义

魏晋南北朝时期,佛教、道教发展迅速,而儒学逐渐式微。汉代时设置的经学十四博士被各朝废弃,儒家五经又有不同的版本和家法:西汉时期经学有今古文之争,至东汉后期郑玄力图融合今古,魏晋时期王肃创立"王学",与"郑学"为敌,及至南北朝时期,随着政治的分离而有南学与北学的纷争。与此同时,经籍文本因为长期分裂和战乱而多有散失。因此,到了隋唐时期,儒学亟待重整与振兴,重新得到官方正统思想的地位,由朝廷出面撰修、颁布统一经义的经书就显得尤为重要。

贞观四年(630),唐太宗李世民因"经籍去圣久远,文字讹谬",诏令中书侍郎颜师古于秘书省考定五经,整理和确定一个标准的版本。随后,太宗又因"儒学多门,章句繁杂",诏颜师古与国子监祭酒孔颖达等儒生拟定五经疏义,成书后定名为"五经正义",共一百八十卷。《五经正义》书成之后,唐太宗盛赞该书"博综古今,义理该洽,考前儒之异说,符圣人之幽旨"。不过,此书绝非尽善尽美,当时的太学博士马嘉运认为此书"颇多繁杂",于是"驳正其失,至相讥诋"。此外,《五经正义》还有诸如"彼此互异""曲徇注文""杂引谶纬"等问题。[①] 于是,孔颖达去世后三年,唐高宗诏中书门下与国子三馆博士、弘文馆学士考正文本,又经马嘉运校定、长孙无忌等人修改,于永徽四年(653)颁行全国。因此,《五经正义》就是五经之义疏的统一。其中,《易》取王弼注,《书》取伪孔传,《左氏》取杜预注,《公羊》取何休注,《穀梁》取范宁注,三礼取郑玄注,《诗》取毛传郑笺。不过,疏并非孔颖达一人所作,而是当时各家学者分而为之,所以才会有"彼此互异"的批评。《五经正义》经官方颁布,自此明经考试皆以此为依据。

---

① 皮锡瑞:《经学历史》,北京:中华书局1959年版,第201页。

《五经正义》的成书有着重要的意义：其一，从经学发展过程来看，《五经正义》是对两汉以来的经学在文本和思想上的统一，它既有对南学和北学的融通，亦有对今文经学和古文经学师法家法的调和，是魏晋南北朝以来经学集大成的著作。其二，从文献史料的角度而言，《五经正义》中保留了大量已佚的汉唐经说与哲学文献，具有很高的哲学史料价值，为研究两汉至隋唐的经学提供了珍贵的材料。其三，《五经正义》由官方组织编定和颁布，标志着自西汉武帝以后儒学作为官方思想的地位又一次得到恢复和确认。其四，官方对儒家思想的重新重视，主要是对魏晋南北朝以来佛道二教兴盛的一次回应，除了对学理和思想本身的关注，其中亦多有政治方面的考虑。因此，虽然《五经正义》在经学的义理方面可能贡献并不突出，也确实存在各家学说繁杂的问题，但是它在文献和经学思想研究上的价值依然值得肯定和重视。

十、滑台之辩

禅宗是佛教中国化的典型代表。四祖道信、五祖弘忍在今湖北黄梅开创"东山法门"，至六祖慧能时禅宗在中国本土发展到高峰。

在五祖弘忍之前，禅宗一直是一脉单传。弘忍当时有两名大弟子——神秀和慧能。当时两人各有一首偈子，神秀言"身是菩提树，心如明镜台。时时勤拂拭，莫使有尘埃"，慧能则言"菩提本无树，明镜亦无台。佛性常清净，何处有尘埃"（敦煌本《坛经》）。弘忍认为慧能已经明心见性，故而私下传与衣钵，并令其南下，以防为人迫害。弘忍去世，慧能得法后折返岭南，在广东一带弘扬佛法；神秀则到今湖北当阳传授佛法，"时荆州神秀禅师，伏膺高远，亲受付嘱"。神秀在当时的影响力要远大于慧能，武则天曾遣使迎请神秀入京，后来的唐中宗也对其颇为礼敬，神秀的北宗拥有正统的地位。

神会是慧能的弟子，菏泽宗的创始人。为了维护南宗顿教的正统性，神会与神秀门下论辩，发生了禅宗史上重要的滑台大会（又称滑台之辩）。慧能入灭后二十年间，曹溪之顿旨渐废，两京之间皆宗神秀。神会欲振六祖之风，因此在开元二十二年（734）正月十五日设无遮大会于河南滑台大云寺，"广资严饰，升师子坐，为天下学道者说"。关于滑台之辩，《神会语录·菩提达摩南宗定是非论》中有详细记载。神会首先提出了禅宗的传承脉络："达摩遂开佛知见，以为密契，便传一领袈裟，以为法信，授与慧可。慧可传僧璨，璨传道信，道信传弘忍,弘忍传慧能。六代相承,连绵不绝。"神会指出,南宗才是真正继承了禅宗宗旨的一系,"菩提达摩南宗一门,天下更无人解。若有解者,我终不说。今日说者,为天下学道者辨其是非,为天下学道者定其旨见"。因此,神会与大云寺的崇远法师展开论辩,指斥神秀一门"师承是傍,法门是渐",宣称南宗慧能顿教为正统。神会于天宝四年(745)著《显宗记》,以南宗为顿宗,北宗为渐教,竭力攻击神秀之渐门。"南顿北渐"之名由是而起,自此南宗日盛而北宗大衰。

可见,禅宗南宗的合法性乃是后起的,是在与北宗的竞争中崛起而逐渐获得正统地位的,滑台之辩正是禅宗法统之争的集中体现。慧能的弟子神会在打倒北宗、确立南宗禅门正统地位的过程中扮演了关键角色。大体来说,南北宗对立主要涉及两大问题,一是师承为正还是傍,二是法门是顿还是渐。神会指出,慧能是正统的禅宗传承,继承了五祖弘忍的衣钵而为六祖,达摩禅的真髓就在南宗的顿教,而不在北宗的渐教,从而奠定了慧能及其教法在禅宗史上的地位。

第三节 宋元明清时期

北宋以后儒学逐渐复兴,儒家士大夫在学术和文化的舞台上重新发挥作用。但是,与两汉时期儒学与政治权力紧密结合不同,宋明理学所特别重视和发明的是儒学的心性之学。北宋五子开宋明理学之先河。及至南宋,以朱熹为代表的理学和以陆九渊为代表的心学成为当时最具影响力而又相互对立的两大学派,另有以陈亮、叶适等为代表的儒家事功学派与理学相对峙。明代的王守仁通过对朱熹理学的反思更进一步发展了心学。到明代中后期,虽然朱熹的《四书章句集注》依然是科举考试的官方指定文献,但阳明学实质上已经超过朱子学而在当时的学术和社会文化中产生极大影响。

明清之际是中国思想的重要转型时期。天主教耶稣会传教士利玛窦等人在华传播天主教信仰,作为传教策略,大规模译介西方科学著作和知识,极大地促进了中西文化的交流,客观上也促进了中国对西方科学知识和科学方法的吸收。与佛教传入中国相类似,天主教在传入的过程中也面临着教义仪式与中国本土礼仪习俗之间的冲突,清代的礼仪之争就是当时的代表性事件。

一、鹅湖之会

南宋时期,朱熹的理学和陆九渊的心学是当时两个重要的思想学派,同时吕祖谦也在浙东创立了金华学派。吕祖谦与朱熹为好友(两人与张栻合称"东南三贤"),又是陆九渊省试的考官,他"虑陆与朱议论犹有异同,欲会归于一而定其所适从"①,于是召集朱熹与陆九渊、陆九龄兄弟在江西鹅湖寺会面,双方就各自的哲学观点展开了激烈的论辩,这就是中国哲学史上著名的鹅湖之会。

在鹅湖之会之前,朱熹就有意与陆九渊见面论学。朱熹在写给吕子约的信中曾说:"陆子静之贤闻之盖久,然似闻有脱略文字、直趋本根之意,不知其与《中庸》学问思辨然后笃行之旨又如何耳。"又说:"近闻陆子静言论风旨之一二,全是禅学,但变其名号耳。"同时,陆九渊的易简工夫、先立其大等说法本来也有针对朱熹的格物致知、支离工夫的为学方法的用意。当时陆九渊的心学在江西一带为学者竞相学习,影响很大。朱熹、张栻等人认为陆子之学近似于禅,有所忧虑,因此有意与陆九渊当面讨论以纠其偏。

南宋淳熙二年(1175)四月,吕祖谦访朱熹于寒泉精舍,停留数月,同辑《近思录》。同年六月,"朱编修送公至信州鹅湖,陆子寿、陆子静、刘子澄及江浙诸友皆来会"。朱熹与吕祖谦行至鹅湖寺之时,陆氏兄弟应吕祖谦之邀前来与朱、吕等人相会论辩。关于鹅湖之会的论辩并没有留下详细记载,根据目前所见材料,朱、陆两派所表现出的主要分歧集中在为学工夫上,还没有深入讨论导致为学分歧的根本理论。

据《象山陆先生年谱》记载,在鹅湖之会上,陆九渊请其兄陆九龄先陈述为学主张,陆九龄作诗云:"孩提知爱长知钦,古圣相传只此心。大抵有基方筑室,未闻无址忽成岑。留情传注翻榛塞,着意精微转陆沉。珍重友朋相切磋,须知至乐在于今。"此诗的主旨是人有天赋的道德本心,此心发明即天理,而自古圣贤相传的也就是这种本心,这显然与陆九渊的思想是一致的。陆九龄刚读到第四句,朱熹便对吕祖谦说:"子寿早已上了子静船也。"不过陆九渊对其兄的诗并不完全认同,认为"诗甚佳,但第二句微有未安"。因为第二句"古圣相传只此心"为读古代圣贤之书以体识此心留有余地,而当时的陆九渊是反对仅仅通

---

① 陈来认为吕祖谦意在折中朱陆的这种说法并不准确,他的真正用意是和朱熹一起矫正陆学之偏。参见陈来:《朱子哲学研究》,第356—357页。

过读古代圣贤之书而成圣成贤的,他认为尧舜等圣人无书可读,可见读书并不是成圣的必要途径。陆九渊遂赋诗道:"墟墓兴哀宗庙钦,斯人千古不磨心。涓流积至沧溟水,拳石崇成泰华岑。易简工夫终久大,支离事业竟浮沉。欲知自下升高处,真伪先须辨只今。"陆九渊"举诗至此,元晦失色,至'欲知自下升高处,真伪先须辨只今',元晦大不怿,于是各休息"。可以看到,陆九渊对其兄陆九龄的修正在于以"斯人千古不磨心"取代"古圣相传只此心",因为正如孟子所言,四端之心为人所本有,成为圣贤就是对本心的发明,不须依赖前圣的相传。这就是易简的为学工夫,重在先立其大而发明本心,与朱熹所讲的格物穷理之方法迥然不同。

鹅湖之会成了朱陆之争的开端,体现了理学与心学在道问学与尊德性、穷理与尽性上的区别。朱熹与吕祖谦在当时的学术界影响大于陆九渊,鹅湖之会扩大了陆学的影响力,此后逐渐形成朱学与陆学对立的局面。十多年后,朱、陆两家又有书信往复,针对周敦颐《太极图说》中"无极而太极"一句的文本和解释进行论争。因此,虽然鹅湖之会使朱、陆学术思想"会归于一"的努力失败了,但它促进了双方思想的沟通与辩难,体现了宋明理学中理学与心学两派之间思想的不同与张力。

二、龙场悟道

龙场悟道是王阳明思想发展中的重要转折。据《阳明先生年谱》可知,阳明年少时便以读书成圣贤为人生第一等事,故而笃信朱子学,"遍求考亭遗书读之",希望通过格物穷理达到成为圣贤的目的。于是他按照朱熹的格物之说格竹,结果不仅没有格通竹子之理,反而大病一场。阳明认为大概是自己资质不够,成不了圣贤,遂溺于任侠、骑射、辞章、神仙、佛氏之说。三十五岁的时候,阳明因上疏而受廷杖四十,后被贬至贵州龙场任驿丞。行至钱塘,遭到宦官刘瑾的追杀,制造出投水的假象才得以幸免。龙场在贵州西北的崇山峻岭之中,那个地方当时有瘴气,而且只有少数民族,语言不通,剩下的就是中原亡命之徒。可见,当时龙场的环境对人的身心都是极大的考验。

在龙场期间,阳明特别注重"静"的工夫。他觉得自己已经能够超脱一切荣辱得失,却唯有生死一念未能觉化,"乃为石墎,自誓曰:'吾惟俟命而已!'日夜端居澄默,以求静一。久之,胸中洒洒"。阳明开始思考"圣人处此,更有何道",

久之,忽然在某夜悟得格物致知之旨,"始知圣人之道,吾性自足,向之求理于事物者误也。乃以默记五经之言证之,莫不吻合"。通过在龙场极端恶劣环境中静坐涵养、默识澄心,阳明领悟到朱熹向外格物穷理的方法行不通,问题就在于圣人之天理是本心具备、不假外求的,而且五经所言的道理都可以与之相印证。这一段经历就是龙场悟道。

龙场悟道使阳明彻底抛弃了佛老之学。阳明自叙这段经历:"吾亦自幼笃志二氏,自谓既有所得,谓儒者为不足学。其后居夷三载,见得圣人之学若是其简易广大,始自叹悔错用了三十年气力。"可以看到,阳明的学术发展路径与宋代理学家张载、朱熹等人相似,都是早年出入佛老而终返于儒学。因此,阳明的思想是动态的、不断发展的。《明儒学案》特别提到这一点,说阳明学成之前有三变,学成之后又有三变。龙场悟道之前他溺于辞章、溺于骑射、溺于佛老;龙场悟道之后"尽去枝叶,一意本原,以默坐澄心为学的,有未发之中,始能有发而中节之和。道德言动,大率以收敛为主,发散是不得已。江右以后,专提致良知三字"。阳明在龙场悟道,识得"圣人之道,吾性自足"之理,正是后来的四句教以及致良知等提法的思想基础和理论准备。龙场悟道之后,阳明有一个比较注重"静"的时期。正是这个"静",也就是前面所言"日夜端居澄默,以求静一",使他突悟格物致知之旨,才有龙场之悟。所以阳明后来招收弟子,先教学生静坐。由此也可见,龙场悟道对阳明思想转型具有重要意义,一方面使他彻底抛弃了佛老之学而转向圣人之学,另一方面使他解决了早年格竹所带来的对朱熹格物穷理方法的疑问,为心与理寻找到了契合处。

三、天泉证道

四句教是王阳明晚年对自己大半生学术思想的总结,即"无善无恶心之体,有善有恶意之动,知善知恶是良知,为善去恶是格物"。对阳明四句教的理解,当时的学生中就有分歧。明嘉靖六年(1527),王阳明奉命出征广西。临行前,在天泉桥上,钱德洪与王畿两人向阳明求证各自对四句教的解读,这就是中国哲学史上著名的天泉证道。

王畿认为:"此恐未是究竟话头。若说心体是无善无恶,意亦是无善无恶的意,知亦是无善无恶的知,物是无善无恶的物矣。若说意有善恶,毕竟心体还有善恶在。"对此钱德洪并不认同,他认为心体的无善无恶是因其为天所命之性,但是人有习心,表现在意念上就会有善恶,所以才需要有格致诚正的修养工夫去复其心之本体。如果只说"意亦是无善无恶的意",工夫就无下手处。阳明认为两个学生的意见可以"相资为用,不可各执一边"。也就是说,王畿从本体言说和钱德洪重视工夫的说法都是教人之法,只是针对的对象有所不同:"我这里接人原有此二种。利根之人(上根之人)直从本源上悟入。……一悟本体,即是功夫,人已内外,一齐俱透了。其次(中根以下之人)不免有习心在,本体受蔽,故且教在意念上实落为善去恶。功夫熟后,渣滓去得尽时,本体亦明尽了。"因此,王畿从本体上立论,是接引上根之人的,而钱德洪从工夫上言说,是为中根以下之人立法的,二者要相资并用,"若各执一边,眼前便有失人,便于道体各有未尽"。

阳明的学术宗旨经过几次变化,江右之前主诚意格物,而江右之后专提致良知。对于阳明的学问,钱德洪所得主要在诚意格物,而王畿所得主要在致良知,二者有"后天诚意"与"先天正心"之别。钱德洪与王畿的论辩揭示出本体与工夫修养路径的不同,两人对"无善无恶是心之体"是认同的,分歧主要是在后三句,而阳明则加以调和。

关于天泉证道,《传习录》、钱德洪等辑录的《王阳明年谱》以及王畿门人根据王畿口述记录的《天泉证道记》中都有记载,不同之处在于,《天泉证道记》将王畿和钱德洪的观点分别称为"四无说"和"四有说":"吾教法原有此两种:四无之说,为上根人立教;四有之说,为中根以下人立教。"这是《传习录》和《王阳明年谱》中所没有的。"四有"和"四无"两种说法,其实涉及本体与工夫的关系。

关于工夫与本体的讨论,另一件与之相关的事件就是严滩问答,此事比天泉证道稍晚,阳明在此吸收和利用佛道二教思想贯通自己的学说。根据《传习录》的记载,阳明晚年出征,弟子们追送他到严滩,这时弟子们在本体工夫的问题上有所论争,请证于阳明。论争的关键就在于究竟是以本体为主,还是以工夫为主。王畿侧重于本体,钱德洪则侧重于工夫。阳明说:"有心俱是实,无心俱是幻;无心俱是实,有心俱是幻。"王畿对此阐释说:"有心俱是实,无心俱是幻,是本体上说功夫;无心俱是实,有心俱是幻,是功夫上说本体。"阳明认同了这种说法。在这里阳明其实是借用了禅宗的公案,"有心俱是实"的"心"就是良知,是说一切工夫都要以良知为起点,不以良知为起点则良知终究是虚幻的,所谓"本体上说功夫"就是直接以良知为本体,推致良知就是工夫。"无心俱是实"

的"心"是指现成的良知,人本来就有良知,但是良知会被气禀、物欲所遮蔽,因此必须用工夫去除遮蔽,良知才会重新呈现,这就是"功夫上说本体"。因此,阳明的学问实际上涵括了两个方面,既是工夫也是本体:当说它是本体的时候,是说良知人人皆有,工夫就是推致良知;在推致的过程中将良知本体上的遮蔽去掉,本体才会呈露出来,就是由工夫而证得本体。所以阳明的学说是"即功夫即本体"。

可见,天泉证道中钱德洪和王畿所讨论的问题,实际上就是本体与工夫的关系问题,阳明对二人的说法都有所肯定,又强调不可偏向一边,也就是后来严滩问答中所展现的"即本体即功夫"的思想。据《明儒学案》记载,阳明晚年"所操益熟,所得益化",直提本体,工夫即涵容在本体之中。这也正体现了其思想从早年的格物诚意到晚年专主致良知的发展。

四、西学东渐[①]

明代中后期,欧洲的天主教耶稣会传教士大量来华,传播天主教信仰以及西方的自然科学(自然哲学)、技术等知识。西学的传入对中国本土的学术、政治和社会经济都产生了非常大的影响。当时的耶稣会传教士采取了两个传教策略:一是与中国本土文化相结合,如利玛窦等人先着僧服,后改儒服,试图通过与儒家相调和,更好地传教;二是传授西方先进的自然科学知识和技术,让中国的士大夫认识到西方文明的先进之处,从而借机传播天主教信仰。在这一过程中,耶稣会传教士向中国介绍了数学、天文、历法等各方面的知识,并翻译和撰写了大量与此相关的著作。

在这一过程中,中国的学者和士大夫对异域文化表现出殊为不同的态度。部分以华夏正统自居的士人对西方文化采取敌视和反对的态度,包括王夫之在内的很多儒者都认为西方文化鄙陋不可取。而另外一些学者对西方文化持完全接纳的态度,并主动推介西学,最著名的就是当时被称为"圣教三柱石"的徐光启、李之藻和杨庭筠,他们在接纳西方自然科学知识和技术的同时也接受了西方天主教的信仰。第三类学者主张在立足和保有中国传统文化的基础上,对西方文

[①] "西学东渐"可以泛指中国历史上一切西方文化传入中国的过程,不过学界通常用来专指明末清初和晚清民初两个时期的西学传入。明清之际的西学东渐是中国历史上第一次与西方文化的交流(主要是中国对西学的接收和反思),本书此节主要论述这一事件。

化进行合理的吸收和改造,方以智可以归于此类。同时,明末学者对于中西文化的关系也持有不同的说法,比如"心同理同""礼失求野""西学中源"等。

西学东渐促使当时的儒家学者对中国传统的科学方法进行反思,通过探讨如何化解儒学与西学之间的张力,对宋明理学中"格物"思想进行重新诠释,力图将中国格致之学的古典内涵与西学方法所体现的科学精神进行会通。比如徐光启曾将传入中国的西学分为三种:"顾惟先生之学,略有三种,大者修身事天,小者格物穷理,物理之一端,别为象数",认为天主教"必可以补儒易佛"。明末来华的耶稣会传教士使用"格物穷理""知天"等词汇作为融通西学与中学的桥梁,一方面寻求西方科学和神学与中国传统文化的共同点,减少阻碍,另一方面力图消解理学中对天主信仰构成威胁的太极/天理观。

需要指出的是,明末清初传入中国的西方科学知识虽然相较于当时的中国确实更加先进,但是传教士的身份使得这次西学东渐在目的和内容上与纯粹的学术传播有所不同。当时进入中国的西方传教士属于罗马天主教而不是新教,因而结果就是,"为其中国听众提供的宗教理念,在西欧、在西班牙半岛或在耶稣会的团体中,甚至在中国受尊重的代表人物中间,却不被认为是普遍的思想"①。例如,利玛窦等人所介绍的天文学依然是地心说,而不是当时欧洲已经普遍认可的日心说;所介绍的自然哲学依然是亚里士多德的经院哲学知识体系,而不是当时欧洲盛行的大陆哲学;所介绍的数学依然是欧几里得的平面几何,而不是笛卡尔的解析几何。因此,明清之际的西学东渐虽然客观上促进了中国自然科学和技术的转型和发展,但本质上是带有宗教传播色彩的科学和文化传播活动。

五、礼仪之争

异域宗教的传入往往伴随着与本土文化的冲突,比如前文提到的沙门不敬王之争,就表现为以儒家为代表的中国传统礼仪与佛家的教义、戒律之间的冲突。而明末天主教传入中国以后,也爆发了一场类似的论争,即中西礼仪之争。如果说沙门不敬王之争反映的是沙门与王权之间的矛盾,那么礼仪之争反映的则是天主教和儒家在祭礼性质判定上的分歧。

---

① 〔英〕崔瑞德、〔美〕牟复礼编:《剑桥中国明代史:1368—1644 年》下卷,杨品泉等译,北京:中国社会科学出版社 2006 年版,第 758 页。

礼仪之争是发生在17到18世纪的一场针对中国天主教徒祭祖、祭孔礼仪的大论争。当初的耶稣会传教士利玛窦在传教的时候采取了适应策略,使用"天""上帝"的称呼对应"天主",即"上帝"和"天主"只是名称的不同。同时,利玛窦认为中国教徒的祭祖、祭孔行为也只是为了表达追思和尊重,并无宗教含义在其中。利玛窦去世以后,继任会长龙华民开始严禁中国教徒以"天""上帝"称呼天主,将其改为"陡斯"(拉丁语 Deus 的音译),并且认为祭祖、祭孔涉于异端,应当禁止。1628年,耶稣会在嘉定召开会议,决定禁止使用"上帝"称呼天主(利玛窦的著作除外),但是祭祖和祭孔依然被允许。在此时间,论争还局限于耶稣会内部。

礼仪之争的真正爆发,是在托钵修会打破耶稣会在中国的垄断以后。当时的多明我会和方济各会(均属托钵修会)进入中国以后,发现中国教徒以"祭"来解释天主教的"弥撒",看到教徒和非教徒在一起进行祭祖仪式,认为这些礼仪必须禁止,但耶稣会士不同意。于是,两方向教会报告和请示此事。1645年,罗马教廷就中国的礼仪问题发布了第一个通谕,禁止中国的天主教徒参加祭祖、祭孔仪式。至此,礼仪之争由耶稣会内部扩大到了罗马教会。到康熙时期,礼仪之争达到高潮。康熙认为祭祖、祭孔乃是天下之通义,不需更改;然而强硬派代表多罗无视康熙的意见,要求中国教会无条件执行禁约的规定,否则将开除教籍。此后论争不断升级,清政府开始以严厉的禁教政策代替之前的说理和论辩。至雍正时期,清政府开始奉行全面的禁教政策。

礼仪之争是中西文化交流史上的一次直接交锋,其结果是清政府对天主教的严厉禁止。但是另一方面,为了论证儒家礼仪的非宗教性,中国天主教徒和传教士将中国古代典籍翻译介绍到欧洲,使中国儒家经典和思想传入西方。比如当时柏应理所著的《中国哲学家孔子》和《耶稣会士书简集》,就与礼仪之争关系很大。特别是《中国哲学家孔子》一书,将《论语》《大学》《中庸》等经典翻译成拉丁文,并在巴黎出版。虽然其目的是为利玛窦的传教策略做辩护,但客观上起到了介绍和宣传中国思想和文化的作用。这些著作震撼了整个欧洲,对孟德斯鸠、伏尔泰、莱布尼茨等启蒙思想家和哲学家产生了影响,间接促进了欧洲启蒙时代的到来。

第四节 近现代以来

1840年鸦片战争以后,中国历史进入近代时期。这是一个大变革的时期,传统的社会结构和政治制度受到挑战,传统学术也经历了一个转型的过程。晚清民初西学的传入冲击了传统的儒学,儒学内部的汉宋之争、今古文之争不再是主流,经学更加强调经世致用。近现代时期正统儒学由盛转衰,直到当代新儒家兴起,儒学的价值才被重新发掘出来。

一、戊戌变法

戊戌变法是晚清由康有为、梁启超主导的一次思想启蒙运动,也是一次提倡学习西方科学文化知识的政治改良运动。

光绪二十一年(1895)三月,清政府因甲午战败而被迫与日本签订《马关条约》,亡国灭种的危机促使一部分思想先进的仁人志士开始寻求救国救民的真理。以康有为为首的维新派联合当时的一批爱国士大夫上书反对签订条约,要求变法图强,这就是著名的"公车上书"。公车上书失败以后,维新派在北京和上海组织强学会,创办《万国公报》和《强学报》,积极宣传变法,但不久强学会和《中外纪闻》(即原《万国公报》)强遭封禁。1897年,德国强占胶州湾,俄国强租旅顺、大连,康有为再次向光绪皇帝上书,建议将国事付国会议行,颁行宪法。1898年4月,又发起以"保国、保种、保教"为宗旨的保国会。同年6月11日,在维新派的大力推动下,光绪皇帝颁布《明定国是诏》,变法由此开始。变法的具体措施包括废除八股、改设学堂、选用贤才、裁减冗吏、成立农工商会等,涉及政治、经济、文化等多个方面。9月21日,慈禧太后发动政变,变法结束,前后共历时103天,故又称"百日维新"。

戊戌变法与之前的思想运动相比具有以下几个特点。第一,托古改制,主张"以复古为解放"。康有为在《孔子纪年说》中重新塑造了孔子的形象:"凡所称为尧、舜、禹、汤、文、武成功盛德,皆孔子所发也。孔子既损益而定制,弟子传其道,弥塞天下。"他将资产阶级的民权、选举等制度和思想都解释为孔子所创。之所以如此,是因为他希望以孔子作为维新变法的祖师,通过对儒家经典的重新阐释,为变法寻求依据。可见,康有为的这套思想是西方政治学说与中国传统儒家思想的结合。

第二,认识到政治体制改革的根本性作用。在《日本变政考》中,康有为指出,"泰西之强,不在炮械军兵","在政体之善也"。变法的举措之一就是要求进行资产阶级政治制度改革,改君主专制政体为君主立宪制,通过设立议院和制定宪法实现君民共主。

第三,在思想文化方面提倡新学,反对旧学。维新派学习了西方资产阶级的政治理论以及近代自然哲学,并将其运用到对宇宙万物的解释中,特别是接受了生物进化论、天赋人权论、自然人性论等学说,由此对宋明理学家的伦理纲常和道德思想进行批判。

可见,戊戌变法是中国近代知识分子的一次爱国运动,同时也是儒家思想发展到近代的一次变革。戊戌变法以后,新式文化事业逐渐发展起来,国内出现了新学热,而这也成为新文化运动的前奏。

二、新文化运动

传统儒学在近现代以来受到过三次重大冲击,即太平天国运动的第一次冲击、辛亥革命的第二次冲击以及新文化运动的第三次冲击,其中新文化运动的冲击尤其大,导致了儒学独尊地位的终结。

辛亥革命的失败促使知识分子重新寻找救国图存的新道路。他们认为革命之所以失败,是由于国民精神没有得到解放;对旧的思想批判不够彻底,民主共和政体就无法真正地建立。1915年,陈独秀在上海创办了《青年杂志》(后改名为《新青年》),积极提倡民主与科学(旧称"德先生"与"赛先生"),发动了一场规模空前的批儒反孔运动。随后李大钊、胡适、鲁迅等人连续发表反孔文章,对儒学的冲击越来越大,在读书人中形成了全国规模的思想解放运动。

民主与科学是新文化运动的两面旗帜,《新青年》杂志的宗旨就是"以科学与人权并重"。陈独秀等人认为不批儒反孔,民主与科学在中国就难以实现。新文化运动的拥护者们认为,近代欧洲的人们之所以能够脱离蒙昧时代而形成独立的人格,就在于近代科学与民主精神的发展和发扬。在制度方面,他们认为儒学与封建君主专制相结合,必然会阻碍民主共和制的建立和巩固,因此要在中国实现民主共和必须批儒。在道德方面,陈独秀等人认为旧时的三纲五常是儒家的根本教义,与自由、平等、博爱的新道德相违背。在文化方面,陈独秀在《答常乃德》信中指出:"自汉武以来,学尚一尊,百家废黜,吾族聪明,因之锢蔽,流毒至今,未之能解。"认为儒家思想的独尊地位导致百家争鸣的文化繁荣局面不复出现,不利于中国学术文化的多元性。

可见,新文化运动是当时接受了西方文化思想的知识分子发起的一次"反传统、反孔教、反文言"的思想文化革新运动。新文化运动一方面沉重打击了统治中国两千多年的儒家思想和传统礼教,解放了人们的思想,开启了民主与科学的风气,推动了现代科学在中国的发展,而另一方面造成了对中国传统文化全面的、不加选择的批判,某些做法和思想比较偏激。陈独秀等人只看到了儒家思想中的时代性和局限性,却忽视了儒家思想超越时代性的价值,未免矫枉过正。儒学价值重建是由现代新儒学完成的。

三、新儒学的兴起

新文化运动前后,中国思想界出现了科学主义与实证主义思潮、人文主义思潮等学术性思潮,并相应地发生了东西文化论战、科学与玄学论战等学术论争。当时文化界有一批学者,他们与新文化运动中批判儒家的学者不同,既对传统文化抱有同情式的理解,又对西方文化持有开放的态度。现代新儒家就是这些学者中主要关注和研究哲学的人,他们以接续儒家的"道统"为己任,其学术被称为现代新儒学,与传统的宋明新儒学在思想精神上一脉相承,又在文化、政治等方面有所区别。现代新儒家大体上有三代学人,第一代以梁漱溟、熊十力、马一浮、张君劢、方东美、冯友兰、贺麟等人为代表,第二代以唐君毅、牟宗三、徐复观等人为代表,第三代以杜维明、刘述先、成中英、蔡仁厚等人为代表。

1958年,牟宗三、徐复观、张君劢、唐君毅四位现代新儒家在香港《民主评论》上联合发表了《为中国文化敬告世界人士宣言——我们对中国学术研究及中国文化与世界文化前途之共同认识》(以下简称《宣言》),系统地阐述了研究中国文化的态度和方法,并对中国文化的出路以及世界学术思想的发展等问题提出看法。《宣言》中特别肯定了中国哲学思想在中国文化中的地位,并且强调心性之学的意义以及传统文化中伦理道德与宗教精神的价值,主张以"同情"和"敬意"的态度去了解和研究中国文化。与此同时,《宣言》也指出中国文化缺乏近代民主的制度和科学的精神,并且认为这正是导致中国近现代以来在科学以及政治上落后的原因。

现代新儒家,特别是发展到第三代开放的新儒家,研究重心集中在以下几个方面:其一,跳出传统与现代的二元对立模式来反思现代性;其二,强调"文明对话"与"文化中国",呈现中国文化对整个世界未来多元化文化格局的积极作用;其三,关注儒家价值在全球伦理、环境伦理、生命伦理等问题上的价值和意义;其四,探讨儒学与现代民主政治以及自由主义之间的关系,挖掘其中可供转化和沟通的丰富资源;其五,呈现儒学的宗教性与超越性,注重儒学在精神信念、存在体验层面所具有的特性。①

可见,新儒学通过吸收西方哲学的理论、观念以及方法来重构中国传统哲学,在哲学的体系性建构方面做了颇多努力和尝试,使之既能够体现哲学的现代性以回应西方文化的挑战,又能彰显中国文化自身的特点,从而在世界哲学话语中占据一席之地。从这一点来看,无论现代新儒家的努力最终能否成功,他们对传统文化和民族精神的捍卫意识都是值得尊重的。

四、新文献的发现

近现代以来,中国哲学的发展和创新,既得益于哲学研究方法的创新和内在精神的重新诠释,也得益于新文献的发现。王国维在《古史新证》中既批评了"信古之过",也指摘了"疑古之过",认为疑古学者"怀疑之态度及批评之精神不无可取",可惜他们"于古史材料未尝为充分之处理",由此提出了著名的"二重证据法",即以"地下之新材料"补正"纸上之材料",两者互相印证。近百年来,中国出土了不少地下新材料,极大地促进了古代历史文化研究,其中古代哲学文献主要有三次大的发现,下面分别介绍。

1. 殷墟甲骨

1899 年,金石学家王懿荣在购买的中药药材中偶然发现了甲骨文,引发了考古学界具有革命性意义的大发现,将中国汉字的历史提前到了公元前一千多年的殷商时代。甲骨的发掘大致可分为三个时期:1899—1928 年,小屯村农民的自发发掘;1928—1937 年,中央研究院历史研究所主持发掘,出土了大批殷代甲骨文献;1950—1977 年,中国科学院考古研究所主持发掘。

甲骨文是目前已知的中国最早的成系统的文字,与古埃及的圣书字、古巴

---

① 参见郭齐勇:《中国儒学之精神》,上海:复旦大学出版社 2009 年版,第 335—340 页。

比伦的楔形文字和玛雅文字并称为世界四大古文字。甲骨文多为殷商时期王室的占卜记录,以武丁时期和商末文丁、帝乙、帝辛时期为多,也包括少数的记事文字。殷墟甲骨为我们了解殷商时期的政治、文化提供了宝贵的材料,具有极高的文化、史学以及美学价值。

2. 敦煌写本

1900年,道士王圆箓在敦煌莫高窟第16窟甬道北壁发现了一个复洞,洞中保存了从十六国到北宋初期(4世纪到11世纪)的大量经卷和文书。这些文献多数为手写本,也有极少量的雕版印刷本和拓本,书写文字多为汉文,也有不少古藏文、回鹘文、梵文文献。从内容上看,以佛教典籍和寺院文书为主。然而,当时的清政府对此并未加以重视,致使英国的斯坦因、法国的伯希和以及日本的大谷光瑞等人先后有组织地盗走了不少珍贵资料。从1909年开始,我国学术界开始对这批文献进行整理和研究,并逐渐发展出一门新兴的学科"敦煌学"。

敦煌写本在校勘以及思想研究方面具有很高的价值。它保存了典籍较早的版本,可以借以判定许多学术上争论已久的问题。敦煌文献中数量最多的是佛教经典,特别是《大般若波罗蜜多经》《金刚般若波罗蜜多经》《妙法莲花经》《维摩诘所说经》,而最有价值的则是禅宗经典和三阶教经典。禅宗自六祖慧能以后分为南宗和北宗,慧能的弟子神会经滑台之辩而定南宗为正统,以至早期禅宗以及北宗禅宗的历史逐渐被湮没,而敦煌写本中正有许多与此相关的文献可资补充。如《菩提达摩南宗定是非论》《顿悟无生般若颂》《南天竺国菩提达摩禅师观门》《观心论》《楞伽师资记》等,其中《楞伽师资记》中明确记载了从神秀、玄赜、慧安到普寂等人的禅宗北宗世系,《观心论》被认为是北宗创始人神秀的著作。此外,敦煌文献中还发现了迄今为止最早的《坛经》版本,与宋代以后的宗宝本《坛经》多有不同,对于了解慧能思想的形成十分重要。

3. 出土简帛

历史上关于简策出土的记载很多,且集中在先秦至两汉三国时期。其中,汉武帝时期鲁恭王坏孔子宅壁所得的古文经以及晋太康二年汲郡人不准盗魏襄王墓所得的汲冢竹书,是最有影响的两批出土文献。孔壁书中的古文《尚书》和汲冢书中的《竹书纪年》,更是长期影响着中国古代思想和哲学研究。近代以来,随着大规模考古发掘的展开,出土的简帛文献层出不穷,大大推动了古文字学、古文献学、思想史、哲学史研究,填补了学术史上的许多空白。

重要的出土简帛有以下几批:

1972年,山东临沂银雀山汉墓出土竹简,主要有《孙子兵法》《孙膑兵法》《尉缭子》等兵家文献。

1973年,湖南长沙马王堆汉墓出土帛书,主要有《老子》甲乙本,《黄帝四经》等道家文献,以及一批解释《易经》的文献。

1975年,湖北云梦出土睡虎地秦简,有《法律答问》《为吏之道》等,主要是当时的法律制度及行政文书。

1993年,湖北荆门郭店楚墓出土竹简,主要有《性自命出》《忠信之道》《穷达以时》《六德》《五行》等儒家文献,以及《老子》《太一生水》等道家文献。

1994年,上海博物馆从香港文物市场收购一批战国楚简,主要有《孔子诗论》《缁衣》《性情论》《民之父母》《恒先》等。

2008年,清华大学收入一批战国竹简,主要有《尹至》《尹诰》《程寤》《保训》《耆夜》,涉及《尚书》及相关的典籍。

郭店简、上博简和清华简都是在公元前300年前后书写的,是秦代焚书前的珍贵文献,书写文字是当时的楚文字。就内容而言,郭店简主要是儒家和道家的著作;上博简亦以儒家著作为主;清华简主要是经史之类的典籍;银雀山汉墓和睡虎地秦简则以兵家和法家文献为主;马王堆帛书年代稍晚,算是道家文献的汇编,也侧面证实了黄老之学在汉初思想界的主导地位。

相对于殷墟甲骨和敦煌写本,出土简帛对中国哲学和思想史研究的影响更大。它们一方面扩充了先秦两汉时期古书的内容,提供了更早的版本,比如《老子》甲乙本和竹简本《缁衣》,另一方面也促使学界对疑古思潮进行反思,再次证明了王国维以"二重证据法"指摘"疑古之过"的正确性。

第六章　方法与方法论

本章主要讲三个问题：第一，研读中国哲学史相关典籍及研究成果的一般方法；第二，中西互动中的中国哲学史方法论的展开，包括逻辑与历史统一的方法学、诠释学与中国经典诠释的方法学以及现象学方法论；第三，中国哲学研究的多重取径、前景与限制问题。

第一节　一般方法

一、有关资料、文献的鉴别与研读

我们强调经典与史料的研读。经典既是史料又不只是史料。经典教育是确立文化主体之常道的教育。传统中国哲学史的史料散布在经、史、子、集四部，也见于民间文献及出土文献。我们要从认字与断句开始，一字一句地读懂材料、文献，不能囫囵吞枣，望文生义。因此，学习中国哲学史最基础的方法，还是通过训诂考据研习古书的方法。

在文史哲分科之前，我国只有图书分类法与学问路径的区别，前者如经、史、子、集四部分类法，后者如清代的义理、考据、辞章、经世等学问的路向，但这些都不是今天通行的西方社会科学的分科。分科固然非常好，但分科也会带来一些盲点，有一些限制。比如说，经与经学是中国文化最重要的组成部分，但经与经学在现代学术分科的背景下反而得不到很好的研究。今天我们提倡研习国学，即中国古典学。这一学科的建构当然不可以替代文史哲的分科，但是可以补救文史哲分科后出现的一些问题。例如，通常《诗经》放在文学专业，但仅仅放在文学专业中就够了吗？《诗经》讨论的只是今天文学范畴内的问题吗？当然不是。《诗经》也是哲学、史学的学子应当研读的经典。同样，《左传》《史记》仅仅放在历史学科也是不够的，这两种经典也是文学、哲学的学子应当研读的。西方学科建制上除文史哲之外有古典学，专门学习与研究古希腊文、拉丁文及相关文献。这值得我们参考，我们也应有专门的学科来研究古汉语与经部典籍。另外，不要以为集部只是文学书籍，宋代以后的哲学思想资料，多在集部之中。

在经典、文献、史料研读的过程中,我们非常重视方法论之前的方法或诠释学之前的解释。有的人认为,训诂、考据或者文献学的研讨,包括文字、音韵、训诂,一直到校勘、辨伪与辑佚等,不能算作诠释学的内容,但它们肯定是诠释学之前,即我们研读中国哲学文本之前需要做的基础工作。

我们为哲学系本科生编写了《中国古典哲学名著选读》一书,精选历代的哲学名篇并有简单的注释。在老师指导下学习或者自学,都很方便。但只读选编本是不够的,我们要与古圣先贤做心灵的对话与沟通,还必须读古代经典的全本。中国的大学生,不管哪个院系的,要理解中国文化,起码要读几种经典。钱穆先生推荐了七种:《论语》《孟子》《老子》《庄子》《坛经》《近思录》《传习录》。有志从事中国哲学研究的青年,还应在这七种之外多读几种,如《尚书》《周易》《诗经》《左传》《礼记》《荀子》《韩非子》等。

现在我们带领同学们读经,就是拿十三经原本来读,连注疏一起读,从识字、断句开始,慢慢培养同学们解读原典的能力。我们请同学们不要看白话翻译,要看就直接看古文献。虽然每读一段,几乎都有疑难,但好在有不少古代注疏与前人研究成果足资参鉴。读经典既要反复读原文,又要反复读最有代表性的注疏。不读注疏,不能准确地把握经典,但若只沉溺于注疏之中,不反复通读原文,又不能理解经典的思维脉络及经典中蕴含的主要精神。读古书不能太快,要慢慢咀嚼。尝读《黄侃手批白文十三经》,黄焯先生的序文使我们知道什么叫学问功夫。黄侃先生对重要经书都从头到尾圈点过二十余次。尽管如此,他还曾对他的学生陆宗达坦言,自己有的句子断得不对。

每一部经典文献,都有经典的注疏本,例如读小戴《礼记》,一定要读郑玄注、孔颖达疏《礼记正义》(见阮元校刊、中华书局影印本《十三经注疏》)。后代注疏中,可读元人陈澔的《礼记集说》(上海古籍出版社影印本)和清人孙希旦的《礼记集解》(中华书局)等。

又如四书,最重要的是朱熹的《四书章句集注》。朱子穷其一生为《大学》《中庸》作章句,为《论语》《孟子》作集注,用功甚勤,修改不辍,四十余年间,"改犹未了",直到临终前三日还在修改《大学·诚意》章,真是做到了"毕力钻研,死而后已"。朱子《四书章句集注》的特点是,以洗练的文字,逐句解释四书之难点、要点,先注音,再释典故、人物,包括难字难句,再解释其义理。应该说,朱子仍是以训诂为主,以疏通文字为先。《四书章句集注》有关义理的解释也不全然是宋代理学家的看法,他首先还是讲通行的看法,就先秦儒学的基本知识与道德义理加以阐发,如遇到特别疑难的词句,遇到一些范畴与关键词,或是与汉唐儒家有分歧,或是需要发挥宋儒的观点,他便引用二程等人的看法,或自己直截了当地加以解释。在引用了前人或当时人的看法后,如不需再说则不说,如需要加以抉择,则加"愚按""愚谓"予以判定。在章节之末,以"此一节""此章言""此言"云云加以总结。需提醒读者注意上下文相互关联处,他也特别加以说明。朱子的这部著作可谓宋代人四书学的集大成者,朱子的学生李性传说本书"训释最精",是非常确当的。《十三经注疏》中的《论语注疏》用的是魏何晏注、宋邢昺疏,有清阮元的校勘记。清代、近世还有其他训释《论语》《孟子》的著作,如焦循的《孟子正义》、刘宝楠、刘恭冕父子的《论语正义》、程树德的《论语集释》、杨树达的《论语疏证》等,在训诂上更加完备,读者不妨参读,但以上这些书仍然无法代替朱子的《四书章句集注》。

我们读书的时候,萧萐父老师告诉我们,凡有心做中国文化研究的学子,都要有基本功,如段玉裁的《说文解字注》、纪昀等编纂的《四库全书总目提要》都要下功夫啃。萧先生给我们开了史料学的课程,叫"中国哲学史史料源流举要"。在这门课程中,我们要读梁启超先生的《清代学术概论》等书。梁先生论朴学,主张"凡立一义,必凭证据;无证据而以臆度者,在所必摈",且强调"孤证不为定说。其无反证者姑存之,得有续证则渐信之,遇有力之反证则弃之"。学者为了证明自己的看法或观点,"隐匿证据或曲解证据,皆认为不德"。"最喜罗列事项之同类者,为比较的研究,而求得其公则。""所见不合,则相辩诘,虽弟子驳难本师,亦所不避,受之者从不以为忤。""文体贵朴实简洁,最忌'言有枝叶'。"[①]这些都是清代学术值得借鉴的地方。萧先生还让我们讨论陈垣先生的《元典章校补释例》之《校法四例》,了解对校法、他校法、本校法、综合考证法。此外,考据也是研究中国哲学的基本功。清儒考据功夫很深,但萧先生告诉我们,不要迷信已有的考据成果,清儒的考据也会存在问题。

例如清儒毛奇龄认为《大学》的单行本出现很早,以为《论语》《孟子》《大学》《中庸》《孝经》乃小经,在汉唐时早已单篇独行,不始于宋儒。对此,全祖望在《萧山毛检讨别传》中指出,《新唐书》说修小经、中经、大经,指的是学习时间,并

---

① 以上引文见梁启超:《清代学术概论》,上海:上海古籍出版社1998年版,第47页。

不是说在内容上有所谓小经、中经、大经的区别。《新唐书》卷四十四载,《孝经》《论语》一年修,《尚书》《公羊传》《穀梁传》一年半修,《周易》《诗经》《周礼》《仪礼》两年修,《礼记》《左传》三年修。不能因《新唐书》的这条材料,就把小经当作单篇别出。清儒朱彝尊也是一位大学者,他也认为单篇别出的《大学》《中庸》出现非常早,不始于南宋。他认为司马光的《大学广义》是《大学》单行本的开始,好像铁证如山。但实际上,《礼记》有十多篇在宋代以前已有专篇注解了,并不能因此断言它们已单篇独行。如按朱彝尊《经义考》的考证,《礼记》有四分之一强的篇章早已有单行本。

再比如《资治通鉴》几位撰写者的分工问题。胡三省在《新注资治通鉴序》中说:"修书分属,汉则刘攽,三国迄于南北朝则刘恕,唐则范祖禹,各因其所长属之,皆天下选也。"但全祖望在《通鉴分修诸子考》中提出一条材料,是司马光写给范祖禹的信,信中说:你要看到魏晋南北朝的材料就给刘攽,五代的材料就给刘恕。全祖望据此说胡三省讲的分工不对。抗战期间,陈垣先生带研究生,就叫研究生自己写文章来讨论全祖望的说法是否可靠。陈垣先生的意见是,司马光的这封信的确是信史,确有其事,但那只是他初步的想法,是收集资料做长编时候的考虑,后来并没有这样做。新中国成立后翦伯赞先生写过一篇文章,里面关于《通鉴》的分工,还是采用胡三省的说法。马上就有人写文反驳,批评翦伯赞,并举全祖望之说云云。翦伯赞先生回应说,全祖望的说法不对,你还须考证。[①] 由以上几个例子可以看出,中国哲学研究的难度很大程度上存在于史料、资料的辨析上。

在武汉大学举办的一次明清学术会议上,一位域外学者引用了邓豁渠《南询录》的材料。他用的是发表在《中国哲学》辑刊上由黄宣民先生标点的材料。我就告诉他,那个材料不可用。《南询录》收藏在日本的东洋文库即内阁文库中,而在中国却失传了。20世纪80年代初期,黄宣民先生请我们的一位校友邓红从日本复印给他。日本有几位大学者,如岛田虔次先生、荒木见悟先生,都写了关于《南询录》的论文。但由于有的前辈做事疏忽或训诂方面的修养不够,点校的问题就很大。比如说,该书前面引的白沙子的话,其实只有短短一句,他却把一长段话都打上引号,当作陈白沙的话。其实白沙子的书都已整理出版,

---

① 详见柴德赓:《资治通鉴介绍》,北京:求实出版社1981年版,第13—14页。

可以查对。研究《南询录》,应看邓红的整理本。①

有人讲庄子的"判天地之美,析万物之理"如何了不起,值得大力提倡云云,这是对《庄子·天下》篇的误解。其实这本来是庄子学派所批评的一曲之见。《天下》篇作者认为把握道体之"全",才能"原天地之美而达万物之理"。

我举以上几个例子是想说明,应特别重视资料、文献的鉴别、爬梳与点校。这是非常难又很重要的一种训练。萧先生史料学课的讲义,经过我们前几届研究生听课整理,老师反复修订,已经出版。② 这本书应该成为我们专业博士生、硕士生的案头书。书中不仅讲史料,还讲方法。比如第二讲"古史袪疑",就是对疑古思潮的反思,属于方法论问题;第三讲"朴学简介",讲文献识别与把握的门径与方法;第四讲则讲地下考古资料与传世文献的互证,也是方法。此即王国维所说的"二重证据法"。

二、对已有研究成果"竭泽而渔"

我们不仅要重视原始资料与文献,还要重视海内外已有成果,通晓学术前史。我们要求硕士生、博士生能够做非常好的研究文献综述。做文献综述也要有问题意识。任何思想史上的人物都是在前人思想的基础上进行研究的。当你做学士、硕士或博士学位论文时,一定要切实梳理自己研究方向、论题的现有成果,对已有成果进行反思,从中发现问题,然后抓住问题深入研究,超越已有成果。我们做的是有思想的学术和有学术的思想。思想离开了学术是空疏的,学术离开了思想是盲目的。"竭泽而渔"是陈垣先生倡导的治学方法。过去萧老师让我们读《励耘书屋问学记》,让我们反复体会陈垣先生的治学精神。傅斯年先生讲"上穷碧落下黄泉,动手动脚找东西"。傅斯年先生成立历史语言研究所的时候,说过唯科学主义的方法存在一定问题,但我们知道,现代学术的规范就是要充分理解你所研究的对象,并尽量掌握已有的成果。因此,要全面理解中外已有成果来做学术前史的梳理。假如我们没有对已有成果的研读和学术前史的梳理,每做一篇文章都有可能失败,因为别人已经说过了,只是你不知道而已。有的人自说自话,孤芳自赏,根本不了解海内外有关人物、课题、著作研究的进展与前沿,那当然不能称之为真正的学术研究。我们在指导研究生时发

---

① (明)邓豁渠:《〈南询录〉校注》,邓红校注,武汉:武汉理工大学出版社2008年版。
② 萧萐父:《中国哲学史史料源流举要》,武汉:武汉大学出版社1998年版。

现,有些同学比较偷巧,在网上查资料,但找的都是一些地方师专学报等刊物上的文章,一些最重要的文献却没有找,特别是关于思想演进过程的文献。我们认为,学术方法与学术态度是连在一起的。做学问就要老老实实,"知之为知之,不知为不知"。在一定意义上,老老实实既是态度,又是方法。诚实地做学问既是态度,又是方法。

第二节　中西互动:中国哲学史方法论的展开

只有通过训诂、考据疏通了原始材料,并对已有研究成果进行全面把握,我们才能展开中国哲学史的方法学。

一、逻辑与历史相统一的方法论

中国哲学史方法论问题的展开,基于一种历史的反思,即检讨"文革"前及"文革"时期强加给中国古代哲学家的诸多诬蔑不实之词与方法论的错误,重新探讨中国哲学史学科的对象、重点、特色以及史料筛选等问题,厘清中国古代哲学发展中独特的概念、范畴与问题意识,突出哲学思想发展的内在线索,并在史料问题上提出哲学史研究中的纯化和泛化问题,即社会文化与哲学思想既有互动,又有区别,哲学史史料应加以精择。张岱年、冯契、萧萐父等先生以方法论的自觉,坚持逻辑与历史相统一的哲学史方法论原则,以螺旋式发展的结构取代所谓唯物主义与唯心主义、辩证法与形而上学绝对对立斗争的两个对子的结构,这在当时是不容易的。他们为冲破两军对战模式、两个对子结构,做出了可贵的尝试,反映了思想解放运动在哲学史重写过程中的真实的历史印迹。

在方法论层面,我们应研读黑格尔《哲学史讲演录》的导言,对其进行细致的讨论。我们认为,逻辑与历史统一的方法学训练是非常重要的思想训练。

任何时代的哲学家毫无例外地都要从已有的思想资料出发,继承前人的研究成果、研究课题或研究方法。黑格尔的哲学史观为说明哲学发展的延续性、累积性或肯定式的继承性奠定了基础。他善于透过纷然杂陈的思潮、流派和哲学体系找出其内在联系,从而把整个哲学史看成首尾连贯的因果系列。黑格尔并非不讲哲学史上的变革、否定和渐进性之中断,只是面对他以前的哲学史家把哲学史看成彼此反对、相互推翻的"纷歧意见之堆积"和"不断地全部更新和变化的戏剧"的错误,他不能不格外强调哲学史上的范畴、命题、体系、方法的同一性和继承性。黑格尔提到第一位的是范畴的继承性和范畴的和解式的扬弃,而不是一些学说扬弃地推翻另一些学说。他不能容忍哲学体系之间的悲剧式的斗争、不可调和的对立和相互易位,因为在他看来,哲学体系的历史连贯性必须服从于辩证逻辑范畴的连续性。

马克思主义的经典作家高度赞誉黑格尔力图把哲学史看成有机的发展过程,揭示千差万别的哲学体系的内在联系的努力,同时批评他没有着重强调哲学体系之间的否定和斗争。马克思指出,"黑格尔的主要错误在于他把现象的矛盾理解为本质中的理念中的统一","把真正对立面的尖锐性以及这些对立面的转化为极端看做有害的、必须尽可能加以阻止的事情"。① 马克思批评黑格尔法哲学的这些话,完全适用于黑格尔的哲学史观。

与延续性并存的是非延续性。每到一定阶段,总有人出来怀疑甚至推翻前人的成果,变更其课题,否定其方法,开创哲学的新生面。著名学者汤用彤认为,王弼、何晏、向秀、郭象等以玄学取代汉代经学,中国哲学之主题和运思方式均发生了深刻的变化,宇宙构成论发展为本体论,中国人的抽象思维能力和思辨水平提高了一大截。这一场巨大的思想解放运动实肇始于严遵、扬雄、桓谭、王充,他们发动反传统之净化运动,"极力排除主流思潮之荒诞繁琐与不合理,而成为促进主流学术思想变动之势力"。②

在研究中国哲学史时,我们应该重视不同时期哲学家集团在哲学倾向、思维模式上的区别与联系,一方面通过它们的相互否定把握它们的共同点,另一方面通过它们的延续和统一把握其本质的、足以划分哲学发展阶段的差别。在哲学史研究中,抹杀质的飞跃和阶段性的变革,显然是错误的;看不到量的积累和理论上的渊源,也是不正确的。延续性与非延续性统一的原理,是从哲学史辩证发展的实际中抽绎出来的,它又是一条治史的重要方法,我们要结合实际加以运用和发挥,并总结历史上偏重理论思维的教训,防止直线性和片面性。

我们要正确地看待哲学思潮之间的继承与变革的关系:对立之中有联系,联系之中有对立。例如关于王阳明与朱熹的关系,日本学者岛田虔次先生就没有简单地把它仅仅视作对立的关系。他认为,王阳明并不是从陆象山而是从朱

---

① 《马克思恩格斯全集》第1卷,北京:人民出版社1956年版,第358、356页。
② 汤用彤:《汉魏学术变迁与魏晋玄学的产生》,《中国哲学史研究》1983年第3期。

熹出发的,只是当阳明认定朱子格物致知的方法行不通时,才彻底实现了由外向内的转折,使包括朱学在内的整个理学,这个以主体的思想意识为研究对象的理论体系最终完善、纯粹化。足见王学之于朱学,既是延续的又是非延续的。

把握哲学史上连续性与非连续性的统一,可以促进对于哲学变革的研究,便于理清思潮、流派之间的关系,也便于深入探讨哲学家个体性与哲学共同体的关系。研究哲学史既间断又延续的发展逻辑,不能不重视哲学家个体与集团的问题,我们强调把一个个哲学家放到思潮、流派、文化区域、师承关系的背景下加以考察,同时重视其独特个性。

哲学史研究中必然性与偶然性的关系也值得重视。黑格尔认为:"全部哲学史是一有必然性的、有次序的进程。这进程本身是合理性的,为理念所规定的。偶然性必须于进入哲学领域时立即排除掉。概念的发展在哲学里面是必然的,同样,概念发展的历史也是必然的。"①他显然把这种必然性强调得过了头,认为理念展开出来的形式或范畴的多样性统统都是必然的、有规定的。但是,黑格尔毕竟是具有伟大历史感的哲学家和哲学史家,他并没有把充满偶然性的、斑斓多彩的哲学发展史变成干枯乏味的陈年老账。他在《小逻辑》里又说,不能完全排斥偶然,作为理念扬弃了的一个环节,"偶然性在精神世界也有其相当地位……任何科学的研究,如果太片面地采取排斥偶然性、单求必然性的趋向,将不免受到空疏的'把戏'和'固执的学究气'的正当的讥评"。②黑格尔第一次把世界史和哲学史看成"发展中的系统",从偶然的史实中揭示了历史和哲学发展的必然性。

必然与偶然是历史科学的极其重要的范畴。马克思主义经典作家曾经精辟地论证二者的关系:一方面,偶然性始终是受内在的一般规律支配的。"历史事件似乎总的说来同样是由偶然性支配着的。但是,在表面上是偶然性在起作用的地方,这种偶然性始终是受内部的隐蔽着的规律支配的,而问题只是在于发现这些规律。"③"在所有这样的社会里,都是那种以偶然性为其补充和表现形式的必然性占统治地位",必然性"在这里通过各种偶然性来为自己开辟道

---

① 〔德〕黑格尔:《哲学史讲演录》第1卷,北京:商务印书馆1959年版,第40页。
② 〔德〕黑格尔:《小逻辑》,北京:商务印书馆1980年版,第303页。
③ 《马克思恩格斯选集》第4卷,北京:人民出版社2012年版,第254页。

路"。① 归根到底,哲学发展根源于现实生活的生产和再生产,但在生产方式与哲学之间存在着许多复杂因素的交互作用,其间主要的中间环节有经济关系、政治制度(阶级斗争)、社会心理、低级意识形态(政治、法律等)、高级意识形态(宗教、艺术等)。另一方面,在历史的发展中,偶然性也发挥着自己的作用。"如果'偶然性'不起任何作用的话,那末世界历史就会带有非常神秘的性质。这些偶然性本身自然纳入总的发展过程中,并且为其他偶然性所补偿。但是,发展的加速和延缓在很大程度上是取决于这些'偶然性'的,其中也包括一开始就站在运动最前面的那些人物的性格这样一种'偶然情况'。"② 在这里,马克思说明了偶然性对于加速或延缓历史进程的重大作用,同时指出领袖人物的性格特征远不是无足轻重的。

忽视创造历史的主体活动和各种复杂因素,势必把必然性神秘化而堕入宿命论的泥潭。反之,把偶然与必然对立起来,夸大偶然事件的作用,或者把个别、特殊与普遍对立起来,也会陷入迷惘。偶然与必然(也即多样性与统一性,个别、特殊与普遍)相统一的原理在哲学史研究中具有什么意义呢?应当处理好哪些关系呢?

首先是必然与偶然具体的、历史的统一。过去哲学史研究中出现简单化、公式化的弊病,忽视偶然,忽视同中之异,忽视多样性、个体性、特殊性,就是因为不懂得必然与偶然的统一是具体的、历史的统一。我们的任务不仅是通过对无限多样的个别、偶然的哲学史现象的具体研究掌握哲学发展的普遍规律,更为重要的是由普遍回到特殊,回到个别。

其次是社会心理与个性特征的关系。哲学史研究的对象是经过职业哲学家加工了的系统化的社会意识,即思想体系。在思想体系与社会存在之间横亘着极富弹性的中间环节——社会心理。有的研究者把普列汉诺夫提出的这一重要范畴概括为:特定时期特定民族广大群众,或特定阶级、阶层或社会集团中间普遍流行的没有经过系统加工的精神状况,包括他们的理想、要求、愿望、情感、习惯、道德风尚和审美情趣等。③ 在哲学史研究中排斥个人的天赋、气质、性格、教养、经历、知识结构等偶然因素,就无法说明为什么同一时代、同一

---

① 《马克思恩格斯选集》第 4 卷,第 649 页。
② 《马克思恩格斯选集》第 4 卷,北京:人民出版社 1972 年版,第 393 页。
③ 王荫庭:《普列汉诺夫论哲学史方法论的若干问题》,《江汉论坛》1980 年第 2 期。

阶级的哲学有着不同的表达形式和思辨性结构。

偶然是必然的表现和补充,忽略了偶然性的作用,当然会造成重大的方法论的错误。就拿玄学来说,如果没有佛教的传入,没有肮脏残酷的政治斗争,没有放达的建安文学的影响,没有王弼、何晏、嵇康、阮籍、支道林等玄学家的个人气质,思想界绝不可能振起玄风,也不可能把我们民族的理论思维水平提高到时代所允许的高度。玄学取代经学,既疑经又卫道之宋学取代汉学,以及宋学的瓦解,都有其内在逻辑,而这种必然正是无数偶然相互作用的结果。至于外来文化的影响与中国哲学发展的关系,更是一个需要花费气力研究的课题。3世纪开始的佛教传入、17世纪开始的西学东渐,其传播过程、传播者本身、各种学说的影响和作用、中国的思想土壤、外来文化之能否及怎样中国化,都有着非常复杂的情形。

最后说说逻辑方法与历史方法的统一。在逻辑中思想史和思维规律是相吻合的。中国哲学的传统范畴及其辩证联结对于掌握我们民族思维规律的重大意义,正被越来越多的研究者重视。这种研究唯一适用的方式即是逻辑的研究方式,以摆脱"历史的形式以及起扰乱作用的偶然性"。正如恩格斯所指出的,"实际上这种方式无非是历史的方式……历史从哪里开始,思想进程也应当从哪里开始"①。这就指出了逻辑方法与历史方法的一致性。范畴是人类认识之网上的纽结,而什么时候出现这种或那种范畴,中国、西方、印度哲学逻辑范畴为什么差异极大,中国哲学范畴为什么认同性弱、适应性强等,是不能单用逻辑的方法,单单考虑理性因素就能做出合理解释的。普列汉诺夫说,单单用逻辑的方式来说明哲学史的发展,顶多只有部分的真理,因为它无法揭示哲学知识发展受社会生活各方面制约的根本原因,也完全不能说明诸如哲学体系的过渡为什么有时很快有时却要整整一个世纪等复杂的问题。② 逻辑方法必须与历史方法相结合,否则,什么东西都说明不了,如章太炎一生学术思想凡数变,单用逻辑方法无法说明其原因。逻辑与历史一致性原则是对二者不一致的扬弃。只有对于历史的丰富性、复杂性了如指掌,对于什么是历史的偶然的外在的因素,什么是历史的内在必然的趋势,以及二者的关系进行深入的研究,才能正确地运用逻辑与历史统一的方法,才能把哲学史研究中的延续性与非延续

---

① 《马克思恩格斯选集》第2卷,北京:人民出版社2012年版,第14页。
② 参见《普列汉诺夫哲学著作选集》第1卷,北京:生活·读书·新知三联书店1959年版,第475页。

性、必然性与偶然性辩证地统一起来。

逻辑与历史统一的方法论,要求我们在哲学史的学习与研究中,学会知人论世,提炼内在理路,既有整体的、统贯的把握,又有比较的视域方法,还能具体、历史地体验历史人物的心灵,与之做思想的沟通与心灵的对话。

从孟子到司马迁,中国思想史家最擅长知人论世,即把每一思想人物看成是活生生的,把他与他的思想放到他生活的时代与具体历史场景、氛围中加以理解。今人最易犯的错误是自以为是,盲目自大,厚诬古人。从逻辑的理路看,我们又要强调把握每位思想家、某流派的思想家的内在理路。另外,要学会统贯、整体地把握断代的及全部的哲学史。余英时先生是历史学家,他在解读中国思想史时有很多重要的创获。他所强调的内在理路说有一定意义,例如关于清儒与宋儒的关系问题,就值得深思。

我们注意到,中国哲学思想多来自中国哲学家具体的生活体验,而不是纯抽象的逻辑推理。徐复观先生说:"中国的思想家,系出自内外生活的体验,因而具体性多于抽象性。但生活体验经过了反省与提炼而将其说出时,也常会澄汰其冲突矛盾的成分,而显出一种合于逻辑的结构。这也可以说是'事实真理'与'理论真理'的一致点、接合点。"① 这就是逻辑与历史统一的意思。哲学家源于生活体验的"说出",自然经过了一定的反省与提炼,洗汰了自己的某些内在冲突,但另一种场合的"说出",虽也经反省与洗汰,也会与此前后的"说出"相矛盾。当然,这些冲突、矛盾的"说出"中,仍有其内在一致性的"理"。徐先生这段话还有另一层意思,是说中国哲学与西方哲学的差别:西方哲学重理论思辨,中国哲学重生命体验,特别是由修养工夫所得出的体验。中国哲学不能用西方某一哲学流派的方法来解析。

徐先生作为思想史研究的大家,在研究过程中当然有客观的逻辑推理,我们这里强调的是,徐先生反对唯科学主义的方式,反对以西方哲学思辨作为唯一标准衡量中国哲学思想,反对"知识的游戏",认为这种唯科学主义的方式忽视了活生生的、具体的人及人的生存体验。他从具体生命、生活上去接近孔子等思想大家,肯定儒家思想是从人类现实生活的正面来对人类负责的思想。

---

① 徐复观:《中国思想史论集》,台北:台湾学生书局1975年版,第2页。

二、诠释学与中国经典的诠释

这就要提到已故美国天普大学教授傅伟勋教授。傅先生用五层辩证的关系来讨论中国经典诠释。第一层是"实谓",即这个文本实际上说了什么。这一层实际涵盖了我前面所说的点校、训诂、考据、辨伪、辑佚等工作。要想弄清文本实际上说了什么,就必须依靠文字训诂的小学功底与文献学功底。假如对前面的思想史遗产完全不了解,就没有办法做个案的研究。第二层是"意谓",即作者想要表达什么,或他所说的意思到底是什么。这一点傅先生认为非常重要。后来有人讨论说,这才是开始了真正的诠释学。第三层是"蕴谓",即作者可能要说什么,或他所说的可能蕴含着什么。第四层是"当谓",即原思想家本来应当说出什么,或创造的诠释学者应当为原思想家说出什么。第五层是"必谓"(后来傅先生修改为"创谓"),即原思想家现在必须说出什么,或为了解决原思想家未能完成的思想课题,创造的诠释学者现在必须践行什么。① 有人批评说,必谓(创谓)应放在诠释学之外。也就是说,属于诠释学范围的只有意谓、蕴谓和当谓。实谓是进入诠释学的前提,是前面的准备工作。意谓、蕴谓和当谓才是诠释的过程。必谓(创谓)则是今人的解读,应排除在诠释过程之外。香港中文大学刘昌元教授对傅伟勋先生"创造的诠释学"也有所批评。他认为,假如存在这五层创造的诠释的话,就有过度诠释的嫌疑。他强调孟子所说的"以意逆志"的方法,强调分析"说话的主体"与"实际的主体",以期做到不"以文害辞",不"以辞害意"。此外,刘昌元先生提出了"历史的具体化原则""融合原则"和"丰富性原则"。比如,他说方东美先生从道体、道用、道相、道徵四方面来解读道,就把《老子》的道解释为在形上学上的超本体论的层次。这些都是刘昌元先生在诠释学层面对傅伟勋先生的批评。刘先生还提出有所谓"尊敬的解释学"与"怀疑的解释学"等相对应的观点。② 关于伽达默尔的诠释学,我们有很多很好的学者及研究成果。要之,伽达默尔所反省与批评的是西方启蒙主义的两大精神:一个是强调理性,一个是否定传统。人的意识总是处在一定的处境、制度与风俗之中。还有,诠释者总是使用一定的语言,这也是伽达默尔所强

---

① 参见傅伟勋:《从西方哲学到禅佛教》,北京:生活·读书·新知三联书店1992年版,第51—52页。
② 参见刘昌元:《研究中国哲学所需遵循的解释学原则》,收入沈清松主编:《跨世纪的中国哲学》,台北:五南出版公司2001年版,第77—98页。

调的一种诠释对话的理论。我们要勇于突破权威学者的说法给我们的限制,这就必须有开放的心态。关于"成见",伽达默尔也有他自己的解读,大家都很熟悉。

伽达默尔认为,如果否定传统就丧失了我们所理解的视域,而令纯理性的作用几乎成为不可能。现代并不与传统相对立,而是以崭新的方式来形成新的传统。真正达到理解时,社会对现代与传统的理解就实现了"视域融合"。洪汉鼎、沈清松、陈荣华、何卫平等人在解读传统与现代的关系这一方面都有很多贡献,我们主要研读洪汉鼎译《真理与方法》及洪先生的书数种,沈清松著《现代哲学论衡》中关于哲学诠释学的专章,陈荣华著《葛达玛诠释学与中国哲学的诠释》,何卫平著《通向解释学辩证法之途》等。沈清松据伽达默尔思想指出:"任何文化创造者皆必须承接传统。我们每一个人都必须意识到自己隶属于一个传统,但同时更要知道这个历史传统只是各种传统中的一个而已。所以,我们同时必须对其他传统采取开放的态度。但在对其他传统开放时,亦不可以抛弃自己的传统。如果丢掉自己的传统,那么我们根本就没有理解其他传统的根据地……在传统中,最足宝贵、最资珍惜,应当是语言的传统,而语言的传统乃是由经典、文学作品等所构成的世界……由于有了这些传统,我们才能理解这个世界,并且对这个世界有深入的认知和参与。"① 向印度、西方等不同传统开放,一定要有自己的根据地。

诠释学有它的"游戏"观念,而游戏中又有规则。这一规则与自然科学中的规则不同。自然科学的规则是主客对立。西方社会科学也受到了自然科学这一规则的限制。主客二分作为所谓的普遍规则理论,用到对具体事物的把握上,就造成了像我们今天生态环境破坏等后果,这就是科技文化的弊端。所以,我们必须理解老子所谓"道法自然"。我们要费很多口舌来向我们的听众表明"道法自然"这一"自然"不是西方近代观念下的那个对象化的"自然"。"道法自然"就是道如自己的那个样子而已。伽达默尔诠释学讲到了诠释活动的预设,认为客观的诠释是不可能的,我们的理解总是在先设结构(先设所有、观念、概念等)的框架内才能实现。比如说,我们解读孟子的"尽其心者,知其性也。知其性,则知天矣。存其心,养其性,所以事天也"。尽心知性知天,存心养性事

---

① 沈清松:《现代哲学论衡》,台北:黎明文化事业公司1985年版,第306—307页。

天,只有从《孟子》全书的脉络中才能得到理解。不仅如此,我们甚至只有从先秦儒学发展的脉络中才能理解这句话。这就是诠释时的"先设所有"。所以任何一种创造性的理解都离不开我们的传统。我们现在认为理性与传统是彼此独立的,然而诠释学告诉我们,在我们彼此之间,在问题与答案之间,通过诠释经验中的对话性,双方可以达到一种互动。这就是一种人文主义的方法学。①

中国哲学史界近二十多年的方法学讨论,我觉得值得重视的是杜维明先生的启蒙反思与"体知"说,成中英先生的"本体诠释学",汤一介先生的"中国解释学",黄俊杰先生以孟子诠释为中心的经典诠释学与东亚经典的诠释学,李明辉先生的康德与儒学的互释,刘笑敢先生的反向格义说,还有借现象学解释的路子,比如张祥龙教授与陈少明教授所做的工作。成中英先生认为,西方古典的形上学是寻找本体的诠释,而他所探讨的中国诠释学是基于本体的诠释。他要重新建构中国诠释学视域下的本体论。黄俊杰先生把两千年来《孟子》的诠释历史加以分析与提炼,总结中国诠释的方法学及时代附加在《孟子》诠释上的一些内容,使经典与文本的内涵随着时代精神的变化而展开。此外,日本、朝鲜半岛、越南学者对于四书、儒学也有不同的诠释,并在此方面做出了积极的贡献。汤一介先生总结了中国古代经典诠释的三种路向:一是"历史事件的解释",二是"整体性的哲学解释",三是"社会政治运作型的解释"。这些都是值得我们讨论的研究成果,都可以丰富我们的哲学史研究。伽达默尔101岁时告诫中国学者,不应忽视本民族文化传统中丰富的具有特色的诠释学思想,通过分析与提炼,它们也可以给西方提供某种借鉴与启示。我们有自己的诠释学传统,我们的经学、子学、佛学、理学中都有自身的诠释学传统,对此我们应倍加珍惜。我们相信伽达默尔的这番话具有重大的意义。

前些年还有所谓中国哲学合法性问题的讨论。不能因为一位洋大人来中国走了一遭,说中国没有哲学,只有思想,我们就亦步亦趋。其实,没有必要去争论中国有没有哲学,因为哲学的定义本来就非常多元。那么,我们是不是不要用外国人的思想作为参照?或者不要"哲学"这个词,就用古代的"道术"来替代算了?此外,我们该如何应对"以西释中",是不是可以开出一条"以中释中"的路子呢?我们今天已经到了一个中西不可分割的对话的时代,个人以为,已

---

① 参见陈荣华:《葛达玛诠释学与中国哲学的诠释》,台北:明文书局1998年版,第97—100、168—170页。

经不可能自说自话了。既然我们处在一个中西互动的时代,那么之前所面临的疑问自然就好回答了。中国哲学学科的完善与发展,仍然离不开中外哲学更加广泛深入的交流、对话与沟通。今天,我们的诠释学的处境是在中外古今之间,其实中、西都是流动、变化着的,马、中、西已是你中有我,我中有你。当然,这不意味着我们中国哲学没有主体性,中国哲学史工作者更应把中国哲学对世界的已有的与可能的贡献讲清楚。对近二十多年中国经典诠释的方法学及专家们所提出的各种问题进行讨论、解读,可以引起我们对于中国哲学方法学的新思考。

三、现象学的方法

现象学作为哲学流派或哲学运动,发端于 20 世纪初,其标志为胡塞尔(Edmund Husserl,1859—1938)《逻辑研究》的出版问世。自此之后,现象学的影响在德国乃至整个欧陆地区日渐彰明,存在主义、哲学诠释学、结构主义、批判理论乃至后现代理论等思想流派都受到现象学的强烈影响,以至于人们将发端于胡塞尔的现象学与发端于弗雷格的分析哲学并列为 20 世纪欧美哲学的两大图景。时至今日,轰轰烈烈的现象学大潮以及大师的相继涌现固然已不可见(但法国依旧有马里翁〔Jean-Luc Marion〕这样的现象学大家),但现象学的精神及其成果早已融入欧陆思想当中。在东亚地区,现象学的影响方兴未艾,已然成为塑造东亚思想形态的重要力量。正是在这样的背景下,我们来谈一谈现象学与中国哲学研究的关系。

首先需要说明的是,现象学作为一场哲学运动固然影响深远,但对于何谓现象学,现象学家们的看法不尽相同。有人说:"为现象学给出一个唯一、最终的定义,这种做法包含了危险乃至迷谬:因为现象学缺乏一个核心的论题域。事实上,它并非一种思想学说,也并非一个哲学流派,毋宁说它是一种思维的方式、方法,一种开放的、不断更新的体验——从这种体验中可以生发出不同的结果,正是这点使得任何想定义现象学的愿望都落空了。"[①]诚然,对于现象学的具体内容,我们是无法定义的,但将其视为现象学家们或多或少所共享的某种哲学方法、态度,却是大抵可行的:自胡塞尔以来,现象学家们无不提倡并践行

---

① Gabriella Farina, Some Reflections on the Phenomenological Method, *Dialogues in Philosophy, Mental and Neuro Sciences*, 2014,7(2).

"面向事情本身"(Zu den Sachen Selbst)的精神。本文也正是在这种方法、态度的意义上来谈论现象学与中国哲学可能具有的亲缘关系。

关于现象学的方法,此处拟以胡塞尔、海德格尔等人的说法为本,略加说明。早在《逻辑研究》中,胡塞尔就已经提出了"认识论研究的无前提性原则"。而对于现象学的精神或现象学家所应持有的信念,胡塞尔于《哲学与现象学研究年刊》的前言中有如下的说法:"只有通过向直观的原本源泉以及在此源泉中汲取的本质明察的回复,哲学的伟大传统才能根据概念和问题而得到运用,只有通过这一途径,概念才能得到直观的澄清,问题才能在直观的基础上得到新的提出,尔后也才能得到原则上的解决。"①在胡塞尔看来,现象学的研究是无前提性的,它试图通过现象学的还原而回到事情本身,而这个事情本身无非就是直观之原本源泉的涌现及对它的本质性明察。由此,现象学的精神就在于"自由而无所拘束地直观、看",直观或被给予性才是现象学汲取最终力量的源泉。继胡塞尔之后,海德格尔是最主要的现象学的运用大师,在《存在与时间》中,他曾对现象学这个术语有如下的规定:"现象学是说:让人从显现的东西本身那里如它从其本身所显现的那样来看它……一切都必须以直接展示和直接指示的方式加以描述……凡是如存在者就其本身所显现的那样展示存在者,我们都称之为现象学。"②在他看来,现象学的本己方法就在于"'本源地''直觉地'把捉和解说现象"③。他曾指出:"从本质上说,现象学并非只有作为一个哲学'流派'才是现实的。比现实性更高的是可能性,对现象学的领会唯在于把它作为可能性来把握。"④由此可知,在海德格尔这里,现象学的精神仍在于"自由地、如其自身地看与描述",亦即以一种本源的、直觉的方式来把捉和解说现象,而这种现象的"原初被给予性"包含了无限的可能性,它是一切现实性的源泉,也是现象学方法得到实施的场所。与海德格尔所揭示的无穷可能性相应,梅洛-庞蒂(Maurice Merleau-Ponty,1908—1961)在《知觉现象学》的序言中亦谈及"现象学的未完成性质与开端状态"。在梅氏看来,现象学的未完成性质和开端的状态恰恰就是现象学的本性,它在本质上就是无法完成、无法终结的。

---

① 〔德〕胡塞尔:《文章与讲演》,《胡塞尔文集》第7卷,倪梁康译,北京:人民出版社2009年版,第69页。
② 〔德〕海德格尔:《存在与时间》,陈嘉映、王庆节译,北京:生活·读书·新知三联书店2006年版,第41页。
③ 同上书,第43页。
④ 同上书,第45页。

因为它的任务就在于如其自身地把握世界和历史的意义,而世界和历史本身是永远开放而无法终结的,现象学由此成为一项不尽的任务(an infinite task)。

以上所展示的是三位现象学大师对现象学之精神的各自领会,不管在他们的论述之间存在着什么样的差异,毫无疑问,其中包含有某种共同的精神,亦即某种趋近事情本身的精神。他们都力图以一种原本的方式,如其自身地去把握事物,亦即无所遮蔽地去把握那被给予之物。他们对现象学精神的不同表述其实不过是对"面向事情本身"这一说法的不同领悟,他们都提倡某种"自由而无所拘束地观看"或"如其自身地看与把握",只是他们各自所看到的"事情本身"有所不同罢了。而这恰恰表明,现象学纯粹是一种方法或态度,它的本质就在于看——自由地、如其自身地看,至于所看到的"事情本身"则取决于观看者本人和其他条件了。

既然现象学在"看"上获得了自由,那么它就不仅能看西方,它也能看东方,看中国。当我们将现象学的目光转向中国思想的时候,我们看到的就是中国思想的本性,亦即置身于中国文化传统及其生命力的洪流里面,在一种源于本性的感通中,倾听那本源意义的发生与流衍。由此种倾听而来的对中国之思想的诠释,才会富有真实的生命力,并且扎实可靠。现象学的研究要求"入境",只有入境者才能自由地、无所拘束地、如其自身地看。这就是说,只有那些登堂入室者才能够恰当而真切地看到并描绘出厅堂和房室的内部景象,入境的现象学不仅牵涉到对此中境界的领会,还牵涉到对此中义理的展示方式。

实际上,从中国思想的角度,我们可以将现象学的精神表述如下:它是自由无限心[①](或者更确切地说,是"虚灵心")对事物自身的自由观看,它是对自由本身的某种展现。如果对现象学精神的这样一种表述不无道理的话,那么我们可以说,这种精神自古以来就存在于中国思想的伟大传统之中。佛家的缘生、止观思想,老子的"致虚极,守静笃"观念,庄子的逍遥游与心斋理论,以及孔子的空空如也、无意必固我的态度,都包含有一种比现代西方现象学家更彻底的现象学精神。虚灵心之妙用即在于让本源的意义如其自身地流淌出来,基于这种流淌所把取出来的结构就是属于"事情本身"的原初结构。正是在这个层

---

① 牟宗三先生对"自由无限心"有极为出色的阐发。在他看来,"自由无限心"所看到的就是"物自身",而这个"物自身"用现象学的话语来说其实就是"事情本身"。这样我们就能在某种程度上将现象学和牟宗三的思想关联在一起,不过这是另外一个大课题,此处只能略表,研究或有待他日他人。

次上,我们看到了现象学与中国哲学思想的亲缘性:一方面,我们可以借助现象学的精神来重新打开古圣先贤的思想世界;另一方面,通过对传统哲理思想的继承与深化,我们可以对现象学施以"调适而上遂"之功,从而使两者在良性的互动当中造就中国哲学思想的新未来。这也就是说,我们需要建立一种中国式的经典现象学。这样一种现象学,确切地说,不仅是学术研究的有效方法,而且是观察生命、体验生命乃至实践生命的真切方式,或者换句话说,这就是道路、真理和生命。它是生命的学问、生命的真理、生命的哲思。实际上,在当下的中国乃至西方思想界,已经有很多人踏上了这条艰辛但有着光明前途的道路了。耿宁(Iso Kern)、倪梁康就"心性现象学"(现象学的意识分析与唯识学的意识分析、现象学与王阳明的良知学说)做了比较、会通工作;张祥龙用现象学来阐发中国古代的天道观、佛家的缘起性空思想、孝的时间意识以及家与节日的哲学意味;陈少明提出经典阐释的理路,主张回归经典世界中的人、事、物以便开启新的鲜活的精神生活;张再林、王庆节、陈立胜、黄玉顺、袁保新、赖贤宗等人基于现象学做了东西会通工作,凡此种种,都为后来人提供了多元的视野和有意义的启发。我们深信,中国思想的未来有待现象学精神的参与,而中国思想的发展也必然会给现象学带来新的洗礼。中国思想研究的学者们只要致力于现象学,能够精诚合作,如切如磋,如琢如磨,这条道路就会越走越宽广、越敞亮。

第三节 21世纪中国哲学史研究的多重取径、前景与限制

我们认为,哲学史方法论课程应要求重点理解和讨论中国哲学史的特殊的方法论,即不以西方范型为框架的中国人文的方法论,破除将西方社会科学与哲学方法作为普遍方法的迷信,理解中国哲学范畴、价值、意境的特殊性及其普适化。我们治中国哲学史的一个障碍,就是我们的视域、思考方式、方法学训练主要是依从西方的。那么,如何从心态、方法(包括思想方法和范畴诠释方式)上更好地解释传统?张岱年先生的《中国哲学史方法论发凡》和韦政通先生编的《中国思想史方法论文选集》等很值得研读。以下简略地谈几个问题。

一、中国哲学学科的主体性与中西哲学的对话性

中国哲学与西方哲学是两种不同的哲学形态,我们不能把西方哲学定于一

尊。当年金岳霖先生预设的"普遍哲学"只是以欧洲哲学为蓝本的,是西方一部分哲学的抽象。他以所谓的"普遍哲学"作为唯一尺度,衡量、评估非西方的丰富多彩的哲学,这种观点是应予以检讨的。但凡思考宇宙、人生诸大问题,追求大智慧的,都属于哲学的范畴。探讨人在宇宙中的地位、人的尊严与价值、人的安身立命之道等,都是哲学的题中应有之义。中国哲学在这些方面有自己的智慧。中国哲学与西方哲学当然可以通约,可以比较。不同文化背景下产生的哲学具有某种一致性、互通性,因此相互翻译、诠释、比较的哲学研究工作不仅有可能,而且有意义与价值。比如,关于内在与超越的关系,学界讨论有没有"内在超越",或者说超越是否一定是外在的,这个问题完全可以在中国天人之学的框架中加以探讨。

我们强调中国哲学学科成立的正当性,强调中国哲学学科自身的特色,并不是对中国哲学做静态的处理,其本身即是一个动态的过程。中国哲学(经学与子学,儒、释、道诸家与宋明理学等)有自己的特性。一般说来,中国哲学的实践性很强,不停留于"概念王国",没有西方哲学中的上帝与尘世、超越与内在、本体与现象、主观与客观、身体与心灵、事实与价值等绝对二分的框架。以天、天命、天道为背景,中国哲人有神圣、高远且强烈的终极关切、理想境界、形上追求、精神信念,又有现实关怀,力图把理想在社会共同体生活和现世人生中实现出来,其内圣与外王是打通的。有人说中国人没有信仰,我看中国人、外国人中都有没有信仰的人,也都有有信仰的人,不能笼统地讲。中国人的信仰在今天的民间仍保留着。我们在我们的老师们身上能强烈地感受到,一种信仰支撑着他们的学术人生,他们的所言、所思、所行无不让我们感觉到,他们是有信仰的人。

二、理解的历史性与诠释的相应性

中国哲学史的方法论问题当然绕不开理解与批判、继承与原创、传统与现实的关系问题。所谓批判,是在全面深入理解的基础上所做的内在性的批评,而不是不相干的外在批评;所谓原创,不是无源之水、无本之木,不是玄想,不是标新立异,不是剑走偏锋,而是真正在全面继承基础上所做的开拓,是扬弃(既保留又克服);弘扬传统并不意味着脱离现实,而是调动并创造性地转化传统文化资源,以其中的某些因素介入、参与、批判、提升现实,促进传统与现代的互动。

如何历史地、相应地诠释中国哲学,值得我们思考。我们如果强调问题意识和方法学自觉,就要对前辈学人的重要思想成果认真研读。海外一些中国学家的成果,我们相当重视。例如葛瑞汉、列文森、史华慈、狄百瑞、陈荣捷、杜维明、安乐哲教授等,还有一些日本学者。我们做中国哲学研究的学者、学生有着更加繁重的工作,就是对西方哲学,对海内外的现有成果进行细致研读,否则根本谈不上创新。

五四以来,片面的、平面的西化思潮及教育体制使我们这一代甚至前后几代人逐渐丧失了解读前现代文明(或文献)的能力。对于自己民族的文化及经典,应有起码的尊重,起码的虚心的态度,不要信口雌黄,不要相信一些所谓名家对中西文化的评判,那都靠不住。有所谓"新批判主义者",比"老批判主义者"更荒唐,更靠不住,他们对中国传统哲学的批评,绝大多数是站不住脚的,因为是断章取义的,而且是暴力强加式的,武断宰割的,先入为主的。没有相应的理解,不可能有相应的批评,这是非常重要的方法论问题。

三、中国哲学的特殊性与丰富性

关于有没有所谓"普遍哲学",刚才我们讨论金岳霖先生的论点时已有所涉及。其实,把西方哲学作为一种普遍性的哲学,把中国哲学作为一种特殊性的哲学,这本身就是有问题的。我们中国哲学不能用狭隘的西方哲学的观念加以范围。我们相信,方法多元与成果多样肯定是未来哲学方法学和哲学解释状况的前景,但是任何方法与方法学都有它的限制。

劳思光先生用"基源问题研究法"对中国哲学进行解读,很有创意。他认为中国哲学有三种基本形态,一种是心性论的形态,一种是宇宙论的形态,还有一种是形上学的形态,分别指向三种道德价值建构之门径。他认为,主体性之自觉活动内在于心性主体,从而确定善的价值方向,孔、孟哲学就是这种心性论哲学的典范。以宇宙论为中心的哲学注重外在的天,这个天是以董仲舒为代表的汉儒的宇宙论的趋向。形上学的形态则是将价值建立于超经验之"实有"(Reality)上,二程哲学是形上学最纯粹的表现。如果要加以评判,他认为宇宙论的哲学是最低的一种形态,形上学的哲学是中间的形态,心性论的哲学则是最高的形态。因此,他对于宋明理学的解读采取了所谓一系三向或三系的说法,这与牟宗三先生的三系说不一样。劳思光先生把二程放在中间的层次,把周敦颐、张载归入最低的层次,而陆象山、王阳明属于最高的层次。他的这种判教的确有新见,当然也有一些限制。因此,大家对于劳思光先生四卷本的《新编中国哲学史》及"基源问题研究法"提出了一些批评。比如,他的这种架构本身就难免对中国哲学造成伤害。考虑到中国哲学的特殊性,这种方法是否适用于中国哲学的研究,值得我们进一步讨论。①

哪怕是研究中国的名学、逻辑学、正名学说,采用西方的纯逻辑的观点或方法,也不可能得到一个恰当的理解。有时候我们的确需要抽象、分析及理论推演,但我们中国人更重视的是当下的体验,更重视一种特殊的、具体的情势。这种体验方式,当然有它的局限性,但我们仍要虚怀地去了解这种生命的、生活的体验方式之重要性。西方人对哲学的分类方法也不适用于中国哲学。我们的天道、人性学说,假若用西方的宇宙论、伦理学来解读,就会出现不能对应的情况。我们对于中国传统哲学自身的特性及治中国哲学史的方法学,仍在摸索之中。我们应有自觉自识,发掘中华民族原创性的智慧与古已有之的治学方法,予以创造性转化。中国有自己的语言学与语言哲学的传统。中国先民仰观天象,俯察地理,近取诸身,远取诸物,创造了以"六书"为特点的汉字,发展出了独具特色的经子之学,有自身诠释文献的方法与智慧。中国人强调经验直观与理性直观地把握、领会对象之全体或底蕴的思维方式,有赖于以身"体"之,即身心交感地体悟。这种"知""感""悟"是体验之知,与形身融在一起。我们要超越西方一般知识论或认识论的框架、结构、范畴的束缚,发掘反归约主义、扬弃线性推理的"中国理性""中国认识论"的特色。

四、内在性的批评与思想的训练

我们批评、超越传统,我们从来不拒绝批评。所谓批评,是在全面深入理解的基础上所做的内在性的批评,而不是不相干的外在批评。但内在性的批评与思想的训练一定要以同情的了解为前提。因为,必须有深刻的同情的了解才能做好哲学思想史研究,而同情的了解要靠相应的才具。刘述先先生讲:"要了解一家哲学,我们必须要了解这一家哲学产生的时代和文化的背景是什么,所

---

① 参见郭晓东:《劳思光与"基源问题研究法"》,《文景》2006 年第 10 期。

感受到的问题是什么,所提出的解决问题的方向是什么,独特的哲学心灵尤其需要独特的处理,庸俗的眼光未必能够了解崇高的哲学的境界。""缺乏同情的了解是研究传统中国哲学的一大限制,而时代气氛不同,尤其使我们难于领略过去时代的问题。……故此研究思想史贵在作深入的内在的探讨,外在的论议是其余事。从这一个观点看,胡适与冯友兰的哲学史都不能够算是深刻,因为它们不能作足够的内在的深刻的讨论的缘故。大抵在中国哲学史上,以佛学与理学最不容易处理,以其牵涉到内在的体验的缘故。如果缺乏体验,根本就看不出这些东西的意义。入乎其内,而后才能出乎其外,这是研究一家哲学的不二法门。要了解一个哲学所要解决的问题是什么,着手的方法是什么,所根据的经验基础是什么,这样才能看出这一哲学的优点与缺点所在。"①刘先生认为,由此我们才能理解古人的陈述与陈述背后的洞识,显发古人思想中潜在的逻辑性,使其具备与内容相适应的理论结构。

我们所主张的方法是一种谦虚的方法。所谓谦虚,或同情的、客观的理解,或"以继承为前提的创新""弱势或软性的诠释"等,不仅是态度,而且是方法。文化立场、心态作为一种做学问的态度或方法对诠释的效果也会产生很大的影响。但它本身也有局限。我们不是不要批评、反思,而是要做难度更大的、内在性的、相干性的批评与反思。反思是辩证的扬弃,既保留又克服。反思不是全盘否定或恣意无根据地乱说。主张光大传统文化精神并不意味着没有现实感、不关注现实或脱离现实,相反,这意味着批判现实,批判现代性的负面与偏弊,批判时俗流弊,批判五四以来相沿成习的某些误解。我们努力对传统儒、释、道与宋明理学等思想传统做创造性转化,主要是通过生活化的渠道浸润到民间,使之在现代生活中起作用。

此外,还要注重思想训练与思想力的培养。徐复观先生说:"某人的思想固然要通过考证(包括训诂、校勘等)而始能确定;但考证中的判断,也常要凭思想的把握而始能确定。……前后相关的文句,是有思想的脉络在里面的。这即说明考证与义理在研究历程中的不可分割性。就研究的人来讲,作考证工作,搜集材料,要靠思想去导引;检别材料,解释材料,组织材料,都是工作者的思想在操作。而'思想力'的培养,必须通过了解古人的、他人的思想,而始能得到锻

---

① 刘述先:《研究中国史学与哲学的方法与态度》,收入韦政通编:《中国思想史方法论文选集》,台北:水牛出版社1987年版,第221—223、224—225页。

炼、拓展、提升的机会。所以思想力的培养,是教学与治学上的基本要求。岂有不求了解古人的、他人的思想而能培养自己的思想力?岂有没有思想力的人能做考据工作?"① 他主张通过了解古人的、他人的思想来锻炼、提升、培养思想力,尤其强调把握古人思想的内在脉络,这才是批判的基础。因此,我们在研究中要时时注意思考和辨析中国哲学(每家每派)的边界与限制。当然,首先是要老老实实地读书,不要说大话,要有自知之明,自虚其心,自空其说。这并不妨碍问题意识的产生,却能避免剑走偏锋。

五、总结与瞻望

回顾四十年来中国哲学之研究,中外哲学(及汉学、中国学)与各宗教间的对话逐渐加强,古今会通愈发受到重视。学者既重视对文本的研读,也重视对海内外研究成果的反思,在此基础上提出了创新性见解并给予翔实的分析、论证。研究领域进一步扩大,各个时段的思潮、流派、人物、著作与哲学问题的研究都有许多成就。传统哲学与当代的关系、经与经学、佛教、道家与道教、宋明理学、现当代新儒学、出土简帛中的哲学思想研究、政治哲学与生态环保伦理视域下的中国哲学研究等,已成为热门或显学。当然,这其中也有不尽如人意的地方。如何做到小中见大仍是我们面临的难题。我们研究的对象越小,背景越大,才能越有深度。此外,把东亚(中国、日本、越南与朝鲜半岛等)的哲学思想史作为一个整体来研究,把整个东亚作为一个思想背景和诠释学处境来对待,也是富有创新性的思路,这种研究业已展开。在义理上,我们主张古今中外的会通。

当前的中国哲学研究也存在不少问题或缺失:第一,学科间交叉、对话不够。第二,学术品质与水平及对古典文献的研读能力下降。第三,对现实的关注不够。第四,面向世界的能力尚待加强。第五,问题意识还有待增强,理论深度还有待加深。第六,关于少数民族哲学与古代科学中的哲学问题的研究还比较薄弱。第七,中国哲学史研究在少数重要人物(如孔、孟、老、庄、程、朱、陆、王)及其著作上扎堆,有许多在某时段某地域颇有影响的人物、学术共同体及其著作都没有得到很好的发掘、整理与研究。中国哲学史上有很多二三流的人

---

① 徐复观:《治古代思想史方法》,收入韦政通编:《中国思想史方法论文选集》,第170页。

物,其实也非常了不起,在某时某地很有影响,亟待我们结合东亚史、地域文化思想史去开拓,而首先要做的就是整理出版第一、二手资料。

中国哲学或中国哲学史当然不同于中国学术史、中国思想史,其研究范围、对象与方法有所不同。中国哲学更重视哲学形上学与哲学问题的讨论。另一方面,中国哲学史研究者并不排斥,反而很重视哲学思想、理念对社会民俗、政治及各种社会制度的作用与影响。这种关怀与对哲学理念的关注相辅相成。我们的任务是彰明中国哲学之为中国哲学的哲学问题、精神、方法、范畴、特点、风格与传统,深度建构、阐发中华民族几千年来的哲学思想发展史,呈现中国人的哲学智慧,特别是在天人之间的体验(即超越境界、自然天地与俗世生活之间的体验)、社会治理的经验、身心性命的修炼与人生意境、言说论辩方式的特色等几个方面,并展现中国与欧洲、印度、阿拉伯等哲学智慧的同异及世界上几大哲学传统在中华文化区的碰撞与交融。

瞻望未来,我们预计中国哲学界将会在中国哲学学科主体性的确立,中国经典诠释的多样性,中国哲学范畴、命题与精神、智慧的准确把握,西方哲学的中国化与中国哲学的世界化,中国哲学的创造性转化,中国哲学智慧对现代化的参与以及对人类社会的贡献等方面继续取得重要进展。

第七章　前沿问题

中国哲学史学科近年来有国学热、关于"亲亲互隐"问题的论战、学科合法性与方法论的广泛讨论、生态哲学的热议,乃至具有本土特色的新哲学理论建构等现象。国学热反映了人民大众对传统文化的渴求、对文化认同的需要,也开启了人民大众重新认识传统的契机。关于"亲亲互隐"问题的论战则反映了不同学术背景的学者在对传统文化(如儒家伦理)的认识上存在着重大分歧,有些学者在评断传统文化时,延续了新文化运动以来对传统文化的简单、粗暴态度,而另外一些学者(主要是中国哲学的研究者)在经过深入考察后,集体发声,对前者的态度与似是而非的观点进行了批评与回驳。学科合法性与方法论的广泛讨论是中国哲学在面对西方哲学时发生的,反映的是中国哲学的学科自觉。生态哲学的热议主要是由近年来不断出现的环境问题激发的,学者们调动传统文化的思想资源来应对现实问题,这是传统文化具有时代相干性的明证。此外,李泽厚喊出了"该中国哲学登场了"的口号[①],与这一口号相应的是近年来中国哲学新理论的建构,如杨国荣的"具体的形上学"、牟钟鉴的"新仁学"与陈来的"仁学本体论"等,这些理论的提出表明中国哲学的自主性得到完全凸显,它的反思能力、建构能力越来越强,标志着该学科已开始由哲学史的研究转向哲学本身的建构。这些前沿问题有的是近十余年才凸显出来,如"亲亲互隐"问题;有的则是从过去一直延续到现在,只是相关讨论呈现出某种阶段性,如中国哲学史研究的方法论问题。总之,这些前沿问题的共同特征可以用"中国哲学主体性的具体建构"一语来概括。

当然,上述前沿问题只是就其显著者所做的枚举,而非对本学科最新进展所做的全面的分类列举。考虑到本书的定位,这里还需要一个分类的讨论。按照一般的理解,中国哲学史学科只包括狭义的、对过去中国哲学史的研究,而不包括最近中国哲学本身的发展。但这显然是画地自限,因为按照这种理解,近几年的新理论建构与新兴分支学科显然已经超出这个范围而不能被纳入本章之中。因此,对于中国哲学史学科的一般理解有待进一步反省,即需要将其扩

[①] 李泽厚、刘绪源:《该中国哲学登场了?——李泽厚2010年谈话录》,上海:上海译文出版社2011年版。李泽厚、刘绪源:《中国哲学如何登场?——李泽厚2011年谈话录》,上海:上海译文出版社2012年版。

展为中国哲学学科,后者不但包括狭义的中国哲学史研究,而且包括中国哲学最近的发展。那么,讨论本学科的前沿至少要包括哲学史研究与新理论、新学科这两个部分。此外,像国学热、关于"亲亲互隐"问题的论战、生态哲学、政治儒学的兴起等显然也属于中国哲学的学科前沿,但它们既不在哲学史研究的范围内,也尚未构成新学科或新理论,而是针对某个社会问题而产生的学术现象。

综上所述,本章将从以下三个角度来展开讨论:其一,热点问题,包括民间国学热、关于"亲亲互隐"问题的论战、政治儒学和生态哲学的兴起等;其二,哲学史研究前沿,包括中国哲学史研究的方法论,儒家、道家道教、佛教哲学,中国哲学史研究的海内外互动等;其三,新学科与新理论,包括经学、出土简帛、比较哲学、少数民族哲学,以及当代中国哲学理论的新建构。

第一节 热点问题

一、民间国学热

民间国学是相对于学院国学讲的,它有强烈的社会性、草根性、自发性。与20世纪初和20世纪末两次国学热以学院派大传统为主不同,21世纪初的国学热是以民间小传统为主。[①] 与这一特征相应的还有其背景和使命,即以中国的综合实力不断加强、全球文化保守主义思潮复兴[②]以及文化心态的转变[③]为背景,以振兴传统文化、重建民族认同、转换学术范式[④]、重塑民族精神乃至参与世界秩序的重构[⑤]为使命。在此,我们将叙述民间对国学需求的表现,分析其原因与优劣,并为其未来的发展献策。

民间对国学的需求表现形式众多,如举办国学班读经班、学习传统技艺与修身礼仪、复兴古典服饰、祭孔祭祖、参与慈善活动、复兴文庙与书院、兴宗祠修族谱等。民间国学热实际上反映了国民教育中传统文化内容的缺乏和国民对

---

① 李景林、许家星:《国学:中国学术文化的家园》,《哲学研究》2008年第3期。
② 赵林:《"国学热"的文化反思》,《中国社会科学》2009年第3期。
③ 干春松、李伟波:《现代中国的国家意识建构和文化自觉——国学热的昨天和今天》,《哲学动态》2011年第2期。
④ 景海峰:《国学与中国哲学之间是何种关系?》,《中国社会科学报》2009年9月8日05版。
⑤ 干春松、李伟波:《现代中国的国家意识建构和文化自觉——国学热的昨天和今天》。

传统文化的迫切需要,反映了国民对个人价值归宿、安身立命问题的关注。①当下的国学热是最有生命力的,它获得了广泛的社会基础,其学术也表现出与民众紧密联系的特征,是学院学术的源头活水,为学院学术提供了一个方向。②

当然,民间国学也有需要提升与纯化的地方,比如在教材和师资方面,学院派应该对其加以引导,形成两者之间的良性互动。这方面的工作已有一些典型的例子可参考,如龚鹏程先生关注社会的丧葬礼仪需求,为各个宗教信仰的人设计了不同的丧礼,还为没有宗教信仰的人推出一本《通用市民丧葬手册》,这就是传统国学与民间活动的一个结合点。③ 我们也可以对古代婚礼加以损益,为现代年轻人制定中式婚礼仪式,如朱杰人教授给他的儿子与儿媳设计并举行了中式婚礼仪式。此外,有学者还提倡以孔子诞辰日为教师节,举行相应礼仪乃至组成合法的儒教团体参与社会活动。在思想层面,学院派人士可以利用闲暇时间积极参与到民间国学团体的讲学中去,引导经典阅读与理解,指导民间国学团体的实践,同时亦可学习其力行精神。

二、关于"亲亲互隐"问题的论战

关于"亲亲互隐"问题的论战已有十余年,前后大约经历了三个阶段。从2002年到2004年是第一阶段,以郭齐勇教授为一方,以刘清平教授为另一方。论战的起因是2002年刘清平教授在《哲学研究》等报刊上发表文章,对《论语》《孟子》有关"父子互隐"等文本予以批判,乃至认为儒家思想是现代贪污腐败的根源。对此,郭齐勇也在《哲学研究》发文与刘清平先生商榷。刘清平教授认为,儒家血缘亲情与腐败有密切关系,所举例证是《论语》中"子为父隐,父为子隐"的论述与《孟子》中有关舜与其父其弟的两个故事。七千余字的刘文用了二十余处类似"徇情枉法""任人唯亲""腐败行为""腐败分子"等字句加以概括与批判。刘文指出,孔子"把父慈子孝的特殊亲情置于诚实正直的普遍准则之上,因而主张人们为了巩固这种至高无上的'天理人情',可以在父子相隐中放弃正义守法的行为规范"。郭齐勇教授则指出,为什么传统社会的民间习俗与上层

---

① 陈来:《如何看待国学热》,《光明日报》2010年8月2日第12版。郭齐勇:《民间儒学的新开展》,《深圳大学学报(人文社会科学版)》2013年第2期。
② 李景林、许家星:《国学:中国学术文化的家园》。
③ 李景林等:《国学热与国学的定位和前瞻》,刘丹忱整理,《社会科学论坛》2008年第1期。

社会的伦理法系都肯定"父子互隐",而不主张父子相互举证告发呢?儿子大义灭亲,检举揭发顺手牵羊的父亲,是正义的吗?从深度伦理学上来看,我们不难发现,孔子的"直"德有其根据。从人情上、心理上看,一对父子相互告发,他们之间早就有了问题,是一对问题父子。父不慈子不孝,即在为仁之本上出了问题。这对问题父子远不只是在慈孝上发生了问题。孔子显然不愿意看到父子相互告发、相互残杀成为普遍现象。父子、夫妇互隐的底层,是伦理关系的常态,而一旦父子、夫妇相互告发、相互批判等伦理关系的非常态成为常态,普遍化,甚至公开倡扬,那人们无异于处在"人相食"的场景之中。不提倡亲人间相互检举揭发,是为了避免损伤维系家庭、社群伦理的最基本的纽带。不仅中国诸子,特别是儒学思想家不愿意看到这种状况,即使是在西方基督教的传统中,父子、夫妻间相互检举告发也是有违人道、伦理的。甚至在东西方很多国家的现行法律体系中,也不允许父子、夫妇互相指证。在法堂上允许亲属缄默、回避,在一定意义上就是保护私领域。论辩双方的论文结集为《儒家伦理争鸣集——以"亲亲互隐"为中心》[1]一书。

在这一阶段,相关问题基本上都涉及了。这些问题从根本上讲,是讨论"亲亲互隐"是否只是血缘私情而无超越的根源,涉及的子问题有公私领域的划分与义务的差异性、腐败的定义、历史的背景、中西容隐制度传统的比较等。对于这些问题,郭齐勇一方给出了明确的回答,并认为刘清平一方之所以有种种误解,一方面是文化心态问题,即沿袭了五四以来的那种对待传统的流俗看法和粗暴态度,不区分伦理儒家与政治化的儒家,又以基督教或西方近代以来的狭隘价值观为准绳,带有种种先入为主的观念,如神人二分、情理对立;另一方面也是方法论的问题,如对传统文献不做概念辨析,不深入把握儒家义理而断章取义,无历史发展的眼光而苛求古人。

2007年邓晓芒教授参与论辩,双方转入第二阶段。一方是郭齐勇教授等,另一方是邓晓芒、刘清平教授。第二阶段以2011年出版的《〈儒家伦理新批判〉之批判》[2]为结束标志。邓教授一方面继续将亲情当作私情,认为在危急状态中,一个人先顾自己的亲人,是自私的表现,是正义的对立面;另一方面又认为

---

[1] 郭齐勇主编:《儒家伦理争鸣集——以"亲亲互隐"为中心》,武汉:湖北教育出版社2004年版。
[2] 郭齐勇主编:《〈儒家伦理新批判〉之批判》,武汉:武汉大学出版社2011年版。

中国容隐制只有义务而无权利,在中西容隐制之间刻意制造不同。① 有学者已指出邓教授不但误读了儒家,也误读了柏拉图的《游叙弗伦篇》,他的批判是建立在对中西文化的双重误读上的,所以根本就是无的放矢。② 针对邓晓芒现象③,郭齐勇主编的《正本清源论中西——对某种中国文化观的病理学剖析》一书做了深刻而彻底的批判。④ 该书全面分析了邓晓芒现象的成因,而不仅仅局限于论争本身,大大拓宽了论辩的视域。

2013—2014年间,有学者意欲借助出土材料在文字训诂上出新,如梁涛、廖名春两位教授。不过廖名春在"隐"字的训诂方面偏信出土材料,而忽视其他传世文本、整个儒家义理系统及后世的诠释,证据不足。⑤ 梁涛则虽有出土新材料之引入,却是将解释存在争议的字句当作立论前提,并增字改经,《也谈"亲亲相隐"与"豎而任"——与梁涛先生商榷》一文已予以反驳。梁文没有理解儒家所谓的"情",将之肤浅化,几乎等同于本能,故将情与理打成两截;对仁孝二者之间的关系认识不清,因为孔子并不是在做一个非此即彼的选择,而是强调不因一些小事损害亲情,强调仁与孝的层次性而非对立性。⑥ 梁文还将"窃负而逃""封象有庳"等案例与历史上的"腐败"事件(田叔隐匿梁孝王杀人罪行,周世宗对生父杀人不闻不问)相关联,而陈乔见指出:"在孟子论舜中,有皋陶所代表的法律的权威在,孟子此论蕴涵有'权'与'法'相互分立的意思。这一点在周世宗那里没有,在袁枚的论述中亦没有。"⑦ 由此可见,若先入为主地将亲亲之情当作血缘私情,认为它是感性的、无根的、无内在法度的,并且不分门内、门

---

① 邓晓芒:《再议"亲亲相隐"的腐败倾向——评郭齐勇主编的〈儒家伦理争鸣集〉》,《学海》2007年第1期。
② 陈乔见:《"儒家伦理新批判"的贫困》,《武汉大学学报(人文科学版)》2011年第5期。
③ 邓晓芒现象指那种将现实中的罪恶简单地归咎于传统文化,希冀通过引进西方现代价值、西方哲学中具体的观念框架来对传统文化进行猛烈批判乃至全盘否定来改进现实、拯救传统文化的做法。就其追求的某些目标而言,它是值得肯定的;但其方式显然是值得商榷的。首先,在思维层面,这种现象犯了"文化决定论"的毛病;其次,因为这种思维模式带有太多的情绪性宣泄与先入之见,以致丧失了客观与平情地了解被批判对象的能力,所以,很容易对传统文化进行简单粗暴的解读与肆意歪曲,以顺从自己的批判意图。
④ 郭齐勇主编:《正本清源论中西——对某种中国文化观的病理学剖析》,上海:华东师范大学出版社2014年版。
⑤ 廖名春:《〈论语〉"父子互隐"章新证》,《湖南大学学报(社会科学版)》2013年第2期。郭齐勇、肖时钧:《"门内"的儒家伦理——兼与廖名春先生商榷〈论语〉"父子互隐"章之理解》,《华南师范大学学报(社会科学版)》2014年第1期。
⑥ 张志强、郭齐勇:《也谈"亲亲相隐"与"豎而任"——与梁涛先生商榷》,《哲学研究》2013年第4期。
⑦ 陈乔见:《公私辨:历史衍化与现代诠释》,北京:生活·读书·新知三联书店2013年版,第271页。

外,那么无论找多少材料都不过是有色眼镜下的再三误判而已。可惜在回应文章中,梁涛依然"顾左右而言他"。①

三、政治儒学

近年来,以政治儒学为研究重心的所谓"大陆新儒家"十分活跃,不过本章所谈政治儒学取其广义概念,不限于"大陆新儒家"的政治儒学,但讨论不妨由此开始。"大陆新儒家"是方克立 2005 年给蒋庆、陈明等人的一个"封号",但方克立在 1996 年曾经在另一种意义上使用该概念,两者的内涵和外延并不相同。前者比后者指代更加明确,也更加狭义化;后者凸显的是大陆新儒家对港台新儒家的认同,前者则强调大陆新儒家与港台新儒家的差异。② 其实,方克立的"加封"是有问题的,因为这样就把大陆其他认同当代新儒学③的学者排除在外了,这正与其 1996 年的说法相抵牾。有鉴于此,本章只将政治儒学当作一种以政治哲学为主要关怀的儒学思潮,而不是当作一种具体的观点。

政治现代化是中国近代以来的一个大问题。政治儒学至少可以追溯到康有为,当代新儒家的政治哲学,即张君劢、牟宗三等人的政治哲学,则是另一起源。蒋庆的政治儒学其实是继承康有为而回到《春秋》公羊学,他批评当代(港台)新儒家只重心性儒学而忽视政治儒学,即未能将其心性之学落实为典章制度。④ 蒋庆的批评是不恰当的。牟宗三在 20 世纪 50 年代写的"新外王三书"⑤恰恰是外王之学,而且是"新外王",即以民主与科学为主要内容的外王之学。牟宗三不但关心政治哲学,以之为第三期儒学的使命,而且还深入探讨了它与心性论的关系。反观蒋庆,他在外王之学的道路上越走越偏,认为当代新儒家以民主为"新外王"的标准是"变相西化"。⑥ 再看蒋庆后来发展的天道、历史文

---

① 梁涛、顾家宁:《超越立场,回归学理——再谈"亲亲相隐"及相关问题》,《学术月刊》2013 年第 8 期。
② 方克立:《关于当前大陆新儒学问题的三封信》,《学术探索》2006 年第 2 期。方克立:《评大陆新儒家推出的两本书——〈理性与生命〉(1)(2)》,《晋阳学刊》1996 年第 3 期。
③ 这是指由熊十力奠基,其学生唐君毅、牟宗三与徐复观发扬光大的以"心性之学"为核心的现当代儒学。
④ 蒋庆:《从心性儒学走向政治儒学——论当代新儒家的另一发展路向》,《深圳大学学报(人文社会科学版)》1991 年第 1 期。
⑤ 指《道德的理想主义》《历史哲学》与《政道与治道》。
⑥ 蒋庆:《论当代新儒学在"外王"问题上的缺失——重新发掘儒家"外王"传统中的思想资源》,《鹅湖月刊》1995 年第 242 期。

化与民意"三重合法性"的说法,以及相应的通儒院、国体院与庶民院的设计①,我们就不难明白他何以会认为以民主为"新外王"的标准是变相西化了,因为在他看来,这只是体现了民意一重合法性,造成庶民院独大。蒋庆以文化保守主义自我标榜,却忘了先秦时儒家已有"天视自我民视""天下为公""选贤与能""禅让"等论述,蒋庆的说法明显是叠床架屋。

蒋庆的学说虽然比较乖谬,但是他的现实关怀是值得肯定的。引蒋庆为同调的学者有康晓光、盛洪与陈明等,又有姚中秋、白彤东、干春松、唐文明、曾亦、陈璧生、丁耘等学者逐渐加入。陈明有"公民儒教"的说法,姚中秋有"儒家宪政主义"的说法,干春松则有"制度儒学"的说法。② 关于这些提法的特点,我们可以通过陈明在首届"两岸新儒家会讲"上的发言来了解。他认为他们这些"康党"既不同于左派革命叙事以阶级为出发点,又不同于右派启蒙规划以个人为出发点,而是回到康有为,以"国族"建构为出发点;又认为民主自由的前提与目标是富强,主权先于人权。③ "国族"建构固然是近现代中国人的追求,但必须是基于人权的民主建国,如果想以"国族"来吞没个人,就是不知轻重,本末倒置。如果个人权益无法得到有效保护,公权力不受监控,没有程序正义,国民将无法摆脱人人自危的困局。

与蒋庆、陈明等人的政治儒学不同,有些学者从比较哲学的进路对中西两种政治传统都有平情而深入的了解,比较两种政治哲学传统的形上基础,寻找其共通对话处,如人道主义、极权政治等;他们还指出两者的不同,如中国传统哲学重视价值理性而程序理性不够,西方政治哲学偏重程序理性而价值理性不够,基于不同的思考框架,两者可以分别表述为德治与法治的模式、道义论与正义论、伦理政治与法理政治;在此基础上,这些学者认为中西可以互补整合。④

---

① 参见蒋庆:《公羊学引论》,沈阳:辽宁教育出版社 1995 年版。蒋庆:《政治儒学:当代儒学的转向、特质与发展》,北京:生活·读书·新知三联书店 2003 年版。蒋庆:《王道政治是当今中国政治的发展方向》,收入陈明主编:《原道》第 10 辑,北京:北京大学出版社 2005 年版。

② 参见陈明:《儒教与公民社会》,北京:东方出版社 2013 年版。姚中秋:《儒家宪政主义传统》,北京:中国政法大学出版社 2013 年版。干春松:《制度儒学》,上海:上海人民出版社 2006 年版。

③ 李明辉、陈明等:《首届"两岸新儒家会讲"》,《天府新论》2016 年第 2 期。

④ 吴根友:《在道义论与正义论之间:比较政治哲学诸问题初探》,武汉:武汉大学出版社 2009 年版,第 103—128、174—178、188 页。任剑涛:《伦理王国的构造:现代性视野中的儒家伦理政治》,北京:中国社会科学出版社 2005 年版,第 288—323 页。杨高男:《原始儒家伦理政治引论》,长沙:湖南人民出版社 2007 年版,第 465—481 页。

这种研究进路为中西政治哲学的进一步会通奠定了基础。会通建构意味着学者要有对两种传统的根源洞见与分判,并基于对己方传统的根源洞见而吸纳对方的思想资源来发展自己,有如从自己的传统自然生长出来一般,这一过程同时也包含着对自己传统理论困境的内在批判与相对其他传统而显现的发展不充分的反思。要做到这一点并不容易,目前做出这一尝试的学者并不多,而且成功与否还要待以后的检验,但这无疑是一个新的方向,也是学者们今后应该进一步着力的方向。如有学者立足于儒家的价值理性来融摄西方政治哲学,突出传统政治哲学中的"德性权利"或寻求民主之儒家式的证成(justification)[①];有学者把"人格尊严"看作中西政治哲学的共同追求,认为用此富有生命力的内核可以激活、重构传统政治哲学,并通向现代西方政治[②]。在笔者看来,这是一种比蒋庆、陈明等人的路径更健康、也更可取的做法。

四、生态哲学

近几十年来,中国的生态环境遭到了严重破坏。著名新闻工作者柴静2015年年初的雾霾调查纪录片《苍穹之下》引爆了网络舆论,可见,环境问题确实已成为国人密切关注的问题。环境污染,生态系统失去平衡,这是目前威胁人类生存和发展的重大问题,而其哲学根源则在于人类中心主义。中国传统文化,尤其儒、释、道三教,乃是一种超人类中心主义的人文精神、深层生态学,正可以对治此种现代化弊病。具体而言,对传统哲学中的生态哲学思想的探讨维度包括形上基础、生态理念、生态规范、法令习俗、生态美学、知识科技反思等。就儒家生态哲学思想而言,其形上基础是天人合一、物我同源理论;其生态理念是,人与万物是一个有机的生命连续体,人虽比其他事物更有价值,但是其他事物也有"内在价值",在爱有差等的原则下,主张"取之有道,用之有度"[③];在生态规范与法令方面,则有明确提出保护动植物的文献,如《礼记·月令》《荀子·王制》等,后来统治者进一步制定法律,而且在周秦时期就已设置了

---

① 夏勇:《民本与民权——中国权利话语的历史基础》,《中国社会科学》2004年第5期。张志宏:《德性与权利——先秦儒家人权思想研究》,北京:人民出版社2012年版。李洪卫:《良知与正义——正义的儒学道德基础初探》,上海:上海三联书店2014年版。
② 张千帆:《为了人的尊严:中国古典政治哲学批判与重构》,北京:中国民主法制出版社2012年版,第5页。
③ 蒙培元:《中国哲学生态观的两个问题》,《鄱阳湖学刊》2009年第1期。

山川管理官员①；与其他学者关注生态理念或规范不同，有学者从生态美德角度来阐发儒家的生态哲学思想②。道家哲学的形上基础亦是视宇宙为有机的生命整体，即所谓"生万物而不有""天人为一"；道、佛之价值理念与其生态美学结合在一起，道家还对作为工具理性的机心、机事有过深刻反思③，非常可贵。

第二节 哲学史研究前沿

一、中国哲学史方法论

随着对传统与现代、东方与西方之间复杂关系认识的深入，中国哲学史研究的方法论问题引起了广泛关注，以西学标准切割传统哲学的粗暴方式逐渐被扬弃，重建中华民族哲学自我认同的自觉逐步加强。相关讨论呈现出某种阶段性：开始是在西学框架内反思中国哲学的合法性、方法论问题。"学者们原想以此论证中国哲学的'合法性'，结果却导致更深层的'合法性'危机。由此，中国哲学史必须从'依傍'走向主体自觉，由'西方哲学在中国'的发现式研究回归到'中国的哲学'史即中国哲学固有义理逻辑展开历程的研究。"④这一转进意味着中国哲学史研究方法论的讨论进入了主体性建构的阶段。我们拟从三个角度来梳理这一阶段的探讨：中国哲学的特质与新哲学观、固有问题意识与内在理路、诠释传统的发掘。

首先，宏观上，中国哲学的特质之突出与新哲学观建立之需要，前者是出发点，后者为前者提供合法性，也是建构特殊的中国哲学史研究方法论之逻辑前提。与西方某些哲学追求一元外在超越的上帝、纯粹精神、不变的实体不同，中国哲学比较重视对存在的体验、生命的意义与人生的价值，着力于理想境界的追求与实践工夫的达成，但这绝不是说中国哲学没有普遍性。为此，有学者要

---

① 乔清举：《儒家生态文化的思想与实践》，《孔子研究》2008 年第 6 期。
② 曹孟勤：《在成就自己的美德中成就自然万物——中国传统儒家成己成物观对生态伦理研究的启示》，《自然辩证法研究》2009 年第 7 期。
③ 李振纲：《庄子之"道"与现代生态反思》，《哲学研究》2008 年第 12 期。
④ 颜炳罡：《从"依傍"走向主体自觉——中国哲学史研究何以回归其自身》，《文史哲》2005 年第 3 期。

求将作为"指引效力"的观念纳入新的哲学观念中①,有的则主张以传统思想资源中的"功夫哲学"参与哲学立法②。如果说哲学是对智慧的追求,那么以性与天道为指向的中国哲学则是哲学的一种特殊形态。③

其次,在微观上落实中国哲学主体性的建构,要从中国哲学的固有问题意识与内在理路入手。前者以问题意识为导向,开放性强,而后者旨在回到原意,收敛性强。有学者认为以固有问题为选择诠释资源的取舍标准,可以确立中国哲学的主体性。④"但如何寻找到恰当的尺度,既能够合理地吸收和运用西方哲学的框架与方法,有选择地延续现代的路径与成就,又能够矫正过往的弊偏、更好地体现出中国哲学的特色来,坚守住叙事的主体性,却不是那么容易做到的事情,不免见仁见智,莫衷一是。"⑤以对儒家伦理的诠释为例,问题当然是确定的,但牟宗三以自律伦理学诠释之⑥,安乐哲则以角色伦理诠释之⑦,我们该如何确定哪一种更符合固有的义理传统,并给出恰如其分的评判?或者不分优劣,两者皆取?由此可见,光讲文献中的问题意识而忽视内在理路,难以确保其诠释在义理上合乎中国哲学的特质。当然,也有学者对"以中释中"或"自我解释"的研究进路做出反思:这种方法在注重主体性的同时也带来了封闭性的问题。⑧为了避免上述过与不及的弊端,我们提倡一种"弱势的诠释"原则⑨,把内在理路积极的一面展示出来:依义不依语,依法不依人(佛家语)。在这个动态的创造性融合过程中,能自主地运用西方哲学的范畴、术语来诠释中国哲学,同时能保证中国哲学的特色。当然,要做到这一点不容易,这要求我们对中国哲学固有的义理系统有深透的把握,并对中西会通处有哲学上的洞见。我们认为,可以现代化意义上的自主性,终极地讲,就是深透至中国哲学的大本大源,

---

① 劳思光:《中国哲学研究之检讨及建议》,《南京大学学报(哲学·人文科学·社会科学版)》2013年第2期。
② 〔美〕倪培民:《将"功夫"引入哲学》,《南京大学学报(哲学·人文科学·社会科学版)》2011年第6期。
③ 杨国荣:《中国哲学:理解与定位》,《中国社会科学报》2013年5月6日A06版。
④ 彭国翔:《中国哲学研究方法论的再反思——"援西入中"及其两种模式》。
⑤ 景海峰:《2008:中国哲学研究的范式变化与前景探索》,《文史哲》2009年第5期。
⑥ 牟宗三:《心体与性体》上册,第98—118页。
⑦ 〔美〕安乐哲:《儒家角色伦理学——一套特色伦理学词汇》,孟巍隆译,田辰山等校译,济南:山东人民出版社2017年版。郭齐勇、李兰兰:《安乐哲"儒家角色伦理"学说析评》,《哲学研究》2015年第1期。
⑧ 李承贵:《中国哲学的"自我诠释"》,《福建论坛》2009年第4期。
⑨ 郭齐勇:《内在式批判与继承性创新》,《河北学刊》2009年第2期。

来揭示其不可替代的、永恒的价值,如此方能立定脚跟,如此才能同时具有永恒性、自足性,即有自己的评判标准、综合性与现实性。

最后,关于诠释传统的发掘,近几年出版了许多论著。① 作者以古今哲学家的解释典范为分析案例,挖掘其中隐藏的诠释方法,突出具有中国哲学特色的诠释方法——从"以经解经"到"以意逆志"②,重视体验,为重构中国哲学的诠释传统做出了重大贡献,也为今后中国哲学史研究提供了方法论指导。

二、儒家哲学

(一) 德性伦理学

以德性伦理学(Virtue Ethics)视角诠释儒家的思潮与西方德性伦理学的复兴有很大关联,这体现了对人的道德品质与实践问题的关注。一项比较有开创性与代表性的研究认为,儒学与德性伦理学一样,均以"做什么样的人"(如君子)为主要问题,以德性(如仁义)为中心概念;儒学是地地道道的"中国德性伦理学"而非"德性伦理学在中国",因此中国哲学的合法性问题也就解决了。③德性伦理学有注重道德情感的一面,有学者从"情感主义德性伦理学"角度来研究儒家伦理。④ 德性伦理学也有注重特殊性的一面,主张处境性、脉络性和角色性地理解人和人的道德,反对普遍性的道德规则,因此,学者们大都认为儒家伦理是普遍性与特殊性之统一。⑤ 有学者从德性与德行的区别出发,认为儒家在德性与德行之间更看重后者,而其关于品质与行为或情感与原则的统一观足

---

① 李清良:《中国阐释学》,长沙:湖南师范大学出版社2001年版。潘德荣:《文字·诠释·传统——中国诠释传统的现代转化》,上海:上海译文出版社2003年版。周裕锴:《中国古代阐释学研究》,上海:上海人民出版社2003年版。黄俊杰:《东亚儒学:经典与诠释的辩证》,台北:台湾大学出版中心2007年版。刘笑敢:《诠释与定向——中国哲学研究方法之探究》,北京:商务印书馆2009年版。景海峰:《中国哲学的现代诠释(修订本)》,北京:人民出版社2018年版。

② 丁为祥:《从"以经解经"到"以意逆志"——张载经典诠释的原则及其意义》,《复旦学报(社会科学版)》2010年第6期。

③ 〔美〕余纪元:《德性之镜:孔子与亚里士多德的伦理学》中文版序言,林航译,北京:中国人民大学出版社2009年版,第2页。

④ 〔美〕迈克尔·斯洛特:《情感主义德性伦理学:一种当代的进路》,王楷译,《道德与文明》2011年第2期。邵显侠:《论孟子的道德情感主义》,《中国哲学史》2012年第4期。

⑤ 东方朔:《德性论与儒家伦理》,《天津社会科学》2004年第5期。周浩翔:《德性与秩序——从康德哲学看儒家伦理的两种构成》,《道德与文明》2012年第2期。孔文清:《德性是相对的吗——以孔孟的德性论为例》,《道德与文明》2012年第4期。

以为现代伦理学论争提供有益借鉴。① 有学者从人性论出发,认为儒家的人性论能够为美德伦理奠基,并且在"是"与"当"的问题上可以一气贯下。② 也有学者对以德性伦理学诠释儒家伦理进行了批驳:在义务论与目的论之外不存在第三种与之并列的伦理学形态,德性伦理学只能是次级的形态;而近年来试图借德行伦理学来诠释儒家伦理学的人充其量也只能证明在儒家伦理学中存在"德行"的概念及其特质,但绝不足以证明儒家伦理学属于亚里士多德式的德行伦理学,至多只能证明先秦儒家也有一套"关于德行的伦理学"(Ethics of Virtue),因为它不可能同时属于康德式的义务论伦理学与亚里士多德式的德行伦理学。③ 尽管儒家伦理在根本上不是德性伦理学,但在次级层面可以融摄之,并可由之彰显儒家伦理之实践品格,儒家伦理是自律、情感与德性的一以贯之,故两者有互诠的空间。此外,这种诠释倾向也使儒家的修养工夫论得到重视,并为进一步深入探讨儒家修养工夫论提供了契机。

(二)儒学史

在先秦儒学中,近年来荀子哲学比较受关注,相关专著已有数部④,这是因为荀子的礼学、知性精神、现实主义对于我们今天重建儒学有着不同于孟子学的独特意义。关于宋明理学,除了少数以新视角、新问题切入的研究之外,那种在大家上扎堆的现象已完全改变,学者们大都转入二三流理学家、理学大家的

---

① 陈来:《〈论语〉的德行伦理体系》,《清华大学学报(哲学社会科学版)》2011年第1期。陈来:《孟子的德性论》,《哲学研究》2010年第5期。
② 刘梁剑:《人性论能否为美德伦理奠基?——在儒家伦理与 virtue ethics 之间》,《华东师范大学学报(哲学社会科学版)》2011年第5期。
③ 李明辉:《儒家、康德与德行伦理学》,《哲学研究》2012年第10期。
④ 孙伟:《重塑儒家之道——荀子思想再考察》,北京:人民出版社2010年版。王楷:《天然与修为——荀子道德哲学的精神》,北京:北京大学出版社2011年版。李桂民:《荀子思想与战国时期的礼学思潮》,北京:中国社会科学出版社2012年版。陈光连:《荀子"分"义研究》,南京:东南大学出版社2013年版。陈光连:《知识与德性——荀子"知性"道德哲学研究》,南京:东南大学出版社2014年版。孙伟:《"道"与"幸福"——荀子与亚里士多德伦理学比较研究》,北京:北京大学出版社2015年版。

门人弟子与后学群体研究或学派研究①、地域性理学研究②，思想史、文化史、学术史、社会学的取向非常明显。从纯哲学的角度讲，这也说明那种老旧的研究范式所开辟的理论空间剩余越来越小，需要我们引进新的诠释框架或研究范式，如现象学的视野③，而能否对历史上的大哲学家进行新的诠释是重要的考验指标。关于现代新儒学的研究，牟宗三哲学依然是热门，不断有研究新著出版，如唐文明、杨泽波等人的研究著作，每年也都有博士学位论文以牟宗三哲学为题。④ 关于牟宗三哲学的研究已越来越专题化，视野也越来越广阔，已超越了思想梳理的阶段。

三、道家道教哲学

自20世纪90年代出现道家道教文化研究热以来，这方面的系统研究已逐

---

① 关于朱子、象山与阳明门人弟子的研究比较多，如邓庆平：《朱子门人与朱子学》，中国人民大学2011年博士学位论文。张实龙：《杨简研究》，杭州：浙江大学出版社2012年版。周茶仙、胡荣明：《宋元明江西朱子后学群体研究》，南昌：江西人民出版社2013年版。张卫红：《邹东廓年谱》，北京：北京大学出版社2013年版。钟治国：《邹东廓哲学思想研究》，北京：中华书局2013年版。学派研究如邹建锋：《明代理学向心学的转型——吴与弼和崇仁学派研究》，北京：社会科学文献出版社2011年版。吴光、洪振宁主编：《叶适与永嘉学派》，杭州：浙江大学出版社2012年版。王宇：《道行天地——南宋浙东学派论》，北京：中国社会科学出版社2012年版。陆敏珍：《宋代永嘉学派的建构》，杭州：浙江大学出版社2013年版。研究涉及的其他二三流理学家有北宋三先生、王安石、苏轼、李觏、吕大临、吕祖谦、吴澄、湛若水、罗汝芳、罗钦顺、王廷相、黄道周、郝敬、吕坤、高攀龙、方以智等，尤其是那些思想背景复杂的、涉及儒、释、道三教交汇的人物。

② 程水龙：《理学在浙江的传播——以〈近思录〉为中心的历史考察》，上海：上海古籍出版社2010年版。郭齐勇主编：《宋明时期湖北的儒学研究》，北京：中国社会科学出版社2013年版。黎昕：《朱熹与闽学思想研究》，北京：中国书籍出版社2013年版。郑晓江、杨柱才：《宋明时期江西儒学研究》，北京：中国社会科学出版社2014年版。王立新：《从胡文定到王船山——理学在湖南地区的奠立与开展》，北京：中国社会科学出版社2014年版。徐公喜主编：《朱子学与地域文化研究》，南昌：江西人民出版社2014年版。

③ 这方面上海的高校走在其他高校的前头。相关著作有陈迎年：《能定能应，夫是之谓成人——荀子的美学精神》，上海：上海三联书店2013年版。郭美华：《古典儒学的生存论阐释》，桂林：广西师范大学出版社2014年版。

④ 专著有唐文明：《隐秘的颠覆——牟宗三、康德与原始儒家》，北京：生活·读书·新知三联书店2012年版。樊志辉主编：《牟宗三思想研究》，哈尔滨：黑龙江大学出版社2012年版。张晚林：《"道德的形上学"的开显历程——牟宗三精神哲学研究》，北京：中国社会科学出版社2014年版。杨泽波：《贡献与终结——牟宗三儒学思想研究》，上海：上海人民出版社2014年版。博士学位论文有唐圣：《圆觉主体的自由——牟宗三美学思想的核心问题》，陕西师范大学2011年博士学位论文。刘昆：《牟宗三的道家思想解读及其意义研究》，安徽大学2013年博士学位论文。韦勇：《牟宗三历史哲学研究》，安徽大学2013年博士学位论文。王政燃：《本体之思——牟宗三本体论研究》，河北大学2013年博士学位论文。严家风：《牟宗三"圆善论"及现代意义研究》，安徽大学2014年博士学位论文。李强：《牟宗三社会政治思想研究》，武汉大学2016年博士学位论文。肖雄：《牟宗三的良知坎陷论》，武汉大学2016年博士学位论文。

步展开,尤其近十多年来,随着中西文化交流的进一步加强与传统文化的自觉,学者们有了更宽广的视域、更新的研究方法以及切入视角,为立体地把握道家哲学提供了可能。就视域或方法来说,纵向的有哲学史式的比较研究;横向的有中西比较视域和儒、释、道视域,其中以海德格尔与道家哲学进行互诠比较受欢迎。就研究道家哲学的视角而言,有政治哲学、美学、心性之学、人格境界、养生学、易学、伦理学、方法论,丰富多样,全面铺开,其中前两者最普遍,也有从环保、科技、人文、和平思想等角度进行的研究。有从交叉学科的视角来研究道家哲学的,包括文学、社会学、医学、音乐、管理学、生命科学、教育、心理学视角,其中文学视角最多,道家哲学与《红楼梦》的交叉研究就已出版了三部专著[1]。就道家哲学史的梳理而言,有人物个案式的(以研究庄子、文子、郭象的居多)、概念问题式的、思潮演变型的、通史、断代史(以汉魏、近现代居多)以及地方性的研究。此外,由于近年来竹简文献不断被发现,如郭店楚简、北大汉简,许多文献得到重新注疏与诠释,比如《老子》[2]。今后新出土的文本仍将对道家哲学文献的新诠释发挥作用。关于道教的研究,视角包括主神结构、生死观、养生学、美学、音乐等;学科交叉性的研究包括道教科技、语言、兵学、艺术、生态、民俗、社会传播等;关于道教史的梳理,近几年地方性的道教史研究有了较大进展。当然,道教研究今后还须在宗教比较、道派史、道教义理等方面加强[3]。此外,有学者呼吁建立"当代新道家",这套理念将道家道教作为一个整体,不但融摄其生活理念、心性修养论与政治哲学,还包括了其科学观。道家道教科学观的影响力很大,如日本科学家汤川秀树即声称自己的科学发明曾受道家哲学的启发[4]。此外,还有学者借助生存论哲学来进行道家哲学重诠以建立当代新道家。[5]

---

[1] 陈玲莹:《贾宝玉的道家生命型态研究》,台北:文津出版社有限公司2008年版。张建华:《红楼梦与庄子》,长春:吉林大学出版社2011年版。陈国学:《〈红楼梦〉的多重意蕴与佛道教关系探析》,北京:中国社会科学出版社2011年版。
[2] 丁四新:《郭店楚竹书〈老子〉校注》,武汉:武汉大学出版社2010年版。
[3] 卿希泰:《道教研究百年的回顾与展望》,《四川大学学报(哲学社会科学版)》2006年第4期。
[4] 徐水生:《论老庄哲学对汤川秀树的影响》,《哲学研究》1992年第12期。
[5] 董光璧:《当代新道家》,北京:华夏出版社1991年版。许抗生:《当代新道家》,北京:社会科学文献出版社2013年版。陆建华、商原李刚、谢阳举:《当代新道家探讨》,《安徽大学学报(哲学社会科学版)》2008年第4期。刘昆:《牟宗三的道家思想解读及其意义研究》,安徽大学2013年博士学位论文。

四、佛教哲学

关于佛教研究的前沿问题,我们拟从佛教典籍整理、佛教史、佛教宗派、佛教经典与人物、佛教哲学、佛教文化等方面进行介绍。佛教典籍是三教中最多的,相关的整理工作也取得了很大进展,《中华大藏经》(续编)已于 2007 年正式全面启动,目前在陆续出版中。"新编世界佛学名著译丛"已于 2010 年由中国书店出版社出版,这大大扩展了佛教研究的视野,促进了中外佛学交流。佛教史方面的研究以文化传播、交流为热点,包括佛教的中国化、汉藏、中日韩、中越、蒙藏之间的佛教传播与交流,近代以来佛教在欧美各国的传播,海峡两岸与香港地区的现当代佛教文化交流等;断代史以近现代为重心;历代佛教史的研究多从三教互动、政治、社会变革等视角切入;此外,地方佛教史研究也是比较热门的。以佛教宗派为对象的研究包括宗派哲学和宗派史,其中天台宗、华严宗、禅宗与净土宗是近几年比较受关注的。以佛教经典与人物为中心的研究仍然是近几年佛学史研究的主流,当然在名典名僧上扎堆的现象已经有了很大改变,曾经被边缘化的典籍与僧人重新进入研究者的视野。在佛教哲学研究方面,学者们多能立足于包括宗教信仰、文化、伦理、和平、济世、生态、女性观、主体性、科学思维等在内的现代思想进行佛教价值发掘,佛门中的星云法师、济群法师也都各自出版了一套佛教现代化的书。学者们也有从交叉学科、比较哲学的视域展开研究的,前者以佛教与文学、美学的交叉研究居多,后者则有佛学与神学、心理学的比较研究。关于佛教文化的研究成绩斐然、丰富多样,包括佛教地理、佛塔、寺院、园林、典故、服饰、造像、僧尼群体研究,乃至通过社会学分层进行的都市佛教、民间佛教研究。

五、中国哲学研究的海内外互动

近几年,中国与新加坡、日韩、欧美之间关于中国哲学史研究的互动有所加强,一方面是由于各区域学者自发的交流需要,另一方面也得益于互动条件的便利。互动层次包括初级的相互介绍、传播与进一步的实质性引述、论辩、相互影响,随着互动的加强,世界各地的学者被勾连拉近,差距变小而共识增多,并在整体上推进了学术研究。互动的形式包括论著翻译、跨区域讲学、反映对方研究最新情况的评述、国际学术会议上和论著中的相互引用、在书信中或期刊论著上展开论战等。在互动中做出重要贡献的组织,比较有代表性且年代较早的当推成中英教授创立的国际中国哲学学会,该会自 1975 年创立,至今已举办了 20 次会议,最近的一次是 2017 年 7 月;此外,早期的东西方哲学家系列会议、国际儒学联合会、世界佛教论坛,也都为中国哲学研究的海内外互动做出了重要贡献。在论著的翻译介绍方面,前文提到的《新编世界佛学名著译丛》是一项重要成果;国际学术会议方面,除上述协会定期举办的国际会议外,也有围绕著名哲学家或专题而召开的国际学术会议;在向西方学者介绍中国学者的最新研究方面,黄勇教授在他主编的杂志 *Dao: A Journal of Comparative Philosophy* 中,每期都在书评栏目评论用中文出版的哲学著作①。至于论著的相互引用,随着开放度和文献收集便利程度的提高、视野的拓展,比过去有了很大改善。

在此,我们可以介绍几个互动的例子。在关于中国哲学史的方法论讨论中,内地和香港、澳门的学者就曾进行过深入讨论,发表文章回应刘笑敢教授关于反向格义的说法。② 又如在儒家伦理是德性伦理学还是角色伦理学或自律伦理学的论争中,就有成中英、安乐哲与李明辉三位教授之间的互动。③ 总体而言,初级的互动已经有了很大的改善,但是实质性的互动还有待进一步加强。中国学者有义务扩大自己的视野,应该更主动积极了解海内外汉学研究的最新进展,以进一步增强互动。

第三节 新学科与新理论

一、经学

经学研究可以看作是国学热的学院派主流,与民间国学热呼应而相辅相成。这里所说的"经"主要指十三经。这些经典包含了中国古代宗教、哲学、道德、社会、伦理、政治、历史的最根本的理念与架构,是中华文明的源头活水与精华所在。近年的经学研究包括单经、群经及其注疏的研究以及经学史、经学的

---

① 黄勇:《中国哲学研究的全球化:比较哲学与学术交流》,《中国社会科学报》2010 年 7 月 13 日 013 版。
② 彭国翔:《中国哲学研究方法论的再反思——"援西入中"及其两种模式》。郭齐勇:《探索中国哲学史的诠释路向——兼评〈诠释与定向〉》,《哲学动态》2010 年第 4 期。
③ 王毅、傅晓微:《融汇东西智慧,直面社会热点——第 17 届国际中国哲学大会述评》,《河南教育学院学报(哲学社会科学版)》2011 年第 6 期。李明辉:《儒家、康德与德行伦理学》。

现代化、经学学科的定位、经学方法论等多个方面的讨论,其中经学史的研究包括人物个案式的、断代式的、经学与其他思潮的关系等经学史梳理,时间上以唐宋明清与现代为主,经典则以《易》《礼》《春秋》、四书为主。经学通史方面有姜广辉教授主编的四卷本的《中国经学思想史》[①]。经学史的梳理虽然仍然是当前经学研究的主流,但是经学的现代化、学科定位与方法论也是学界探讨得比较多的话题。当经学在现代遭遇到价值与学理的两重危机时,学者们比较赞同以大经学的那种综合或一元统合的研究范式来弥补现代学科划分造成的不足,培养文史哲兼通,训诂与义理、辞章与考据能力俱备的综合性人才;反对完全对象化的与"原教旨主义"的研究态度,支持经典诠释的立场,主张挖掘传统文化的普适性价值。[②] 关于经学的学科定位,有学者从历史的角度对经学与中国哲学的关系进行了讨论,有学者分析了经学与哲学各自的独立价值,认为两者不能相互取代,经学虽然在广度和深度上不及哲学,但是更能抓住民族精神。[③] 也有学者从所注重的经典、诠释方法、理论关怀、与其他宗教的关系等角度考察汉学与宋学两种经学研究范式的异同。[④] 此外,中青年学者如曾亦、郭晓东等表现出对经学的极大热情,他们的整理与研究工作值得关注。总体来说,当前的经学研究虽然偏重与中国哲学的交叉部分,但是它的独立性也在慢慢凸显,这体现在研究范式、所注重的文本、人才培养理念与研究队伍等多个方面。

二、出土简帛

简帛文献的出土与研究还是近四五十年的事。1973 年长沙马王堆出土了大量汉初的帛书文献,二十年后,即 1993 年,荆门郭店又发现了大量楚简文献,时间上可以追溯至战国中期、孟子之前。此外,还有上海博物馆 1994 年在香港文物市场购买的战国楚竹简,清华大学 2008 年收藏的由海外回归的战国中后期竹简,北京大学 2009 年收藏的由海外回归的西汉竹简。对于帛书与北大汉

---

① 姜广辉主编:《中国经学思想史》(共 4 卷),北京:中国社会科学出版社,2003—2010 年。
② 丁进:《再续中国经学学术传统》,《孔子研究》2008 年第 1 期。黄玉顺:《中国学术从"经学"到"国学"的时代转型》,《中国哲学史》2012 年第 1 期。曾军:《传统经学、经学传统及其现代转型》,《孔子研究》2013 年第 4 期。
③ 李存山:《反思经学与哲学的关系》(上、下),《哲学研究》2011 年第 1 期;2011 年第 2 期。邓林、姜广辉:《也谈经学与哲学的关系》,《哲学研究》2012 年第 6 期。
④ 蔡方鹿:《论汉学、宋学经典诠释之不同》,《哲学研究》2008 年第 1 期。

简的研究填补了汉代哲学史上的许多空白,而郭店简、上博简与清华简更是为战国中后期哲学的发展脉络之澄清做出了重大贡献,尤其是为孔孟之间的一段儒学发展历程填补了空白。

例如,关于荀子在《非十二子》篇中所批评的属于子思、孟子的"五行"说到底何指,历来无善解。帛书《老子》甲本卷后的四篇佚文之一谈到仁、义、礼、智、圣"五行",经考证,这可能正是荀子所批评的思孟学派"五行"说。① 郭店楚简《五行》篇的出世更加证实了这一结论,当然简、帛《五行》之间也存在一定的差异。② 简帛《五行》的意义尚不止于此,它们还牵涉到一个学派的建构,即由曾子、子思到孟子这一学脉。除"五行"说之外,孔孟之间的性情说或人性论、道家的宇宙论、先秦政治哲学的发展脉络亦可由战国竹简而得一澄清,前两者如郭店简《性自命出》《五行》《语丛一》《语丛二》《太一生水》、上博简《恒先》等;后者如郭店简《唐虞之道》、上博简《容成氏》等。③ 由此可见战国竹简对于哲学与思想谱系研究之推进作用,说它会导致哲学思想史的改写实不为过。当然,这还只是同一时期的战国竹简内部的研究,如果比较同一哲学文献的不同版本,将会在更大的历史视野中改写哲学思想史。刚才我们谈到《五行》篇的简帛不同版本,它们之间的差异已在一定程度上反映了战国晚期思想的流变,而《老子》版本的差异更加清晰地反映了这一发展脉络。比如郭沂对比了郭店竹简本《老子》与帛书《老子》及王弼本《老子》,二者在篇章结构、内容篇幅与措辞上均有差异,比如竹简本《老子》语言质朴,没有后来的那么玄妙;内容上也没有后来的那些君王南面术,与儒家的关系也没有像后来那样对立。④ 上面展示的是简帛研究四十多年来的一些显著成果,其余不能枚举。近一二十年,丁四新、廖名春、王博、王中江、梁涛等仍在简帛研究领域继续耕耘,他们的研究重心逐渐转移到

---

① 参见庞朴:《马王堆帛书解开了思孟五行说之谜——帛书〈老子〉甲本卷后古佚书之一的初步研究》,《文物》1977年第11期。庞朴:《〈五行篇〉评述》,《文史哲》1988年第1期。李学勤:《帛书〈五行〉与〈尚书·洪范〉》,《学术月刊》1986年第11期。

② 参见李学勤:《从简帛佚籍〈五行〉谈到〈大学〉》,《孔子研究》1998年第3期。邢文:《楚简〈五行〉试论》,《文物》1998年第10期。庞朴:《另有一种五行——漫说郭店楚简之四》,《寻根》1999年第4期。郭齐勇:《再论"五行"与"圣智"》。

③ 参见郭齐勇:《郭店儒家简与孟子心性论》,《武汉大学学报(哲学社会科学版)》1999年第5期。王博:《关于〈唐虞之道〉的几个问题》,《中国哲学史》1999年第2期。罗新慧:《〈容成氏〉〈唐虞之道〉与战国时期禅让学说》,《齐鲁学刊》2003年第6期。王晓洁、李友广:《郭店楚简与学术研究前沿综论》,《华夏文化》2014年第1期。

④ 郭沂:《从郭店楚简〈老子〉看老子其人其书》,《哲学研究》1998年第7期。

上博简、清华简与北大汉简,帛书易学、简书的政治哲学受到较多的关注,在未来一段时间内这些将仍是热点问题。

三、少数民族哲学

中国哲学史当然包括少数民族的哲学史。我国少数民族的哲学自觉,现已在各方面得到了彰显。由各少数民族成员自己书写的本民族的哲学史著作已大量出现,不少少数民族哲学研究进入了自觉的反思与总结的阶段,现正谋求写成一部汇聚各少数民族哲学的"中国少数民族哲学史",并力求会通中华民族多元一体格局的思想关系。我们相信,在少数民族哲学史领域,将有更多的资料得到系统整理,也会有基于新的研究视域与诠释方法的个案与通论发表、出版。①

四、比较哲学

近年来比较哲学亦是一个比较热门的研究方法。比较哲学平视中西方哲学,承认彼此有可通约处与差异,即自己有向对方学习的地方,并以未来"世界哲学"的出现为标的。近年来出版的比较哲学专著,均能从某个话题切入展开,如关于儒家伦理与亚里士多德、基督教哲学的比较研究。② 刊物方面,武汉大学哲学学院有专门的比较哲学辑刊,2009 年开始出版,至今已连续出版 12 辑③,并且每年都举办相应的学术研讨会。比较哲学研究已初具规模。我们深信,随着中国哲学学者的中西方哲学素养之提升,比较哲学将会做得越来越好,未来具有中国传统哲学底色的"世界哲学"的出现必将建立在今日的比较哲学研究的基础上。

---

① 伍雄武:《少数民族哲学研究》,收入郭齐勇主编:《当代中国哲学研究(1949—2009)》,北京:中国社会科学出版社 2011 年版,第 268—288 页。萧洪恩:《全球性现代化视域的中国少数民族哲学研究探析》,收入郭齐勇、欧阳祯人主编:《问道中国哲学:中国哲学史研究的现状与前瞻》,北京:九州出版社 2014 年版,第 260—273 页。

② 晁乐红:《中庸与中道——先秦儒家与亚里士多德伦理思想比较研究》,北京:人民出版社 2010 年版。孙伟:《"道"与"幸福"——荀子与亚里士多德伦理学比较研究》,北京:北京大学出版社 2015 年版。林滨:《儒家与基督教利他主义比较研究》,北京:人民出版社 2011 年版。贺璋瑢:《历史与性别——儒家经典与〈圣经〉的历史与性别视域的研究》,北京:人民出版社 2013 年版。

③ 吴根友主编:《比较哲学与比较文化论丛》第 1—4 辑,武汉:武汉大学出版社,2009—2012 年。吴根友主编:《比较哲学与比较文化论丛》第 5—12 辑,北京:中国社会科学出版社,2013—2017 年。

五、当代中国哲学理论的新建构

近几年来哲学系统的新建构包括杨国荣的"具体的形上学"、牟钟鉴的"新仁学"与陈来的"仁学本体论",而此前已有李泽厚的"情本体论"、汤一介的"中国解释学"、张立文的"和合学"与蒙培元的"情感儒学"或"生命儒学"等。牟钟鉴的"新仁学"以仁、和、生、诚、道、通为核心概念,即"以仁为本,以和为用""以生为本,以诚为魂""以道为归,以通为归",突出"生命哲学"这条主线;针对现代道德危机与生态危机补偏救弊,对西方的工具理性与个人主义提出批评。[①] 陈来的"仁学本体论"主张宇宙是一个仁的大生命,而本体与价值是关联的,这是对熊十力、李泽厚的回应,并试图超越狭义的理学与心学之争,而其对朱子仁学的解释之特色也由此凸显——"可以说,陈书是以朱子的仁学思想为基础,进而吸纳历代不同的仁说,以建构当代的仁学本体论或仁学形上学"[②]。与牟、陈哲学系统的浓厚中国哲学史色彩不同,杨国荣的"具体的形上学"视野更加开阔,不但有中国哲学的因素,也是金岳霖—冯契传统的发展,同时亦有浓厚的西方存在论哲学色彩。"具体"二字意味着这种"形上学"不是抽象的、思辨的形上学,而是一种实践的形上学,紧扣知行活动讲"存在"的形上学。[③] 总体而言,以上诸位学者均能凭借其深厚的中国哲学史功底来建构自己的哲学系统,此诚为难能可贵。然百尺竿头还须更进一步,牟钟鉴与陈来的新哲学,大抵仍在传统话语体系中立论,对于西方哲学的回应略显不够;杨国荣的新哲学虽然是在与西方存在论哲学的对话中产生的,但对于当代新儒学的回应似乎还可以加强,毕竟后者是中国哲学家会通中西不可绕过的高峰。

第四节 小 结

经过前面的讨论,我们看到,无论是在方法论上还是在传统哲学普适性价值的发掘、现代化方面,近年来的中国哲学史研究确实表现出文化自觉、自信的

---

① 牟钟鉴:《新仁学构想:爱的追寻》,北京:人民出版社 2013 年版。
② 郭齐勇、廖晓炜:《中华文化复兴与儒学形上学的当代建构——陈来先生新著〈仁学本体论〉评介》,《孔子研究》2015 年第 2 期。
③ 陈乔见:《杨国荣"具体的形上学"与当代中国哲学》,《哲学分析》2011 年第 4 期。郁振华:《具体的形上学:金—冯学脉的新开展》,《哲学动态》2013 年第 5 期。

主体性建构之特征,如政治哲学中的东西会通与对现实关怀的强调、传统哲学中生态哲学思想的发掘,民间国学热与经学研究的兴起更加表明我们的传统文化是"活"的。总之,这些研究与发展打破了新文化运动以来对中国历史与文化的相沿成习、似是而非的看法,拨乱反正、正本清源,朝着全面认识中国历史与文化的方向发展。同时,新学科分支与新哲学理论的建构现象表明中国哲学学科正朝着更加正面、积极的方向前进。2013年,在杜维明等人的努力下,中国获得了第24届(2018年)世界哲学大会的举办权,其中有一条很重要的申请理由是:在中国,哲学与宗教、理智与信仰是融合在一起的。这体现的正是中国哲学的特质。第18届国际中国哲学大会与第23届世界哲学大会的主题都是"生活哲学"[①],这正是中国哲学之所长,儒、释、道三教的智慧必将在未来的"世界哲学"中大放异彩。

[①] 刘悦笛:《走向"生活之道"的当今西方哲学——兼与孔子的"生活哲学"比较》,《社会科学战线》2015年第10期。

第八章 必读文献

中国是文明古国,目前已知有文字和文献记载的历史大约有三千年,留下了浩如烟海的各种传世文献和出土文献,其中与中国哲学相关的元典文献也不在少数。近代以来,随着国内外学术研究的兴盛,中国哲学研究亦有丰硕的成果。我们如果不知道如何查找和利用相关文献,不能分清文献的主次轻重,那么学习与研究都将无从谈起。有鉴于此,我们将按照中国哲学史的发展脉络,对研习中国哲学史必读的原始文献、相关论著以及海内外的相关资讯,做一简明扼要的梳理。

在本章中,我们将按照先秦、汉唐、宋元明清、近现代的顺序,介绍中国哲学史的必读文献。每一阶段的内容以哲学家或学派、思潮为纲,先介绍综合性文献,再介绍研究各个哲学家的原始文献,兼及国内外相关研究专著,最后介绍相关学术刊物与学术数据库网站。精力所限,难免有所疏漏,请读者谅解。

第一节 中国哲学史通论性著作举要

海内外中国哲学研究界经过一百年左右的努力,已经贡献出众多的中国哲学史的通论性著作。在这当中,有些著作在中国哲学史的学科建构上起到推进作用,有些著作是作者自己的哲学思想与其对哲学史的诠释互动的结晶,有些则是以学科教材的形式出现。现将较有代表性的著作胪列如下。

北京大学哲学系中国哲学教研室编:《中国哲学史》,北京:北京大学出版社,2001年。

方东美:《原始儒家道家哲学》,台北:台湾黎明文化事业公司,1987年。

冯达文、郭齐勇主编:《新编中国哲学史》,北京:人民出版社,2004年。

冯友兰:《中国哲学史新编》,北京:中华书局,2001年。

冯友兰:《中国哲学史》,北京:中华书局,2014年。

郭齐勇主编:《中国古典哲学名著选读》,北京:人民出版社,2005年。

郭齐勇编著:《中国哲学史》,北京:高等教育出版社,2006年。

何寅、许光华主编:《国外汉学史》,上海:上海外语教育出版社,2002年。

侯外庐主编：《中国思想通史》，北京：人民出版社，1950—1960 年。

劳思光：《新编中国哲学史》，桂林：广西师范大学出版社，2005 年。

李庆：《日本汉学史》，上海：上海人民出版社，2010 年。

刘文英：《中国哲学史史料学》，北京：高等教育出版社，2002 年。

刘文英主编：《中国哲学史》，天津：南开大学出版社，2002 年。

牟宗三：《中国哲学的特质》，上海：上海古籍出版社，1997 年。

牟宗三：《中国哲学十九讲》，上海：上海古籍出版社，1997 年。

唐君毅：《中国哲学原论·导论篇》，北京：九州出版社，2016 年。

唐君毅：《中国哲学原论·原性篇》，北京：九州出版社，2016 年。

唐君毅：《中国哲学原论·原道篇》，北京：九州出版社，2016 年。

唐君毅：《中国哲学原论·原教篇》，北京：九州出版社，2016 年。

韦政通：《中国思想史》，上海：上海书店出版社，2003 年。

萧萐父：《中国哲学史史料源流举要》，武汉：武汉大学出版社，1998 年。

萧萐父、李锦全主编：《中国哲学史》，北京：人民出版社，1982—1983 年。

徐复观：《中国人性论史·先秦篇》，北京：九州出版社，2014 年。

张岱年：《中国哲学大纲》，北京：中国社会科学出版社，1982 年。

〔美〕陈荣捷编著：《中国哲学文献选编》，杨儒宾等译，南京：江苏教育出版社，2006 年。

〔日〕日原利国编：《中国思想辞典》，东京：研文出版，1984 年。

Wing-Tsit Chan（陈荣捷），*A Souce Book in Chinese Philosophy*，Princeton：Princeton University Press，1963.

William Theodore de Bary（狄百瑞），*Sources of Chinese Tradition*，New York：Columbia University Press，1999.

第二节　先秦哲学必读文献

一、出土文献

1. 甲骨文：甲骨文文献包括殷代甲骨文与西周甲骨文。从这些文献中，我们可以了解殷周时期的国家王权、宗族制度、部族关系、社会经济、天文历法等。

整理和研究甲骨文的代表性著作有：郭沫若主编《甲骨文合集》（中华书局，1978—1982）、姚孝遂主编《殷墟甲骨刻辞类纂》（中华书局，1989）、陈梦家《殷墟卜辞综述》（科学出版社，1956）、郭沫若《卜辞通纂》（科学出版社，1983）、徐锡台《周原甲骨文综述》（三秦出版社，1985）等。

2. 金文：金文指商周等时代刻在铜器、铁器上的铭文。金文的内容涉及当时贵族的日常生活、宗教及政治活动等方方面面，可与先秦的传世文献相互参照。读者可参考中国社会科学院考古研究所编《殷周金文集成》（中华书局，2007）等书。

3. 简帛文献：简帛为竹简和帛书的合称。简帛特别是竹简是南北朝以前人们的主要书写材料。古代即有先秦简书出土的记载，其中汉武帝时期鲁恭王坏孔子宅而得古文经，以及晋太康二年汲冢竹书的出土是最有影响的两次。近代以来，因系统的考古发掘与文物流通，出土的简帛文献层出不穷，填补了中国哲学史、学术史上的诸多空白，成为研究热点。在中外学界引起轰动且得到公认的重要出土文献有银雀山汉简（1972）、马王堆汉墓帛书（1973）、郭店楚墓战国竹简（1993）、上海博物馆藏战国楚竹书（1994）、清华战国竹简（2008）等。其中郭店楚简包含大量佚失的哲学文献，值得重视。

二、传世文献

1. 传世经史文献

《周易》经传。《周易》是儒家五经之一，通行本《周易》包括《易经》和《易传》两大部分。历代的《周易》诠释与易学研究大体可分为象数与义理两派。代表性著作有王弼《周易注》、孔颖达《周易正义》、李鼎祚《周易集解》、程颐《程氏易传》（又称《伊川易传》）、朱熹《周易本义》、王夫之《周易内传》和《周易外传》等。

《尚书》。儒家五经之一，是夏、商、周三代政治文献的汇编。由于秦火等原因，自汉代开始《尚书》学界便有所谓今古文之争，而宋代以来，经吴棫、朱熹、梅鷟、阎若璩等人的考辨，学界多认为秦博士伏生所传二十九篇今文《尚书》是上古流传下来的真本，东晋梅赜所献的孔传本古文《尚书》系伪造。注释《尚书》的著作甚多，最重要的有以下几种：一是孔颖达《尚书正义》（收入《十三经注疏》），此书融会了汉唐训诂学的成果；二是朱熹学生蔡沈的《书集传》，此书可视为宋代《尚书》研究的代表性成果；三是孙星衍《尚书今古文注疏》与皮锡瑞《今文尚书考证》，这两种著作是清代考据学的重要成果，两书均收入中华书局"十三经清人注疏"丛书。

三礼。三礼包括《周礼》《仪礼》和《礼记》三种著作。《周礼》又名《周官》，记载周代典章制度（但学者考证此书多杂入汉人的思想），属于古文经。注释《周礼》的代表性著作有郑玄《周礼注》、贾公彦《周礼注疏》（收入《十三经注疏》）、王安石《周官新义》、孙诒让《周礼正义》等。《仪礼》记录了先秦时期的各种礼仪，以士大夫之礼为主。《仪礼》的代表性注本有郑玄《仪礼注》、贾公彦《仪礼注疏》（收入《十三经注疏》）、朱熹《仪礼经传通解》、胡培翚《仪礼正义》等。《礼记》又称《小戴礼记》，由汉人戴圣所编。战国秦汉时期各派儒者留下了一定数量的关于礼的论文，西汉学者戴德选择有代表性的论文合为《大戴礼记》（共八十五篇，今存三十九篇），其侄戴圣则编成《小戴礼记》（共四十九篇）。《小戴礼记》被收入十三经，书中《大学》《中庸》二篇，在宋代被儒者将其与《论语》《孟子》并列为四书，成为宋明理学的核心经典。解释《礼记》的代表性著作有郑玄《礼记注》、孔颖达《礼记正义》（收入《十三经注疏》）、孙希旦《礼记集解》等。《大戴礼记》的注本则有孔广森的《大戴礼记补注》和王聘珍的《大戴礼记解诂》等。

《春秋》经传。《春秋》本为鲁国编年史，后被列入五经。汉代传《春秋》学有五家，有书籍流传下来的有左氏、公羊、榖梁三家，三家的代表性著作分别为《春秋左氏传》《春秋公羊传》和《春秋榖梁传》。其中《左传》属古文经，此书不是对《春秋》经文的直接注释，而是以史事来补充说明《春秋》。《左传》的注本有杜预《左传注》、孔颖达《春秋左传正义》（收入《十三经注疏》）、洪亮吉《春秋左传诂》等。《公羊传》的注本有何休《春秋公羊解诂》、徐彦《春秋公羊传注疏》（收入《十三经注疏》）等。《榖梁传》的注本有范宁《春秋榖梁传集解》、杨士勋《春秋榖梁传注疏》（收入《十三经注疏》）等。

《诗经》。《诗经》是中国现存最早的诗歌总集，所收诗歌上自西周初年，下至春秋中期，体裁分为风、雅、颂三类。汉代之传《诗》者，今文有齐、鲁、韩三家，古文有毛诗一家，至南宋今文三家皆亡，仅存毛诗。毛诗注本有郑玄《毛诗笺》、孔颖达《毛诗正义》（收入《十三经注疏》）、朱熹《诗集传》、马瑞辰《毛诗传笺通释》等。清人王先谦将今文三家《诗》说辑为《诗三家义集疏》。

《国语》。《国语》又称《春秋外传》，是中国最早的国别史，按周语、鲁语、齐语、晋语、郑语、楚语、吴语、越语的顺序编排，共二十一篇。《国语》的主要注本有徐元诰《国语集解》等。此外,《逸周书》《战国策》《越绝书》等传世文献中也保留了不少先秦哲学方面的史料。

2. 传世诸子文献

(1) 儒家

《论语》。《论语》是体现孔子儒学思想的最直接、最权威的文献。《论语》是孔门后学记录孔子及其弟子言行的著作。《论语》原有《古论》《鲁论》《齐论》三个版本,西汉张禹以《鲁论》为基础,对《论语》的内容做了整理,称《张侯论》。其后郑玄以《张侯论》为底本,定下了《论语》今本。《论语》注本众多,较有代表性的有何晏《论语集解》、邢昺《论语注疏》(收入《十三经注疏》)、朱熹《论语集注》、刘宝楠《论语正义》等,今人杨伯峻著有《论语译注》。

《孟子》与《荀子》。孟子与荀子是孔子之后战国儒家学派的两大代表人物。孟子的思想资料主要保存在《孟子》一书中。《孟子》的主要注本有赵岐《孟子注》、孙奭《孟子注疏》(收入《十三经注疏》)、朱熹《孟子集注》、焦循《孟子正义》等。《荀子》一书为荀子自著,是研究荀子思想的主要文献。《荀子》的主要注本有清人王先谦《荀子集解》、近人梁启雄《荀子简释》等。

《孝经》。《孝经》位列儒家十三经,学界围绕此书的作者问题,争论甚多,或云孔子所作,或云曾子所作,或云曾子门人所作,也有学者认为此书是汉人的著作。《孝经》一书虽然篇幅简短,但它是研究先秦两汉宗法伦理思想的重要文献。注释《孝经》的著作有黄道周《孝经集传》等。

(2) 道家

《老子》。《老子》又称《道德经》,是道家学派的代表性著作之一。传世的《老子》版本众多,最主要的版本有河上公本与王弼本二种。今人将各种古本古注辑成《老子集成》。历代的重要注释性著作有《老子河上公章句》、王弼《老子注》《老子想尔注》等。关于《老子》一书与老子其人,历来众说纷纭,所幸过去四十余年来中国已经出土了四种版本的《老子》,推进了《老子》研究。1993年,湖北荆门郭店战国中期楚墓出土了《老子》竹简,其字数为通行本即王弼本的五分之二,这是目前所见最早版本的《老子》。另外,早在1973年,长沙马王堆汉墓就出土了帛书《老子》甲本、乙本二种。2009年,北京大学收藏了汉武帝时期书写的《老子》竹简。这些版本的《老子》的出土与发现,为学界研究《老子》文本的演变等课题提供了重要的文献。

《庄子》。庄子是战国时期道家的重要人物,其哲学思想主要集中在《庄子》一书中。现存郭象注本《庄子》,分为内篇、外篇和杂篇三部分。对于这三部分的内容及其作者,历来争论较多。不过无论如何,《庄子》一书可视为庄学丛书,它主要是庄子本人及其后学撰写的文献。《庄子》的主要注本有郭象《庄子注》、成玄英《庄子疏》(又名《南华真经注疏》)、郭庆藩《庄子集释》等。今人的注释有陈鼓应《庄子今注今译》等。

除《老子》《庄子》二书外,先秦道家文献还有《文子》《鹖冠子》《尉缭子》以及马王堆汉墓出土的帛书《黄帝四经》等。

(3) 法家

《管子》。管子即春秋初期政治家管仲。目前学界一般认为《管子》一书非管仲自著,而是战国齐地稷下学宫中尊崇管仲的一派学者所为,但内容上保留与发展了管仲本人的遗说或思想。《管子》的注本有郭沫若、闻一多、许维遹三人所著的《管子集校》等。

《商君书》与《韩非子》。《商君书》与《韩非子》分别是战国时期法家学派的重要代表商鞅与韩非的代表性著作。注释《商君书》的著作有朱师辙的《商君书解诂定本》与高亨的《商君书注译》。《韩非子》的注本则有陈奇猷《韩非子集释》、梁启雄《韩非子浅解》等。

(4) 兵家

《孙子》。先秦历史上前后有两位孙子,即吴孙子孙武和齐孙子孙膑。因此,人们对于《孙子兵法》一书究竟属孙武还是孙膑,是有所争论的。1972年,银雀山汉墓同时出土了竹简本《孙子兵法》与失传的《孙膑兵法》,这证明了孙武确为《孙子兵法》的作者。关于《孙子兵法》,可参考《十一家注孙子》;关于《孙膑兵法》,可参考今人张震泽《孙膑兵法校理》。

此外,先秦的兵家文献还有《吴起兵法》《司马法》等。

(5) 墨家

《墨子》。墨子是战国初期的思想家,墨家学派的创始人,其主要思想见于《墨子》一书。目前学界一般认为《墨子》非墨子一人所撰,而是墨家学派的总集。《墨子》的主要注本有孙诒让《墨子间诂》、谭戒甫《墨辩发微》等。

(6) 名家

惠施思想与《公孙龙子》。惠施和公孙龙是战国名家学派的两位代表人物。

惠施的生平事迹散见于《庄子》《战国策》《荀子》《韩非子》《吕氏春秋》等文献中，其著作《惠子》著录于《汉书·艺文志》，但久佚不传。现在我们主要是通过上述诸书，特别是《庄子·天下》中所载的"历物十事"来研究惠施的名家思想。公孙龙的思想保存于《公孙龙子》一书中。此书的注本有陈柱《公孙龙子集解》、谭戒甫《公孙龙子形名发微》、徐复观《公孙龙子讲疏》、庞朴《公孙龙子研究》等。

先秦的传世文献中，与名家相关的文献还有《尹文子》《尸子》《墨辩》《庄子·齐物论》《荀子·正名》等。

（7）杂家

《吕氏春秋》。《吕氏春秋》是秦国相国吕不韦主持、吕氏门客编撰而成的杂家学派的重要著作。此书内容以黄老道家思想为中心，兼采儒、墨、名、法及阴阳家言。全书有十二纪（除《季冬纪》有六篇外，其余每纪各五篇）、八览（每览有八篇）、六论（每论有六篇）。汉代高诱为《吕氏春秋》作注，但在内容上比较简略。清代毕沅的《吕氏春秋新校正》、许维遹的《吕氏春秋集释》以及陈奇猷的《吕氏春秋校释》等书使《吕氏春秋》的注解与研究日趋精善。

三、现当代学术专著举隅

陈来：《古代宗教与伦理——儒家思想的根源》，北京：生活·读书·新知三联书店，1996年。

陈来：《竹帛〈五行〉与简帛研究》，北京：生活·读书·新知三联书店，2009年。

崔大华：《庄学研究》，北京：人民出版社，1992年。

戴琏璋：《易传之形成及其思想》，台北：文津出版社，1997年。

丁四新：《郭店楚墓竹简思想研究》，北京：东方出版社，2000年。

郭沫若：《十批判书》，北京：人民出版社，1954年。

郭齐勇、吴根友：《诸子学通论》，北京：商务印书馆，2015年。

蒋伯潜：《诸子通考》，杭州：浙江古籍出版社，1985年。

蒋伯潜：《十三经概论》，上海：上海古籍出版社，2010年。

金景芳等：《孔子新传》，长沙：湖南出版社，1991年。

庞朴：《帛书五行篇研究》，济南：齐鲁书社，1980年。

钱穆：《先秦诸子系年》，北京：商务印书馆，2001年。

杨俊光：《惠施公孙龙评传》，南京：南京大学出版社，1992年。

〔日〕池田知久：《池田知久简帛研究论集》，曹峰译，北京：中华书局，2006年。

〔美〕赫伯特·芬格莱特：《孔子——即凡而圣》，彭国翔、张华译，南京：江苏人民出版社，2002年。

第三节　汉唐哲学必读文献

一、秦汉哲学必读文献

（一）综合性文献史料

1.《两汉三国学案》。近人唐晏撰。此书是关于两汉三国时期的学案体学术史资料汇编，内容以经学为主，但也包含哲学性的史料。该书现有中华书局点校本。

2.《黄帝内经》。此书是中国现存最早的系统化医学经典，同时包含有丰富的哲学内容。《黄帝内经》的主要注本有王冰注、林亿等补注《重广补注黄帝内经素问》等。

3.《史记》。《史记》是西汉司马迁撰写的中国第一部纪传体通史。此书的主要注本有裴骃《史记集解》、司马贞《史记索隐》、张守节《史记正义》，中华书局出版的《史记》点校本将此三书合为一编。另有日本学者泷川资言《史记会注考证》。

4.《盐铁论》。此书是西汉昭帝时盐铁会议的记录，由桓宽整理而成，本属经济史文献，但亦涉及哲学、政治、军事、社会文化等诸多方面内容。该书注本有王利器《盐铁论校注》等。

（二）专门哲学文献

1. 黄老道家。《汉书·艺文志》著录黄老道家著作数种，可惜多已失传，所幸长沙马王堆出土了《黄帝四经》，使当代学界对黄老道家的思想有了直接的认识。另外，汉初皇帝与群臣大都主张运用黄老道家之术，帝王如汉文帝、汉景帝、刘德，名臣如曹参、陈平、张良、汲黯、司马谈，处士如盖公、黄生，皆是如此。司马迁的思想中也有黄老道家的成分。这些人物的思想及活动散见于《史记》

《汉书》的相关传记中。

2.《新语》与《新书》。陆贾和贾谊均为汉初重要思想家,其思想承前启后,在汉代思想史上位置十分重要。陆贾的思想主要见于其政论著作《新语》,此书以儒为主而兼容黄老。《新语》的主要注本有王利器《新语校注》等。贾谊的思想主要见于《新书》和《治安策》,其思想以儒为主而兼容道法。研究贾谊可参考李春台等《贾谊集校注》。

3.《淮南子》。《淮南子》是淮南王刘安与其门客共同编写的哲学思想文集,共二十一篇。《淮南子》思想以道家为主,同时力图把道家的形上学与儒家的外王之道结合起来。《淮南子》的注本主要有高诱注、庄逵吉校《淮南子注》与刘文典《淮南鸿烈集解》等。

4.《春秋繁露》。董仲舒是汉代儒学一大家,其哲学思想主要见于《春秋繁露》和《天人三策》(见《汉书·董仲舒传》)。《春秋繁露》的主要注本有凌曙《春秋繁露注》和苏舆《春秋繁露义证》。

5. 扬雄与桓谭的哲学文献。扬雄的哲学著作主要有《太玄》和《法言》,其主要注本有司马光《太玄经集注》和汪荣宝《法言义疏》等。桓谭的哲学思想见于其政论著作《新论》。此书在唐宋之间失传,今有严可均所辑《桓子新论》(收入《全后汉文》)和上海人民出版社 1977 年新辑本《新论》。

6. 纬书。自西汉哀平之世直到汉魏之际,谶纬长期在社会政治与思想文化中占有重要地位。而汉人的纬书中亦保留了大量的哲学内容。如研究纬书,可参考日本学者安居香山、中村璋八所编纂的《重修纬书集成》。

7.《白虎通义》。东汉建初四年(79),汉章帝在白虎观举行会议,讲论五经同异,班固根据诸儒奏议百余篇,按会议结论分类编辑整理成《白虎通义》。注本有清代陈立的《白虎通疏证》等。

8. 王充与《论衡》。东汉哲学家王充的思想集中在《论衡》一书中。该书共八十五篇。《论衡》的思想属于儒家,同时受到黄老道家影响,对各家之学均有所取舍而自成一家之言。《论衡》的注本有刘盼遂《论衡集解》等。

9. 王符与仲长统的哲学文献。王符与仲长统均为东汉具有批判精神的思想家。王符的哲学思想见于其政论著作《潜夫论》,该书思想以儒家为主而兼容百家。《潜夫论》的注本有汪继培笺、彭铎校正《潜夫论笺》、胡楚生《潜夫论集释》等。仲长统的哲学思想见于《昌言》一书。此书现仅有辑本,读者可参考严可均《全后汉文》中的"仲长统"部分,此部分收录《昌言》佚文及其他佚文;亦可参考马国翰辑《仲长子昌言》。

(三)现当代学术专著举隅

金春峰:《汉代思想史》,北京:中国社会科学出版社,2006年。

徐复观:《两汉思想史》,北京:九州出版社,2014年。

周桂钿:《秦汉思想史》,石家庄:河北人民出版社,2000年。

二、魏晋南北朝哲学必读文献

(一)综合性文献史料

1. 《世说新语》。刘义庆撰、刘孝标注的《世说新语》保留有王弼、阮籍、向秀、郭象、支道林、何晏、慧远、支愍度、道安、嵇康、戴逵等人的传记与哲学思想的史料。该书的注本有徐震堮《世说新语校笺》和余嘉锡《世说新语笺疏》等。

2. 《弘明集》和《广弘明集》。《弘明集》是论文集,收录了汉末至梁初的佛学文章,由僧祐撰集。《弘明集》是研究佛教初传中国以及当时儒佛之争和神灭神不灭之争的重要史料,被收入日本《大正新修大藏经》(简称《大正藏》)。此书另有刘立夫、胡勇译注本。《广弘明集》收录了南北朝至唐初的佛教论文,由唐初道宣所编,为《弘明集》的续编。此书有日本《大正藏》本、中华书局"中国佛教典籍选刊"本等。

3. 《高僧传》。该书为传记体的中国佛教史书,又称《梁高僧传》,慧皎撰。此书有日本《大正藏》本、中华书局"中国佛教典籍选刊"本等。

(二)专门哲学文献

1. 何晏与王弼的哲学文献。何晏和王弼是三国时魏国贵无派玄学的代表人物。何晏的哲学思想见于《论语集解》《道德论》《无名论》等文献。读者可参考《十三经注疏》中的《论语注疏》。王弼的哲学著作有《老子注》《老子指略》《周易注》《周易略例》《论语释疑》。今有楼宇烈所编《王弼集校释》一书。

2. 阮籍与嵇康的哲学文献。阮籍和嵇康是三国时期魏国玄学家。阮籍的著作有《阮籍集》,今有陈伯君《阮籍集校注》。嵇康的著作主要有《嵇康集》,今有戴明扬《嵇康集校注》。

3. 裴颜与欧阳建的哲学文献。裴颜与欧阳建都是西晋哲学家,裴颜的主要哲学著作有《崇有论》(收入《晋书·裴颜传》)。欧阳建的著作今存《言尽意论》一篇,收入严可均所辑《全晋文》中。

4. 向秀与郭象的哲学文献。向秀与郭象都是魏晋之际的玄学家。向秀曾有《庄子注》,并撰有《难养生论》《思旧赋》。郭象承向秀之余绪,有《庄子注》传世。《庄子注》收入郭庆藩《庄子集释》一书。

5. 张湛与《列子注》。张湛是东晋学者,其主要著作有《列子注》八卷。学界公认现存的《列子》一书已非《汉书·艺文志》所著录之先秦旧本,而是张湛抄录、编纂的先秦材料,再融入汉魏时期思想(乃至佛教思想)而成。因此《列子》及《列子注》只能作为魏晋哲学史料使用。研究《列子》及《列子注》,可参考杨伯峻《列子集释》。

6. 僧肇与慧远的哲学文献。僧肇是中国佛教般若空宗的代表人物,其哲学著作今存《肇论》一书。该书的重要注本有元康《肇论疏》(日本《卍续藏经》本)等。慧远是东晋名僧,南方佛教领袖,其哲学论著散见于《弘明集》《广弘明集》等文献中。严可均所辑《全晋文》中有慧远的主要著作,读者亦可参考日本学者木村英一的《慧远研究·遗文篇》。

7. 葛洪与陶弘景的哲学文献。葛洪是东晋道教学者、炼丹家,其主要哲学著作有《抱朴子》内外篇,该书内篇论养生,外篇则涉及政治。今人注本有王明《抱朴子内篇校释(增订本)》和杨明照《抱朴子外篇校笺》,二书均收入中华书局"新编诸子集成"丛书。陶弘景是南朝齐梁时期的道教思想家、医学家,其主要哲学著作有《真诰》,收入《道藏》。今有日本学者吉川忠夫等注、朱越利译《真诰校注》。

8. 范缜。范缜是南朝齐梁时期的哲学家、无神论者,其主要著作有《范缜集》,现仅存《拟招隐士》《以国子博士让裴子野表》《与王仆射书》《神灭论》《答曹思文难神灭论》五篇文章(见严可均《全梁文》),其中《神灭论》是其代表作。《广弘明集》中收录了部分批驳范缜的文章。相关内容可参考任继愈《范缜〈神灭论〉今译》一书。

(三) 现当代学术专著举隅

方立天:《魏晋南北朝佛教》,北京:中国人民大学出版社,2012年。

吕澂:《中国佛学源流略讲》,北京:中华书局,1979年。

牟钟鉴等主编:《道教通论——兼论道家学说》,济南:齐鲁书社,1991年。

卿希泰主编:《中国道教史(修订本)》,成都:四川人民出版社,1996年。

汤一介：《郭象与魏晋玄学（增订本）》，北京：中国人民大学出版社，2016年。

汤用彤：《汉魏两晋南北朝佛教史》，北京：北京大学出版社，2011年。

王明：《道家和道教思想研究》，北京：中国社会科学出版社，1984年。

余敦康：《魏晋玄学史》，北京：北京大学出版社，2004年。

〔日〕吉川忠夫：《六朝精神史研究》，王启发译，南京：凤凰出版传媒集团、江苏人民出版社，2010年。

三、隋唐五代哲学必读文献

（一）综合性文献史料

1. 儒家经典。隋陆德明的《经典释文》和唐孔颖达编撰的《五经正义》堪称汉唐章句训诂之学的集大成之作。前者可参考黄焯《经典释文汇校》，后者收入阮元校刻《十三经注疏》。

2. 《大藏经》。汉文《大藏经》的版本中以日本《大正藏》版最为通行，此外尚有日本《卍续藏经》《嘉兴藏》《金藏》、新刊《中华大藏经》《房山石经》《高丽藏》《乾隆大藏经》《永乐北藏》《洪武南藏》《南传大藏经》、"国家图书馆善本佛典"以及藏外佛教文献等。

3. 《道藏》。通行本《道藏》由《大明正统道藏》与《万历续道藏》合编而成。

4. 《唐高僧传》。此书又称《续高僧传》，唐道宣撰，为传记体佛教史书。此书收入《大正藏》第五十卷。

5. 《禅源诸诠集都序》。《禅源诸诠集》是中国佛教哲学的重要史料，唐代僧人宗密撰。全书已佚，现仅存《都序》（总序）。

6. 《宗镜录》。该书由五代吴越国僧人延寿所集。今有《大正藏》《乾隆大藏经》本。

（二）专门哲学文献

1. 儒家哲学文献

王通与《中说》。王通是隋代儒学思想家，其著作有《中说》（又名《文中子》）。今有阮逸《文中子中说注》。

孔颖达与《五经正义》。孔颖达是隋唐之际的儒学家、经学家，他在唐初受诏主持撰写《五经训义》，该书后改名为《五经正义》，包括《周易正义》《尚书正义》《毛诗正义》《礼记正义》和《春秋左传正义》五种。此书保留了大量已佚的汉唐经说与哲学文献,具有很高的哲学史料价值。《五经正义》以清阮元校刻《十三经注疏》本为最佳,北京大学出版社及上海古籍出版社分别出版有《十三经注疏》的点校整理本。

柳宗元与刘禹锡的哲学文献。柳、刘二人均为中唐文学家、思想家。柳宗元的著作可参见《柳河东集》,其哲学性文章有《天说》《天对》等。刘禹锡的著作收入《刘禹锡集》中,其中与哲学相关的有《天论》三篇。

韩愈与李翱的哲学文献。韩、李二人是师友关系,均为中唐文学家、思想家,宋明理学思想的先驱。韩愈的著作均收入《韩昌黎集》,其哲学论文主要有《原道》《原性》《与孟尚书书》等篇。李翱的著作有《李文公集》,今有点校本《李翱集》,其主要哲学论文有《复性书》。

2. 佛教哲学文献

智𫖮与天台宗的哲学文献。智𫖮是隋唐佛教天台宗的实际创始人。天台宗是创立最早的中国佛教宗派,又称法华宗。该宗的主要哲学文献有《摩诃止观》《法华玄义》《法华文句》《金刚錍》等。前三书皆由智𫖮讲述,灌顶笔录,合称"天台三大部"。《金刚錍》为湛然所著,系天台宗反驳华严宗学说的著作。上述诸书均收入《大正藏》。

玄奘与法相宗的哲学文献。玄奘是唐代佛教法相宗的创始人,亦是佛教四大翻译家之一。法相宗又称唯识宗,该宗的主要哲学文献有由玄奘口述、窥基笔录的《成唯识论》以及玄奘弟子窥基所撰《成唯识论述记》(此书为《成唯识论》的注释书,简称《唯识述记》)等。

法藏与华严宗的哲学文献。法藏是唐代佛教华严宗的实际创始人。华严宗又称法界宗,其主要哲学文献有法藏《华严金狮子章》(今有方立天著《华严金狮子章校释》)、澄观《华严经疏》、宗密《华严原人论》等。

慧能与禅宗。慧能是中国禅宗六祖,在中国佛教史上有举足轻重的地位。禅宗又称佛心宗,其主要哲学文献有慧能的《坛经》以及禅宗各家语录(如《景德传灯录》《五灯会元》)。

3. 道教哲学文献

成玄英与司马承祯的哲学文献。成玄英与司马承祯二人均为唐代道士、道教思想家。成玄英生活于唐初,其思想继承老、庄,并吸收了佛教中观学派的思想。成氏有《庄子疏》一书，收入《道藏》，郭庆藩《庄子集释》全文收录。司马承祯的重要哲学文献有《坐忘论》与《天隐子》。

李筌与王玄览的哲学文献。李、王二人均为中唐道教思想家。李筌的主要著作有《阴符经注疏》（或说非李筌所作）与《太白阴经》。《阴符经注疏》有《道藏》本，《太白阴经》有"守山阁丛书"和"墨海金壶"丛书本。王玄览的主要哲学著作有《玄珠录》，收入《正统道藏》第725册。

谭峭与《无能子》。谭峭是五代道士、道教思想家，其主要哲学著作为《化书》，收入《正统道藏》第724册。《无能子》是唐末一位隐士所撰的道家著作，今人王明有《无能子校注》。

(三) 现当代学术专著举隅

杜继文、魏道儒：《中国禅宗通史》，南京：江苏人民出版社，2008年。

方立天：《中国佛教哲学要义》，北京：中国人民大学出版社，2002年。

李申：《隋唐三教哲学》，成都：巴蜀书社，2007年。

潘桂明、吴忠伟：《中国天台宗通史》，南京：凤凰出版社，2008年。

任继愈：《汉唐佛教思想论集》，北京：人民出版社，1981年。

汤用彤：《隋唐佛教史稿》，北京：中华书局，1982年。

魏道儒：《中国华严宗通史》，南京：江苏古籍出版社，1998年。

杨维中：《中国唯识宗通史》，南京：凤凰出版社，2008年。

〔日〕忽滑谷快天：《中国禅学思想史》，朱谦之译，杨曾文导读，上海：上海古籍出版社，2002年。

〔荷兰〕许理和：《佛教征服中国》，李四龙、裴勇等译，南京：江苏人民出版社，2008年。

第四节　宋元明清哲学必读文献

一、综合性文献史料

1.《近思录》与《伊洛渊源录》。《近思录》由南宋朱熹与吕祖谦合编，是北宋理学家周敦颐、张载、程颢、程颐四人的语录选辑。该书的注本有叶采的《近思录集解》和江永的《近思录集注》等。《伊洛渊源录》是朱熹所编辑的理学史著作,有《丛书集成》本。两书均收入今人新编的《朱子全书》中。

2.《性理大全书》。明初胡广等奉诏编纂《性理大全书》七十卷,该书收录宋儒诸家之说,共一百二十家,而以程朱理学为核心,是官方主持修订的两宋理学文献选辑。此书有山东友谊出版社1989年版"孔子文化大全"本。

3.《北溪字义》。此书由南宋理学家陈淳根据朱熹晚年讲学语录整理而成,以朱熹哲学思想为中心,对宋代理学范畴进行了系统、扼要的解释。今有中华书局"理学丛书"点校本。

4.《圣学宗传》与《理学宗传》。《圣学宗传》是明代后期周汝登所撰儒学史著作。《理学宗传》是明末儒者孙奇逢所作,是宋明理学资料简编。二书皆收入山东友谊出版社"孔子文化大全"丛书。

5.《宋元学案》与《明儒学案》。这两种著作是宋明理学的学术史专著,由黄宗羲等人编撰。两书均有中华书局点校本。道光年间王梓材、冯云濠等人在校勘出版《宋元学案》之时,另编纂了《宋元学案补遗》一百卷。该书亦有中华书局点校本。

6.《清儒学案》。此书是中国清代学术思想史著作,由近代学者徐世昌及幕僚吴廷燮等集体编纂。今有中华书局点校本。

二、专门哲学文献

1. 两宋哲学文献

宋初三先生的哲学文献。胡瑗、孙复和石介三人是宋学的创始人,被称作宋初三先生,三人皆是上承范仲淹、下开北宋五子的过渡人物。胡瑗著有《周易口义》《洪范口义》,二书均收入《四库全书》。胡氏另有《论语说》《春秋口义》等。孙复的主要哲学著述有《春秋尊王发微》和《孙明复小集》,均收入《四库全书》。石介的主要哲学著作有《明禁》《是非辨》《怪说》等,今有陈植锷点校本《徂徕石先生文集》。

李觏与王安石的哲学文献。李觏是北宋政治思想家、哲学家,其著作全部收入《李觏集》,此书有中华书局点校本。李觏对王安石的思想有较大的影响。王安石是北宋政治家和哲学家,新学的创始人和代表人物,其主要哲学论著有《洪范传》《字说》《老子注》《礼论》《三经新义》等,其诗文辑为《临川先生文集》。

北宋五子的哲学文献。北宋五子指周敦颐、邵雍、张载、程颢、程颐五人,此五人被公认为宋代理学的开创者。周敦颐是北宋五子之首,其著作今存《太极图说》《通书》及少量诗文,均收入中华书局《周敦颐集》中。此书附有朱熹对《太极图说》《通书》的注解。邵雍是宋代象数派易学的代表人物,主要著作有《皇极经世书》《伊川击壤集》等。今有中华书局点校本《邵雍集》与上海古籍出版社出版的《邵雍全集》。张载是宋代气学的创立者,主要著作有《横渠易说》《正蒙》《经学理窟》等,均收入中华书局点校本《张载集》中。程颢与程颐兄弟是理学的奠基者,二程的主要著作有《二程遗书》《二程文集》《程氏经说》和程颐独撰的《周易程氏传》。二程的全部著作均收入中华书局点校本《二程集》中。

三苏与蜀学的哲学文献。苏洵、苏轼、苏辙父子同为北宋著名文学家、思想家,世称三苏。苏氏兄弟在宋初儒学复兴的思潮中主张融会儒、释、道三家,其著作涉及一些哲学问题,值得研究。苏洵的著作编为《嘉祐集》,今有上海古籍出版社1993年版《嘉祐集笺注》。苏轼的撰述在三苏著作中分量最大,今有张志烈、马德富、周裕锴主编《苏轼全集校注》。苏辙的著作编为《栾城集》,今有上海古籍出版社2009年版《栾城集》。

朱熹和陆九渊的哲学文献。朱熹是南宋著名哲学家,理学的集大成者,二程的四传弟子,中国哲学史上著作最多的学者之一。朱熹的哲学思想主要见于《四书章句集注》《太极图说解》《朱子语类》以及《文集》中的一些书信文章。今有上海古籍出版社、安徽教育出版社2010年修订版《朱子全书》和华东师范大学出版社2010年版《朱子全书外编》。陆九渊是宋代心学的创始人,其哲学论述保留在《象山全集》的"书""杂著"和"语录"部分中。今有中华书局1980年点校本《陆九渊集》。

张栻与吕祖谦的哲学文献。张、吕二人与朱熹并称东南三贤。张栻是湖湘学派的代表人物,著有《南轩易说》《论语解》《太极图说解义》等,其全部著作收入中华书局点校本《张栻集》中。吕祖谦是南宋著名理学家、史学家,浙东学派的代表人物之一,著有《东莱集》《历代制度详说》《东莱博议》等。今人黄灵庚等编有《吕祖谦全集》。

陈亮与叶适的哲学文献。陈、叶二人均为南宋事功之学的代表。陈亮是浙东永康学派的代表人物,其论著有《上孝宗皇帝书》《中兴论》《问答》《酌古论》《英豪录序》《西铭说》,及其与朱熹论辩"义利王霸"的七封书信,今有中华书局1987年增订本《陈亮集》。叶适是浙东永嘉学派的代表人物,其哲学论著有《习学记言序目》《水心文集》和《水心别集》,今有中华书局点校本《叶适集》和《习学记言序目》。

2. 明清哲学文献

陈献章与湛若水的哲学文献。陈献章是明代理学家,他开明代心学之先河,其著作有《白沙子全集》,今有中华书局"理学丛书"本《陈献章集》。湛若水是陈献章的弟子,明代著名哲学家。今有钟彩钧等人点校的《泉翁大全集》八十五卷及《甘泉先生续编大全》三十三卷。

王守仁及阳明后学的哲学文献。王守仁,号阳明,明代著名哲学家,心学的集大成者,阳明学的创始人,其主要哲学论著有《传习录》《大学问》及相关论学书简等,今全部收入浙江古籍出版社2010年新编本《王阳明全集》中。王阳明的弟子及再传弟子徐爱、钱德洪、董沄、王畿、邹守益、聂豹、欧阳德、罗汝芳、罗洪先、薛侃、黄绾、刘元卿、张元忭、王时槐、胡直等人的著作今已结集编入凤凰出版社"阳明后学文献丛书",该丛书的续编也在陆续出版中。

罗钦顺与王廷相的哲学文献。罗、王二人均为明代主张气本论的哲学家。罗钦顺的著作主要有《困知记》和《整庵存稿》,其哲学思想集中在《困知记》一书中。该书今有中华书局点校本。王廷相的主要哲学论著有《慎言》和《雅述》,均收入中华书局1990年点校本《王廷相集》中。

利玛窦的哲学文献。意大利人利玛窦是明清时期来华天主教耶稣会传教士的代表人物,其著作《天主实义》《畸人十篇》等体现出西方天主教思想与儒家思想的交涉。如阅读利玛窦的著作,可参考朱维铮主编《利玛窦中文著译集》和梅谦立注、谭杰校勘的《天主实义今注》等。

李贽的哲学文献。李贽是明末反专制的启蒙思想家,其主要哲学著作有《藏书》《续藏书》《焚书》《续焚书》《庄子解》《老子解》等。首都师范大学"李贽研究中心"主持编注的《李贽全集注》已由社会科学文献出版社于2010年出版。

刘宗周的哲学文献。刘宗周是明末理学家,他多被视作明代心学的殿军和修正者。刘宗周的主要哲学著作有《学言》《论语学案》及《人谱》等。今有吴光主编《刘宗周全集》。

陈确的哲学文献。陈确是明清之际哲学家,刘宗周的弟子,其主要哲学论著有《大学辨》《葬书》《瞽言》《金刚会问》等,收入中华书局点校本《陈确集》中。

黄宗羲的哲学文献。黄宗羲是刘宗周弟子,明清之际的史学家、政论家和启蒙思想家,也是清代浙东学派的创始人,所编撰的著作有《明儒学案》《宋元学案》《明夷待访录》《孟子师说》《易学象数论》《破邪论》等。今有沈善洪、吴光所编《黄宗羲全集》。

方以智的哲学文献。方以智是明清之际的科学家、哲学家,其主要哲学论著有《物理小识》《通雅》《东西均》《药地炮庄》《易余》《性故》《一贯问答》等,今有上海古籍出版社1988年版《方以智全书》以及中华书局出版的庞朴校注《东西均注释》,《易余》《药地炮庄》《物理小识》亦有整理本。

王夫之的哲学文献。王夫之是明清之际著名的哲学家,宋明清气学的集大成者。王夫之著述宏富,多达一百多种,主要有《周易外传》《尚书引义》《诗广传》《读四书大全说》《宋论》《老子衍》《庄子通》等。今有岳麓书社排印本《船山全书》,该书收集了现存王夫之的全部著作。

颜元与李塨的哲学文献。颜元、李塨师徒是清代提倡实行、践履的哲学家。颜元的主要哲学著作有《四存篇》(包括《存学》《存治》《存人》《存性》四部),以及《朱子语类评》《四书正误》和《颜习斋先生言行录》。今有中华书局1987年点校本《颜元集》。李塨的主要哲学著作有《周易传注》《论语传注》《中庸传注》《论学》《平书订》《拟太平策》和《恕谷后集》等。今有陈山榜点校的《李塨集》,由人民出版社于2014年出版,另有陈山榜、邓子平主编的《颜李学派文库》,由河北教育出版社于2009年出版。

戴震的哲学文献。戴震是清代主张气本论的哲学家,其主要哲学论著有《孟子字义疏证》《绪言》《原善》和《孟子私淑录》等。戴震文集的主要版本有上海古籍出版社1980年版《戴震集》及黄山书社2010年版《戴震全书》。

三、现当代学术专著举隅

蔡仁厚:《宋明理学·北宋篇》,长春:吉林出版集团有限责任公司,2009年。

蔡仁厚:《宋明理学·南宋篇》,长春:吉林出版集团有限责任公司,2009年。

陈来:《朱子哲学研究》,上海:华东师范大学出版社,2000年。

陈来:《有无之境——王阳明哲学的精神》,北京:生活·读书·新知三联书店,2009年。

侯外庐、邱汉生、张岂之主编:《宋明理学史》,北京:人民出版社,1997年。

刘述先:《黄宗羲心学的定位》,杭州:浙江古籍出版社,2006年。

牟宗三:《心体与性体》,上海:上海古籍出版社,1999年。

牟宗三:《从陆象山到刘蕺山》,上海:上海古籍出版社,2001年。

彭国翔:《良知学的展开——王龙溪与中晚明的阳明学》,北京:生活·读书·新知三联书店,2005年。

钱穆:《朱子新学案》,台北:三民书局,1971年。

吴光主编:"阳明学研究丛书",北京:中国人民大学出版社,2009年。

吴震:《阳明后学研究》,上海:上海人民出版社,2003年。

萧萐父、许苏民:《明清启蒙学术流变》,沈阳:辽宁教育出版社,1995年。

萧萐父、许苏民:《王夫之评传》,南京:南京大学出版社,2002年。

杨国荣:《心学之思——王阳明哲学的阐释》,北京:生活·读书·新知三联书店,1997年。

张立文:《宋明理学研究》,北京:中国人民大学出版社,1985年。

张学智:《明代哲学史(修订版)》,北京:中国人民大学出版社,2012年。

〔日〕岛田虔次:《朱子学与阳明学》,蒋国保译,西安:陕西师范大学出版社,1986年。

〔日〕冈田武彦:《王阳明与明末儒学》,吴光、钱明等译,上海:上海古籍出版社,2000年。

〔英〕葛瑞汉:《中国的两位哲学家——二程兄弟的新儒学》,程德祥等译,郑州:大象出版社,2000年。

〔日〕荒木见悟:《明清思想论考》,东京:研文出版,1992年。

〔加拿大〕秦家懿:《朱熹的宗教思想》,厦门:厦门大学出版社,2010年。

〔美〕余英时:《论戴震与章学诚——清代中期学术思想史研究》,北京:生活·读书·新知三联书店,2000年。

〔美〕余英时:《朱熹的历史世界——宋代士大夫政治文化的研究》,北京:生活·读书·新知三联书店,2011年。

第五节　近现代哲学必读文献

一、近代哲学必读文献

（一）综合性文献史料

1.《中国哲学史资料简编·清代近代部分》。这是清代、近代哲学资料简编，由中国科学院哲学研究所中国哲学史组、北京大学哲学系中国哲学史教研室编，中华书局1963年出版。

2.《中国哲学史资料选辑·近代之部》。此书为近代哲学资料择要选编，由中国社会科学院哲学研究所中国哲学史研究室编，中华书局1983年出版第二版。

3."现代中国思想家"。这套丛书由王晓波、韦政通等编撰，台湾巨人出版社1978年出版。全书分八辑，上起龚自珍，下至傅斯年，共收录二十位思想家的相关资料，包括小传、年表、思想纲要、著作表及参考文献、论著选辑。

4."中国近代史资料丛刊"。这套丛刊由中国史学会主编，由上海人民出版社从20世纪50年代到70年代陆续出版，丛书收录有龚自珍直至孙中山等人的专著、奏议、日记、传记、年谱等。

5."走向世界丛书"。这套丛书由钟叔河主编，由岳麓书社在20世纪80年代出版。丛书专收民国以前中国人亲历欧美、日本的记述，从一个方面反映了鸦片战争后中国知识分子在中西文化碰撞与交流中的思想变迁。

（二）专门哲学文献

1. 龚自珍的哲学文献。龚自珍是中国古代最后一位哲学家，又是中国近代第一位哲学家，其哲学论著主要有《壬癸之际胎观》《乙丙之际塾议》《古史钩沉》《平均篇》《尊隐》等。现有上海古籍出版社1975年版《龚自珍全集》与中华书局1980年版《龚自珍己亥杂诗注》。

2. 魏源的哲学文献。魏源是龚自珍的好友与同道，与龚自珍并称于世，其著作有《古微堂集》《古微堂诗集》《老子本义》《孙子集注》《书古微》《诗古微》《元史新编》《圣武记》《海国图志》等。现有中华书局1976年版《魏源集》与岳麓书社2005年版《魏源全集》。

3. 康有为的哲学文献。康有为是近代戊戌变法运动的领袖，改良主义思想家。其主要哲学著作有《诸天讲》《康子内外篇》《礼运注》《论语注》《中庸注》《孟子微》《春秋董氏学》《春秋笔削大义微言考》《长兴学记》《新学伪经考》《孔子改制考》《大同书》,以及一部分奏稿、上书和论文。康有为著作的版本有:楼宇烈整理的《康有为学术著作选》,由中华书局分六册出版;汤志钧编《康有为政论集》,由中华书局于1981年出版;姜义华等编校的《康有为全集》,由中国人民大学出版社于2007年出版。

4. 谭嗣同的哲学文献。谭嗣同是戊戌变法运动中最激进的青年改革家和思想家,其哲学著作有《仁学》一书与《以太说》《报贝元征书》《上欧阳中鹄书》诸文。其著作的版本有蔡尚思、方行编《谭嗣同全集》,中华书局1981年版。

5. 严复的哲学文献。严复是中国近代启蒙思想家,他建立了中国第一个近代意义上的哲学体系。其著述的版本有:王栻主编《严复集》,中华书局1986年版;《严复全集》,福建教育出版社2014年版。

6. 梁启超的哲学文献。梁启超是近代改良主义思想家、哲学家,其著作的版本主要有林志钧编《饮冰室合集》,中华书局1936年版。该书编年排列《文集》十六册、《专集》二十四册,共四十册。读者可另外参考《梁启超哲学思想论文选》,北京大学出版社1984年版。

7. 章太炎的哲学文献。章太炎是近代著名革命家、思想家、哲学家,其早期哲学思想以《訄书》为代表,晚期哲学思想以在《民报》上发表的《俱分进化论》《无神论》《革命之道德》《建立宗教论》《人无我论》《五无论》《四惑论》为代表。章太炎著作的版本主要有《章太炎全集》,由上海人民出版社自1982年起陆续出版。

8. 孙中山的哲学文献。孙中山是近代革命家、思想家和哲学家。孙中山的主要著作《建国方略》由《孙文学说》《实业计划》《民权初步》三部分组成,其中《孙文学说》是其哲学思想的集中体现。《三民主义》一书集中阐发了其晚年政治哲学。孙中山著作的版本有:广东省社会科学院历史研究所、中国社会科学院近代史研究所中华民国史研究室、中山大学历史系孙中山研究室合编《孙中山全集》,由中华书局于1981—1986年出版;陈旭麓、郝盛潮主编《孙中山集外集》,由上海人民出版社于1990年出版,该书搜集了《孙中山全集》所遗落及新发现的文献共一千五百多件;郝盛潮主编《孙中山集外集补编》,由上海人民出版社于1994年出版。

（三）现当代学术专著举隅

李泽厚：《中国近代思想史论》，北京：人民出版社，1979年。

吴剑杰等：《孙中山及其思想》，武汉：武汉大学出版社，2001年。

〔美〕萧公权：《近代中国与新世界——康有为变法与大同思想研究》，汪荣祖译，南京：江苏人民出版社，1997年。

〔美〕张灏：《梁启超与中国思想的过渡(1890—1907)》，崔志海、葛夫平译，南京：江苏人民出版社，1995年。

二、现代哲学必读文献

（一）综合性文献史料

1.《中国现代思想史资料简编》。共五卷，所收资料从1919年五四运动起，至1949年中华人民共和国成立止。该书由浙江人民出版社于1983年出版。

2.《中国现代哲学史资料汇编》。共三十册，1981—1982年编成。1984年编印了《续集》十九册。《汇编》及《续集》是目前有关中国现代哲学史比较完整的资料汇编，由辽宁大学哲学系中国哲学教研室编辑。

3.《民国丛书》。共四编。《民国丛书》编委会主编，由上海书店于1989年出版。

4.《中国现代资产阶级哲学资料》。共十辑，由中国人民大学于1961年编印。

5.《中国现代哲学史教学资料选辑》。北京大学哲学系编译资料室编，分上下册，由北京大学出版社于1988年出版。

6.《中国现代哲学史资料选辑》。共四册。李振霞、管培月编，由红旗出版社于1986年出版。

7.《中国现代哲学原著选》。忻剑飞、方松华编，由复旦大学出版社于1989年出版。

8.《二十世纪中国哲学》。共四卷。方克立、王其水主编，由华夏出版社于1993—1995年出版。

（二）专门哲学文献

1.胡适的哲学文献。胡适是现代著名学者、思想家，其主要哲学著述有

《中国哲学史大纲》《胡适文存》《胡适文选》《胡适论学近著》《中国中古思想史长编》《先秦名学史》《实验主义》《戴东原的哲学》《充分世界化与全盘西化》等。胡适著作的版本有季羡林主编的《胡适全集》,由安徽教育出版社于 2003 年出版。

2. 陈独秀与李大钊的哲学文献。陈独秀是五四时期的启蒙思想家,中国共产党创始人之一,其主要著作与哲学史料有《独秀文存》《陈独秀文章选编》《陈独秀著作选》《东西民族根本思想之差异》《孔子之道与现代生活》《〈科学与人生观〉序》等。其著作的版本有人民出版社 2013 年版《陈独秀文集》。李大钊是马克思主义思想家,中国共产党的创始人和早期领导人之一,其主要著作与哲学史料有《守常文集》《李大钊文集》《李大钊选集》《东西文明根本之异点》《青春》《我的马克思主义观》《由经济上解释中国近代思想变动的原因》等。其著作的版本有中国李大钊研究会编注的《李大钊全集》,由人民出版社于 2006 年出版。

3. 梁漱溟的哲学文献。梁漱溟是现代著名哲学家、思想家和社会活动家,现代新儒家代表人物之一,其主要哲学史料有《究元决疑论》《东西文化及其哲学》《乡村建设理论》《中国文化要义》《人心与人生》等。其著作的版本有中国文化书院学术委员会编辑的《梁漱溟全集》,由山东人民出版社于 1988—1993 年出版。

4. 张君劢的哲学文献。张君劢是现代政治家、思想家、现代新儒家早期代表人物。关于张君劢的哲学文献,可参考程文熙编辑的《中西印哲学文集》,由台湾学生书局于 1981 年出版;张君劢、丁文江所著《科学与人生观》,此书为 1923 年科学与玄学论战的论文集;《明日之中国文化》,由山东人民出版社于 1997 年再版;《立国之道》,此书于 1938 年在桂林初版发行;《新儒家思想史》,由中国人民大学出版社于 2006 年出版。

5. 张东荪的哲学文献。张东荪是现代学者、哲学家,其主要哲学论著有:《新哲学论丛》,该书共收录十一篇文章,由上海商务印书馆于 1929 年出版;《认识论》,由世界书局于 1934 年出版;《道德哲学》,由上海中华书局于 1932 年出版;《知识与文化》,由上海商务印书馆于 1946 年出版。

6. 熊十力的哲学文献。熊十力是现代著名哲学家、现代新儒家的主要代表之一,其主要哲学论著有《新唯识论》《十力语要》《原儒》《明心篇》《乾坤衍》等。熊十力的著作版本有:萧萐父主编的《熊十力全集》,由湖北教育出版社于

2001年出版;萧萐父、汤一介主编的《熊十力论著集》,由中华书局于1985—1996年出版。

7. 马一浮的哲学文献。马一浮是中国现代儒学思想家,与梁漱溟、熊十力齐名,也是现代新儒家的早期代表人物之一。马一浮的主要著作有《泰和会语》《宜山会语》《尔雅台答问》《尔雅台答问续编》等。浙江古籍出版社2013年出版了由吴光主编的《马一浮全集》。

8. 冯友兰的哲学文献。冯友兰是现代著名哲学家、哲学史家,其主要哲学及哲学史著作有《人生哲学》《中国哲学史》《贞元六书》(包括《新理学》《新事论》《新世训》《新原人》《新原道》《新知言》)及《中国哲学史新编》,其全部著作收入中华书局自2014年起陆续出版的《三松堂全集》第三版。

9. 金岳霖的哲学文献。金岳霖是现代哲学家、逻辑学家,其主要哲学著作有《论道》《知识论》等。其著作版本有甘肃人民出版社1990年版《金岳霖学术论文集》以及甘肃人民出版社1995年版《金岳霖文集》。

10. 方东美的哲学文献。方东美是现代著名哲学家、现代新儒家代表人物之一,其哲学著作主要有《中国人生哲学概要》《科学哲学与人生》《原始儒家道家哲学》《中国人生哲学》《生生之德》《新儒家哲学十八讲》《方东美先生演讲集》《哲学三慧》《中国哲学精神及其发展》《华严宗哲学》《中国人的人生观》等。其全部著作收入《方东美先生全集》,由黎明文化事业公司于2005年出版。

11. 唐君毅的哲学文献。唐君毅是中国现代学者、哲学家、哲学史家、当代港台新儒家的代表人物之一,其主要哲学著作有《人生之体验》《道德自我之建立》《心物与人生》《文化意识与道德理性》《中国哲学原论》(分为《导论篇》《原性篇》《原道篇》《原教篇》)、《哲学概论》以及《生命存在与心灵境界》等。台湾学生书局1986—1991年出版了《唐君毅全集》校订版,九州出版社在2016年出版了简体本《唐君毅全集》。

12. 牟宗三的哲学文献。牟宗三被称为20世纪中国最具原创性的智者型哲学家,他是当代港台新儒家的重要代表,其主要哲学著作有《认识心之批判》《道德的理想主义》《历史哲学》《佛性与般若》《才性与玄理》《圆善论》等二十八部,其著作全部收入《牟宗三先生全集》,由联经出版事业公司于2003年出版。

(三) 现当代学术专著举隅

陈来：《现代中国哲学的追寻》，北京：生活·读书·新知三联书店，2010年。

冯友兰：《中国现代哲学史》，广州：广东人民出版社，1999年。

郭齐勇：《熊十力思想研究》，天津：天津人民出版社，1993年。

郭齐勇、龚建平：《梁漱溟哲学思想》，武汉：湖北人民出版社，1996年。

李维武：《20世纪中国哲学本体论问题》，长沙：湖南教育出版社，1998年。

李泽厚：《中国现代思想史论》，北京：东方出版社，1987年。

刘述先：《现代新儒学之省察论集》，台北："中研院"中国文哲研究所，2004年。

秦英君：《当代中国哲学思想史》，开封：河南大学出版社，1999年。

田文军：《冯友兰新理学研究》，武汉：武汉出版社，1990年。

许全兴、陈战难、宋一秀：《中国现代哲学史》，北京：北京大学出版社，2000年。

袁伟时：《中国现代哲学史稿》，广州：中山大学出版社，1987年。

〔美〕艾恺：《最后的儒家——梁漱溟与中国现代化的两难》，王宗昱译，南京：江苏人民出版社，1996年。

〔美〕格里德：《胡适与中国的文艺复兴》，鲁奇译，南京：江苏人民出版社，2010年。

附：国内外相关学术刊物举隅

一、中国相关学术刊物及其主办单位：

刊物	主办单位
《哲学研究》	中国社科院哲学研究所
《哲学动态》	中国社科院哲学研究所
《中国哲学史》	中国哲学史学会
《孔子研究》	中国孔子基金会
《哲学门》	北京大学哲学系
《哲学评论》	武汉大学哲学学院
《复旦哲学评论》	复旦大学哲学学院
《现代哲学》	中山大学马克思主义哲学与中国现代化研

	究所、广东哲学学会
《周易研究》	山东大学、中国周易学会

说明：中国各大专院校学报也常刊载中哲方面的论文，详情可参阅国家哲学社会科学学术期刊数据库。中国学术刊物及其所收文章的目录和全文一般可在中国知网、万方、维普等数据库网站查阅下载。

二、中国台湾地区相关学术刊物及其主办单位：

《汉学研究》	汉学研究中心
《东吴哲学学报》	东吴大学哲学系
《台大文史哲学报》	台湾大学文学院
《台湾大学哲学论评》	台湾大学哲学系
《哲学与文化》	《哲学与文化》月刊社
《中国文哲研究集刊》	"中研院"中国文哲研究所
《中国文哲研究通讯》	"中研院"中国文哲研究所
《鹅湖学志》	东方人文学术研究基金会鹅湖月刊社
《当代儒学研究》	"中央大学"文学院儒学研究中心
《政治大学哲学学报》	政治大学哲学系

说明：中国香港和台湾地区的相关学术论文可通过以下网站查询下载：

香港大学学术库

Airiti Library 华艺线上图书馆

台湾期刊论文索引系统

三、日本相关学术刊物及其主办单位：

《中国哲学研究》	东京大学中国哲学研究会
《中国出土资料研究》	中国出土资料学会（东京大学文学部中国思想文化学科）
《中国思想史研究》	京都大学中国哲学史研究会
《中国哲学论集》	九州大学中国哲学研究会
《中国哲学》	北海道中国哲学会（北海道大学文学部）
《名古屋大学中国哲学论集》	名古屋大学中国哲学研究会
《東洋の思想と宗教》	早稻田大学东洋哲学会
《阳明学》	二松学舍大学阳明学研究所

说明：日本大学的文学部或相关研究机构的中国学刊物也常刊载中哲方面的论文与资料。日本学术论文一般可在日本国立情报学研究所的数据库网站 CiNii 上查阅。

四、欧、美、韩等其他国家和地区相关学术刊物及其主办单位：

Harvard Journal of Asiatic Studies(《哈佛亚洲研究学刊》)　美国哈佛燕京学社

Philosophy East and West(《东西方哲学》)　美国夏威夷大学

The Journal of Asian Studies(《亚洲研究杂志》)　英国剑桥大学出版社

Monumenta Serica-Journal of Oriental Studies(《华裔学志》)　德国《华裔学志》研究所

Orientierungen(《亚洲文化研究》)　德国波恩大学汉学系

Asia Quarterly(《亚洲季刊》)　新西兰维多利亚大学亚洲研究所

Toung Pao（*International Journal of Chinese Studies*)(《通报〔国际中国研究杂志〕》)　荷兰莱顿大学

Cahiers d'Extrême-Asie(《远东亚洲丛刊》)　法国远东学院

중국인문과학(《中国人文科学》)　　　　韩国中国人文学会

유교문화연구(《儒教文化研究》)　　　　韩国东亚学术院

동양철학연구(《东洋哲学研究》)　　　　韩国东洋哲学研究会

근대중국연구(《近代中国研究》)　　　　韩国中国近代史学会

《南方学院学报》　　　　　　　　　　　马来西亚南方学院

说明：欧、美、韩等国家和地区的学术刊物的信息主要采自中国社会科学院国际中国学研究中心的国际中国学研究网站。

后 记

刘乐恒

《中国哲学史学科地图》是供大学本科生和研究生阅读的关于中国哲学史学科的指南。本书既不同于专业教材,也不完全等同于写给专业外人士的普及性读物,而是专业学习中的进阶读本。因此,本书不是要罗列教材的知识要点,而是要呈现出专业学习中的深层次的东西,也即总结和提炼出本学科的学科性质、研究方法、问题意识、知识结构、学术理路、精神价值。同时,本书在文字风格上力求平正简练,在内容上力求翔实系统,让读者领会到中国哲学和中国哲学史是一个有机的整体、开放的学科,它包含着活的精神,这就不至于让读者茫然而无所归宗。

现将本书各章的撰稿人与内容做一简略的说明。

第一章"中国哲学史学科概述"由华中科技大学哲学系副教授廖晓炜博士撰写。此章旨在为读者勾勒出中国哲学史学科发展的基本脉络,包括学科特点、研究过程与阶段、问题意识、研究范式、成果与不足、研究展望。通过梳理,读者可以认识到,中国哲学史学科是一个不断发展成熟并有着内在研究动力的学科。

第二章"范畴、术语与核心概念"由武汉大学哲学学院副教授刘乐恒博士与武汉大学中国传统文化研究中心王林伟博士合撰。刘乐恒博士撰写"道""理""心""性""气""名实关系"六个条目,王林伟博士撰写"天人关系""知行关系""体用关系""有无关系""大学之道""言意之辨"六个条目。此章阐释的是中国哲学史中最为重要的范畴与概念,以及它们在哲学与思想中的地位、意义和价值。

第三章"重要命题"由河北大学哲学系副教授周浩翔博士撰写。此章概述了中国哲学史中的若干重要命题,例如"克己复礼""涤除玄鉴""内圣外王""法界缘起""格物穷理"等。这些命题在中国哲学史上具有重要的地位,它们长期为历代哲学思想家所讨论和思考。讲清楚这些命题,有利于我们把握中国哲学的基本特征和义涵。

第四章"基本理论流派"由苏州大学哲学系副教授吴忠伟博士撰写。此章呈现出中国哲学史上各种哲学、思想、宗教流派的来龙去脉与演变轨迹,方便读者从历史的视野进一步把握传统中国哲学思想,认识到中国哲学的各个流派与思想并非凭空而来。

第五章"重大事件"由武汉大学哲学学院副教授廖璨璨博士撰写。此章主要对中国古代、近代、现代哲学史上具有重要意义的事件做出叙述、透视、评判。此章重在呈现每一事件在哲学史、思想史上的意义,照顾到了各个事件之间的内在关联性与递进性,从而显示出中国哲学史的演进脉络。

第六章"方法与方法论"由武汉大学郭齐勇教授撰写,其中"现象学的方法"一条由王林伟博士完成。中国哲学与中国哲学史研究的方法与方法论,关乎中国哲学学科建设。郭老师根据其数十年的研究经验与心得,阐述了他的相关观点,并对未来的研究方向做出展望。此章的内容对于中国哲学专业的硕士生、博士生以至教师、研究者来说,都颇具指引、借鉴的意义。

第七章"前沿问题"由湖北大学哲学学院讲师肖雄博士撰写。此章在上述各章的基础上,对当代中国哲学的若干前沿问题(包括热点问题、研究前沿、新学科与新理论等)做出深度的发掘与阐释,展现出中国哲学史研究的独特性和重要性。

第八章"必读文献"由武汉大学国学院副教授连凡博士撰写。日前中国哲学史的研究多将古典学、文献学的研究与哲学问题的研究结合起来,这是有原因的,是由中国传统哲学的特点决定的。因此,我们要研读中国哲学史,就不能不重视相关文献。此章的内容能够帮助读者尽快了解和获得最重要的文献与资料。

本书的写作,离不开郭齐勇教授的指导和统筹。从全书结构、章节的敲定,到书中内容与细节的讨论,郭老师都给予我们具体的指导;全书内容亦经郭老师审定。另外,为表示支持与重视,郭老师还撰写了本书"方法与方法论"一章。而本书许多观点的提出,亦多参考借鉴了郭老师编著的《中国哲学史》等教材与论著。此外,本书由刘乐恒和廖璨璨统稿。在统稿过程中,我们尽力与各位撰稿人进行沟通、互动,并认真校读全文,同时对部分文字与内容做出调整与润色,力求使全书在内容构成和行文风格方面更加和谐统一。

感谢北京大学出版社周志刚先生与王彤女士的严谨负责的编辑与协调工作。